matthew

the gospel according to

matthew

authorized king james version

grove press
new york

with an introduction by | francisco goldman

*The Pocket Canons were originally published in the U.K. in 1998 by
Canongate Books, Ltd.*
Published simultaneously in Canada
Printed in the United States of America

FIRST AMERICAN EDITION

Copyright information is on file with the Library of Congress
ISBN 0-8021-3616-8

Design by Paddy Cramsie

Grove Press
841 Broadway
New York, NY 10003

99 00 01 02   10 9 8 7 6 5 4 3 2 1

a note about pocket canons

The Authorized King James Version of the Bible, translated between 1603 and 1611, coincided with an extraordinary flowering of English literature. This version, more than any other, and possibly more than any other work in history, has had an influence in shaping the language we speak and write today. Presenting individual books from the Bible as separate volumes, as they were originally conceived, encourages the reader to approach them as literary works in their own right.

The first twelve books in this series encompass categories as diverse as history, fiction, philosophy, love poetry, and law. Each Pocket Canon also has its own introduction, specially commissioned from an impressive range of writers, which provides a personal interpretation of the text and explores its contemporary relevance.

Francisco Goldman is the author of the novels The Long Night of White Chickens, *which won the Sue Kaufman Prize for First Fiction from the American Academy of Arts & Letters, and* The Ordinary Seaman, *which was a finalist for the IMPAC Dublin International Literary Prize. Both novels were short-listed for the PEN/Faulkner Award. He has also been awarded a Guggenheim Fellowship. He divides his time between Brooklyn and Mexico City.*

introduction by francisco goldman

*Spina proposed various goals. One was to form gather-
ings for reading the Bible. Another—which must have
seemed quite strange—was to practice Christianity.*
              —Jorge Luis Borges,
              "German Literature in the Age of Bach"

In Gabriel García Márquez's *Love in the Time of Cholera*, Dr.
Juvenal Urbino teaches his insolent parrot "selected passages
from the Gospel according to Saint Matthew." Climbing into
the upper branches of a mango tree to rescue the parrot, the
elderly doctor plunges to his death. So the parrot is a har-
binger of chaos and death, but the doctor's demise also sets
in motion the novel's extraordinary love story. The meta-
phorical choice of putting the Gospel of Saint Matthew in the
mouth of a Caribbean parrot is apt in more ways than one.

Without a doubt, the greatest event of the millennium
now ending was the discovery and conquest of the New
World. The Spanish historian Francisco López de Gomara
called it "the most major thing since the creation of the world,
only excepting the incarnation and death of He who created
it." The story of the Bible among us in the Americas—and I
speak as an American, the son of immigrants to the United
States, a Russian-Jewish father and a Guatemalan-Catholic
mother—is of course completely different from its story in

the Old World. The Old and New Testaments evolved over millennia there alongside the civilizations that wrote them and formed themselves according to their teachings, but in the Americas, the Bible arrived all at once, a completed text, undoubtedly spreading chaos and death, but also beauty and love and mystery.

The classic narrative of the first prolonged encounter between Europeans and *los naturales*, the Indians, is *The True History of the Conquest of New Spain*, written by Bernal Díaz del Castillo, who marched with Hernán Cortés through Mexico. As the relatively small army of conquistadores marched from village to village on their fateful way to the bloody denouement in the capital of the Aztec Empire, they encountered a civilization clearly in the grip of Satan, one that worshiped horrific "dragon-like" stone idols through bloody human sacrifice and practiced cannibalism—practiced it with gluttonous enthusiasm. The native priests were smeared in blood and reeked of human carrion, wore their hair down to their waists, and liked to sodomize each other in their sacred pyramid sanctums, while Indian caciques offered their aristocratic virgin young daughters up to Cortés and his captains in submissive (and sometimes treacherous) gestures of brotherhood. In village after village, when violence could be avoided, Cortés responded in the same way: speaking through Doña Marina, "La Malintzín," his Indian translator and lover, he introduced the Indians to Christianity. Indeed, strikingly in the manner of the Jesus of the Gospel according to Saint Matthew, Cortés wandered in the wilderness and from village to village, teaching, "Stop your sacrifices and do not eat the meat of your fellow man, nor commit sodomy, nor the other ugly things you tend to do, because that is the command of Our Lord God, who we adore and believe, and gives us life and death, and leads us to heaven." And Cortés would tell the caciques that not until their virgin daughters had been baptized would the Spanish consent to receive and "know them as women." The Spanish friars accompanying Cortés would attempt to teach about the Virgin Mary, who conceived without sin, and the Divine Infant, who was the Son of God, and the meaning of the crucifixion. Sometimes, if they found themselves in a position of uncontested strength, the Spaniards would smash the Indian idols; usually, they built an altar and attempted to conduct a mass and, before marching on, raise a cross, and sometimes cleaned up one of the Indian priests, dressed him in white robes, and instructed him in how to keep the altar neat. Once one of the friars protested that it was too early to be leaving a cross "in the power of such a pueblo, because they are shameless and without fear," and this might well have been when one of the most well known of the many instantly recognizable proverbs from Matthew was first spoken in the New World: "Give not that which is holy unto the dogs, neither cast ye your pearls before swine, lest they trample them under their feet, and turn again and rend you."

It probably would have been this book, Matthew, that the Spanish friars would have preached and read from. Jorge Luis Borges called Jesus Christ "the greatest of oral teachers" and reminded us that, except for a few words drawn on the ground, Jesus left no writings. It fell to his disciples and followers to write up his life and teachings. Out of the many Gospels subsequently written, only four were canonized in the New Testament, and the rest were eventually designated as "apocryphal." Matthew's Gospel is the most fundamental, the one that is perhaps most like a manifesto of the new religion. (The apocryphal Gospels include one attributed to the "pseudo Matthew" and another, attributed to Thomas, which amusingly describes the growing pains and antics of an impudent child Jesus.) Composed sometime toward the end of the first century after Jesus' death, Matthew's Gospel displays a sense of limited continuity with Judaism while enunciating the manifold terms of a sharp split. A. N. Wilson has described Matthew as "by paradox an intensely Jewish, and an intensely anti-Jewish work—it is indeed the great Ur-text of anti-Semitism." In Matthew, which is constructed as "a miniature Torah," Jesus, like Moses, "goes up to a mountain and delivers a New Law to his followers." And that law is like a step-by-step primer, delivered mainly in parables, on how to live one's life in preparation for the Final Judgment. Matthew defines and explains the will of God, and where to look for God, and what the comportment of a Christian should be. Eternal salvation is set forth as the fruit of a life of discipline and faith and work, rather than as the result of a long-awaited messianic apocalypse.

Of course, there are many ways of reading, hearing, experiencing Matthew—for example, through the heavenly music of Bach's *Saint Matthew's Passion*. Or through the fire-and-brimstone castigations of a fundamentalist pastor, locked into Matthew's graphic images of the eternal suffering awaiting all sinners, which, if this implacably exacting book is the only authority (this is the Gospel that announces that not only adultery but merely looking with lust in your heart is a sin) condemns nearly every last one of us. A contemporary reader might peruse the Gospel with no other object than to deduce which passages Dr. Urbino might have chosen to teach his parrot. But I am not a partisan of simply literary readings of the Bible. I admire the attitude of the Catholic Flannery O'Connor, who, when Mary McCarthy said that she thought of the Host as a symbol, responded, "Well, if it's a symbol, to hell with it." I do not practice a religion, but I try to read the Bible with respect for its intentions, as the Holy Book to which all of us who live in the West are, one way or another, inextricably bound. It was to worship this book as they pleased that the Protestant English and Dutch settled North America, the heathen-devils they found already living there be damned—or exterminated. In Spanish America, this book was imposed as essential to the faith of the Catholic empire, in whose dominion everyone had to either profess belief or be enslaved and killed, often slowly and horribly.

That newly washed and shorn Indian priest, in his new white linen smock. Did he keep the altar clean? Did he spread the new teachings? Did he compose an apocryphal Aztec Gospel of his own that has since been lost to time? What most impressed him in the teachings of the Spanish fathers?

Was he impressed when they read from the Gospel according to Saint Matthew, "The Kingdom of heaven is at hand." and "Heal the sick, cleanse the lepers, raise the dead, cast out devils: freely have ye received, freely give. Provide neither gold, nor silver, nor brass in your purses." How did this sound, coming from the gold-obsessed, smallpox-plaguespreading Spanish conquistadores and their friars?

Or: "Behold, I send you forth as sheep in the midst of wolves: be ye therefore as wise as serpents, and harmless as doves. But beware of men: for they will deliver you up to the councils, and they will scourge you in their synagogues." This certainly must have sounded like good advice: the enemy warning against himself.

Did he respond to the thrillingly strange images, the poetry of angels, the bewitching mysteries of parable and metaphor: "and, behold, the whole herd of swine ran violently down a steep place into the sea, and perished in the waters"; "But the very hairs of your head are all numbered." And: "The son of man shall send forth his angels, and they shall gather out of his kingdom all things that offend, and them which do iniquity, and shall cast them into a furnace of fire: there shall be wailing and gnashing of teeth."

Did he weep during the eternally moving scene of the crucifixion, with pity for the Jesus who cries, "My God, my God, why hast thou forsaken me?" and with offended pity for the Jews, an entire people condemned unto eternity in this Gospel as those responsible for the revilement, suffering, and death of Jesus? (Perhaps, as we enter a new millennium, it is time for a Third Testament, one that will preserve the beautiful and give us many new and as yet unimagined teachings, and not set religion against religion—to be dictated and written by both Jesus and "J" the redactor, returned to earth.)

In Matthew, Jesus defines the greatest commandant as "Thou shalt love the Lord thy God with all thy heart, and with all thy soul, and with all thy mind." The second greatest, he says, "is like unto it, Thou shalt love thy neighbor as thyself."

For all of its beautiful teachings, indeed because of them, it is impossible, in our American, in our worldly, context not to read and regard the Gospel According to Saint Matthew as its own negation as well—as inevitably evocative of all the horrors, injustice, and racist and hypocritical acts committed in its name. Thus the exemplary response of Hatuy, the cacique of the Indians being exterminated in Cuba, who said that if Heaven was where the Spaniards went, then he wanted to go to Hell.

Then why is Latin America so devoutly and often inspiringly and movingly Christian? At least one answer (I don't deny that there are many) is to be found at the heart of the teachings in the Gospel According to Saint Matthew. A Catholic priest in Guatemala once told me that this teaching was, for him, the heart of Catholicism, that you could throw out all the rest and, keeping just that one parable, justify faith.

Guatemala certainly feels biblical. Sheep, swine, donkeys, serpents—these are everywhere, as are centurions, all manner of wandering false prophets, pharisees, lepers, and whores. The poor, rural, mainly Mayan landscape has an aura of the miraculous; as a setting it is the perfect backdrop for religious parables about fields both barren and fertile, fruits and harvests, hunger and plenty.

For thirty-six years a civil war spread death over the country as if in a biblical plague. An evangelical Protestant pastor who became military dictator of the country directed one of the most horrifying campaigns of violence, invoking the name of God to justify waging a campaign of genocide (as the United Nations has defined it) against the rural Mayan population. It is a country so astoundingly gripped by greed and corruption that a mere 2 percent of the population owns some 98 percent of the wealth. Children routinely die of diseases that were probably curable even in the time of Jesus. I have a relative in Guatemala who once tried to establish a barefoot doctor program so that rudimentarily trained people could at least give out such basics as dysentery medicine; his first seventeen barefoot doctors were almost immediately murdered or chased into exile; he was derided as a "communist" and, in grief and guilt, suffered a massive stroke. I remember how, only a few years ago, sitting in his upscale clinic's office, I asked him what he thought Guatemala most needed and he said, "For Jesus Christ to come back to earth and teach people how to act better." That wasn't a very scientific answer; the doctor smiled back at what must have been my openly skeptical expression. "Isn't this the devil's reign?" he asked. "Is that any more unbelievable?"

During those years, I began to realize that it was religious faith—whether essentially Catholic or Protestant or Catholic-Mayan or even Jewish (I am thinking of certain fellow Jews in that country's human-rights community, of the Jewish sense of justice and the twentieth-century commitment to fight Nazism in all its strains)—that sustained so many, with dignity and even courage, through so much harrowing and unrelenting hardship. And only the Catholic Church, for all its internal contradictions, stood up with any effectiveness and consistency on behalf of the poor. Of course, because of this many priests and nuns and religious activists were murdered. I'll never forget the defiance on display on the walls of the ancient church in Santiago Atitlán, where in 1979 Father Stan Rother had been murdered by soldiers in the rectory, a martyr to the same violence still engulfing the town a decade and a half later. With little pastel pieces of paper, each piece of paper bearing someone's hand-printed name, two large paper crosses had been put up on the wall, one commemorating all those from the town known to have been murdered in the violence, and the other all those who had been "disappeared." Those paper crosses seemed the work of angels, the naming of unnameable names.

"Whoever shall lose his life for my sake shall find it," says Jesus in the Gospel According to Saint Matthew, and from Father Rother to the great human rights activist Bishop Juan Gerardi, murdered in Guatemala City a year ago, Guatemalan clergy have shown their readiness to live by that word. But what did Jesus mean, by "for my sake"?

Of course, one of the most controversial teachings of Jesus in Matthew is the remarkably strong stance taken against the rich, and on behalf of the poor. This is the Gospel wherein it is said, "It is easier for a camel to go through the eye of a needle, than for a rich man to enter the kingdom of God." (And even the disciples, as if exasperated, respond, "Who then can be saved?") But is Jesus' hostility to the rich, and his insistence on the superiority of the poor, enough to inspire martyrs, or enough even to solely comfort the poor?

The great metaphor at the heart of the Gospel According to Saint Matthew is that those who suffer and those who show love for those who suffer are joined through suffering and grace to Jesus Christ. That is the lesson of the great parable the priest told me was enough to justify his faith. Jesus announces, "Come, ye blessed of my Father, inherit the kingdom prepared for you from the foundation of the world: For I was an hungered, and ye gave me meat: I was thirsty, and ye gave me drink: I was a stranger, and ye took me in . . . I was in prison, and ye came unto me." And the righteous people Jesus is addressing answer, "Lord, when saw we thee an hungered, and fed thee?" They don't recall helping or feeding Jesus, or finding him in prison, because they saw only poor, hungry, imprisoned people. And Jesus answers, "Verily I say unto you, Inasmuch as ye have done it unto one of the least of these my brethren, ye have done it unto me."

the gospel according to st matthew

The book of the generation of Jesus Christ, the son of David, the son of Abraham.

²Abraham begat Isaac; and Isaac begat Jacob; and Jacob begat Judas and his brethren. ³And Judas begat Phares and Zara of Thamar; and Phares begat Esrom; and Esrom begat Aram. ⁴And Aram begat Aminadab; and Aminadab begat Naasson; and Naasson begat Salmon. ⁵And Salmon begat Booz of Rachab; and Booz begat Obed of Ruth; and Obed begat Jesse. ⁶And Jesse begat David the king; and David the king begat Solomon of her that had been the wife of Urias. ⁷And Solomon begat Roboam; and Roboam begat Abia; and Abia begat Asa. ⁸And Asa begat Josaphat; and Josaphat begat Joram; and Joram begat Ozias. ⁹And Ozias begat Joatham; and Joatham begat Achaz; and Achaz begat Ezekias. ¹⁰And Ezekias begat Manasses; and Manasses begat Amon; and Amon begat Josias. ¹¹And Josias begat Jechonias and his brethren, about the time they were carried away to Babylon. ¹²And after they were brought to Babylon, Jechonias begat Salathiel; and Salathiel begat Zorobabel. ¹³And Zorobabel begat Abiud; and Abiud begat Eliakim; and Eliakim begat Azor. ¹⁴And Azor begat Sadoc; and Sadoc begat Achim; and Achim begat Eliud. ¹⁵And Eliud begat Eleazar; and Eleazar begat Matthan; and Matthan begat Jacob. ¹⁶And Jacob begat Joseph the

husband of Mary, of whom was born Jesus, who is called Christ. [17] So all the generations from Abraham to David are fourteen generations; and from David until the carrying away into Babylon are fourteen generations; and from the carrying away into Babylon unto Christ are fourteen generations.

[18] Now the birth of Jesus Christ was on this wise. When as his mother Mary was espoused to Joseph, before they came together, she was found with child of the Holy Ghost. [19] Then Joseph her husband, being a just man, and not willing to make her a publick example, was minded to put her away privily. [20] But while he thought on these things, behold, the angel of the Lord appeared unto him in a dream, saying, 'Joseph, thou son of David, fear not to take unto thee Mary thy wife, for that which is conceived in her is of the Holy Ghost. [21] And she shall bring forth a son, and thou shalt call his name "Jesus": for he shall save his people from their sins.' [22] Now all this was done, that it might be fulfilled which was spoken of the Lord by the prophet, saying, [23] 'Behold, a virgin shall be with child, and shall bring forth a son, and they shall call his name "Emmanuel", which being interpreted is, "God with us". [24] Then Joseph being raised from sleep did as the angel of the Lord had bidden him, and took unto him his wife; [25] and knew her not till she had brought forth her firstborn son, and he called his name 'Jesus'.

2 Now when Jesus was born in Bethlehem of Judæa in the days of Herod the king, behold, there came wise men from the east to Jerusalem, [2] saying, 'Where is he that is born King of the Jews? For we have seen his star in the east, and

are come to worship him.' ³ When Herod the king had heard these things, he was troubled, and all Jerusalem with him. ⁴ And when he had gathered all the chief priests and scribes of the people together, he demanded of them where Christ should be born. ⁵ And they said unto him, 'In Bethlehem of Judæa, for thus it is written by the prophet, ⁶ "And thou Bethlehem, in the land of Juda, art not the least among the princes of Juda, for out of thee shall come a Governor, that shall rule my people Israel."' ⁷ Then Herod, when he had privily called the wise men, enquired of them diligently what time the star appeared. ⁸ And he sent them to Bethlehem, and said, 'Go and search diligently for the young child; and when ye have found him, bring me word again, that I may come and worship him also.' ⁹ When they had heard the king, they departed; and, lo, the star, which they saw in the east, went before them, till it came and stood over where the young child was. ¹⁰ When they saw the star, they rejoiced with exceeding great joy.

¹¹ And when they were come into the house, they saw the young child with Mary his mother, and fell down, and worshipped him, and when they had opened their treasures, they presented unto him gifts: gold, and frankincense, and myrrh. ¹² And being warned of God in a dream that they should not return to Herod, they departed into their own country another way. ¹³ And when they were departed, behold, the angel of the Lord appeareth to Joseph in a dream, saying, 'Arise, and take the young child and his mother, and flee into Egypt, and be thou there until I bring thee word, for Herod will seek the young child to destroy him.' ¹⁴ When he arose, he

took the young child and his mother by night, and departed into Egypt, ¹⁵ and was there until the death of Herod, that it might be fulfilled which was spoken of the Lord by the prophet, saying, 'Out of Egypt have I called my son.'

¹⁶ Then Herod, when he saw that he was mocked of the wise men, was exceeding wroth, and sent forth, and slew all the children that were in Bethlehem, and in all the coasts thereof, from two years old and under, according to the time which he had diligently enquired of the wise men. ¹⁷ Then was fulfilled that which was spoken by Jeremy the prophet, saying, ¹⁸ 'In Rama was there a voice heard, lamentation, and weeping, and great mourning, Rachel weeping for her children, and would not be comforted, because they are not.'

¹⁹ But when Herod was dead, behold, an angel of the Lord appeareth in a dream to Joseph in Egypt, ²⁰ saying, 'Arise, and take the young child and his mother, and go into the land of Israel, for they are dead which sought the young child's life.' ²¹ And he arose, and took the young child and his mother, and came into the land of Israel. ²² But when he heard that Archelaus did reign in Judæa in the room of his father Herod, he was afraid to go thither; notwithstanding, being warned of God in a dream, he turned aside into the parts of Galilee. ²³ And he came and dwelt in a city called Nazareth, that it might be fulfilled which was spoken by the prophets, 'He shall be called a Nazarene.'

3 In those days came John the Baptist, preaching in the wilderness of Judæa, ² and saying, 'Repent ye, for the kingdom of heaven is at hand.' ³ For this is he that was spoken

of by the prophet Esaias, saying, 'The voice of one crying in the wilderness, "Prepare ye the way of the Lord, make his paths straight."' ⁴And the same John had his raiment of camel's hair, and a leathern girdle about his loins; and his meat was locusts and wild honey. ⁵Then went out to him Jerusalem, and all Judæa, and all the region round about Jordan, ⁶and were baptized of him in Jordan, confessing their sins.

⁷But when he saw many of the Pharisees and Sadducees come to his baptism, he said unto them, 'O generation of vipers, who hath warned you to flee from the wrath to come? ⁸Bring forth therefore fruits meet for repentance, ⁹and think not to say within yourselves, "We have Abraham to our father," for I say unto you that God is able of these stones to raise up children unto Abraham. ¹⁰And now also the axe is laid unto the root of the trees: therefore every tree which bringeth not forth good fruit is hewn down, and cast into the fire. ¹¹I indeed baptize you with water unto repentance, but he that cometh after me is mightier than I, whose shoes I am not worthy to bear. He shall baptize you with the Holy Ghost, and with fire, ¹²whose fan is in his hand, and he will throughly purge his floor, and gather his wheat into the garner; but he will burn up the chaff with unquenchable fire.'

¹³Then cometh Jesus from Galilee to Jordan unto John, to be baptized of him. ¹⁴But John forbad him, saying, 'I have need to be baptized of thee, and comest thou to me?' ¹⁵And Jesus answering said unto him, 'Suffer it to be so now, for thus it becometh us to fulfil all righteousness.' Then he suffered him. ¹⁶And Jesus, when he was baptized, went up straightway out of the water, and, lo, the heavens were opened unto

him, and he saw the Spirit of God descending like a dove, and lighting upon him: [17]and lo a voice from heaven, saying, 'This is my beloved Son, in whom I am well pleased.'

4 Then was Jesus led up of the Spirit into the wilderness to be tempted of the devil. [2]And when he had fasted forty days and forty nights, he was afterward an hungred. [3]And when the tempter came to him, he said, 'If thou be the Son of God, command that these stones be made bread.' [4]But he answered and said, 'It is written, "Man shall not live by bread alone, but by every word that proceedeth out of the mouth of God."' [5]Then the devil taketh him up into the holy city, and setteth him on a pinnacle of the temple, [6]and saith unto him, 'If thou be the Son of God, cast thyself down, for it is written, "He shall give his angels charge concerning thee, and in their hands they shall bear thee up, lest at any time thou dash thy foot against a stone."' [7]Jesus said unto him, 'It is written again, "Thou shalt not tempt the Lord thy God."' [8]Again, the devil taketh him up into an exceeding high mountain, and sheweth him all the kingdoms of the world, and the glory of them; [9]and saith unto him, 'All these things will I give thee, if thou wilt fall down and worship me.' [10]Then saith Jesus unto him, 'Get thee hence, Satan: for it is written, "Thou shalt worship the Lord thy God, and him only shalt thou serve."' [11]Then the devil leaveth him, and, behold, angels came and ministered unto him.

[12]Now when Jesus had heard that John was cast into prison, he departed into Galilee; [13]and leaving Nazareth, he came and dwelt in Capernaum, which is upon the sea coast,

in the borders of Zabulon and Nephthalim, ¹⁴ that it might be fulfilled which was spoken by Esaias the prophet, saying, ¹⁵ 'The land of Zabulon, and the land of Nephthalim, by the way of the sea, beyond Jordan, Galilee of the Gentiles; ¹⁶ the people which sat in darkness saw great light; and to them which sat in the region and shadow of death light is sprung up.'

¹⁷ From that time Jesus began to preach, and to say, 'Repent, for the kingdom of heaven is at hand.'

¹⁸ And Jesus, walking by the sea of Galilee, saw two brethren, Simon called Peter, and Andrew his brother, casting a net into the sea, for they were fishers. ¹⁹ And he saith unto them, 'Follow me, and I will make you fishers of men.' ²⁰ And they straightway left their nets, and followed him. ²¹ And going on from thence, he saw other two brethren, James the son of Zebedee, and John his brother, in a ship with Zebedee their father, mending their nets; and he called them. ²² And they immediately left the ship and their father, and followed him.

²³ And Jesus went about all Galilee, teaching in their synagogues, and preaching the gospel of the kingdom, and healing all manner of sickness and all manner of disease among the people. ²⁴ And his fame went throughout all Syria, and they brought unto him all sick people that were taken with divers diseases and torments, and those which were possessed with devils, and those which were lunatick, and those that had the palsy; and he healed them. ²⁵ And there followed him great multitudes of people from Galilee, and from Decapolis, and from Jerusalem, and from Judæa, and from beyond Jordan.

5 And seeing the multitudes, he went up into a mountain, and when he was set, his disciples came unto him, [2] and he opened his mouth, and taught them, saying,

> [3] Blessed are the poor in spirit,
>> for theirs is the kingdom of heaven.
> [4] Blessed are they that mourn,
>> for they shall be comforted.
> [5] Blessed are the meek,
>> for they shall inherit the earth.
> [6] Blessed are they which do hunger
>> and thirst after righteousness,
>>> for they shall be filled.
> [7] Blessed are the merciful,
>> for they shall obtain mercy.
> [8] Blessed are the pure in heart,
>> for they shall see God.
> [9] Blessed are the peacemakers,
>> for they shall be called the children of God.
> [10] Blessed are they which are persecuted
>> for righteousness' sake,
>>> for theirs is the kingdom of heaven.
> [11] Blessed are ye, when men shall revile you,
>> and persecute you, and shall say all manner
>> of evil against you falsely, for my sake.

[12] 'Rejoice, and be exceeding glad, for great is your reward in heaven, for so persecuted they the prophets which were before you.

[13] 'Ye are the salt of the earth: but if the salt have lost his

savour, wherewith shall it be salted? It is thenceforth good for nothing, but to be cast out, and to be trodden under foot of men. [14] Ye are the light of the world. A city that is set on an hill cannot be hid. [15] Neither do men light a candle, and put it under a bushel, but on a candlestick; and it giveth light unto all that are in the house. [16] Let your light so shine before men, that they may see your good works, and glorify your Father which is in heaven.

[17] 'Think not that I am come to destroy the law, or the prophets; I am not come to destroy, but to fulfil. [18] For verily I say unto you, till heaven and earth pass, one jot or one tittle shall in no wise pass from the law, till all be fulfilled. [19] Whosoever therefore shall break one of these least commandments, and shall teach men so, he shall be called the least in the kingdom of heaven: but whosoever shall do and teach them, the same shall be called great in the kingdom of heaven. [20] For I say unto you that, except your righteousness shall exceed the righteousness of the scribes and Pharisees, ye shall in no case enter into the kingdom of heaven.

[21] 'Ye have heard that it was said by them of old time, "Thou shalt not kill", and whosoever shall kill shall be in danger of the judgment: [22] but I say unto you that whosoever is angry with his brother without a cause shall be in danger of the judgment, and whosoever shall say to his brother, "Raca," shall be in danger of the council, but whosoever shall say, "Thou fool," shall be in danger of hell fire. [23] Therefore if thou bring thy gift to the altar, and there rememberest that thy brother hath ought against thee, [24] leave there thy gift before the altar, and go thy way; first be reconciled to

thy brother, and then come and offer thy gift. ²⁵Agree with thine adversary quickly, whiles thou art in the way with him; lest at any time the adversary deliver thee to the judge, and the judge deliver thee to the officer, and thou be cast into prison. ²⁶Verily I say unto thee, thou shalt by no means come out thence, till thou hast paid the uttermost farthing.

²⁷'Ye have heard that it was said by them of old time, "Thou shalt not commit adultery," ²⁸but I say unto you that whosoever looketh on a woman to lust after her hath committed adultery with her already in his heart. ²⁹And if thy right eye offend thee, pluck it out, and cast it from thee: for it is profitable for thee that one of thy members should perish, and not that thy whole body should be cast into hell. ³⁰And if thy right hand offend thee, cut it off, and cast it from thee: for it is profitable for thee that one of thy members should perish, and not that thy whole body should be cast into hell. ³¹It hath been said, "Whosoever shall put away his wife, let him give her a writing of divorcement." ³²But I say unto you that whosoever shall put away his wife, saving for the cause of fornication, causeth her to commit adultery, and whosoever shall marry her that is divorced committeth adultery.

³³'Again, ye have heard that it hath been said by them of old time, "Thou shalt not forswear thyself, but shalt perform unto the Lord thine oaths." ³⁴But I say unto you, "Swear not at all; neither by heaven, for it is God's throne, ³⁵nor by the earth, for it is his footstool, neither by Jerusalem, for it is the city of the great King." ³⁶Neither shalt thou swear by thy head, because thou canst not make one hair white or black. ³⁷But let your communication be "Yea, yea", "Nay, nay", for

whatsoever is more than these cometh of evil.

³⁸ 'Ye have heard that it hath been said, "An eye for an eye, and a tooth for a tooth": ³⁹ but I say unto you that ye resist not evil, but whosoever shall smite thee on thy right cheek, turn to him the other also. ⁴⁰ And if any man will sue thee at the law, and take away thy coat, let him have thy cloke also. ⁴¹ And whosoever shall compel thee to go a mile, go with him twain. ⁴² Give to him that asketh thee, and from him that would borrow of thee turn not thou away.

⁴³ 'Ye have heard that it hath been said, "Thou shalt love thy neighbour, and hate thine enemy." ⁴⁴ But I say unto you, "Love your enemies, bless them that curse you, do good to them that hate you, and pray for them which despitefully use you, and persecute you"; ⁴⁵ that ye may be the children of your Father which is in heaven, for he maketh his sun to rise on the evil and on the good, and sendeth rain on the just and on the unjust. ⁴⁶ For if ye love them which love you, what reward have ye? Do not even the publicans the same? ⁴⁷ And if ye salute your brethren only, what do ye more than others? Do not even the publicans so? ⁴⁸ Be ye therefore perfect, even as your Father which is in heaven is perfect.

6 'Take heed that ye do not your alms before men, to be seen of them; otherwise ye have no reward of your Father which is in heaven. ² Therefore when thou doest thine alms, do not sound a trumpet before thee, as the hypocrites do in the synagogues and in the streets, that they may have glory of men. Verily I say unto you, "They have their reward." ³ But when thou doest alms, let not thy left hand know what thy

right hand doeth, [4] that thine alms may be in secret, and thy Father which seeth in secret himself shall reward thee openly.

[5] 'And when thou prayest, thou shalt not be as the hypocrites are, for they love to pray standing in the synagogues and in the corners of the streets, that they may be seen of men. Verily I say unto you, "They have their reward." [6] But thou, when thou prayest, enter into thy closet, and when thou hast shut thy door, pray to thy Father which is in secret; and thy Father which seeth in secret shall reward thee openly. [7] But when ye pray, use not vain repetitions, as the heathen do, for they think that they shall be heard for their much speaking. [8] Be not ye therefore like unto them, for your Father knoweth what things ye have need of, before ye ask him. [9] After this manner therefore pray ye:

> Our Father which art in heaven,
>> Hallowed be thy name.
> [10] Thy kingdom come.
>> Thy will be done in earth, as it is in heaven.
> [11] Give us this day our daily bread.
> [12] And forgive us our debts,
>> as we forgive our debtors.
> [13] And lead us not into temptation,
>> but deliver us from evil:
>>> for thine is the kingdom,
>>> and the power, and the glory,
>>> for ever. Amen.

[14] 'For if ye forgive men their trespasses, your heavenly Father will also forgive you, [15] but if ye forgive not men their

trespasses, neither will your Father forgive your trespasses.

¹⁶ 'Moreover when ye fast, be not, as the hypocrites, of a sad countenance: for they disfigure their faces, that they may appear unto men to fast. Verily I say unto you, "They have their reward." ¹⁷ But thou, when thou fastest, anoint thine head, and wash thy face, ¹⁸ that thou appear not unto men to fast, but unto thy Father which is in secret: and thy Father, which seeth in secret, shall reward thee openly.

¹⁹ 'Lay not up for yourselves treasures upon earth, where moth and rust doth corrupt, and where thieves break through and steal, ²⁰ but lay up for yourselves treasures in heaven, where neither moth nor rust doth corrupt, and where thieves do not break through nor steal: ²¹ for where your treasure is, there will your heart be also. ²² The light of the body is the eye: if therefore thine eye be single, thy whole body shall be full of light. ²³ But if thine eye be evil, thy whole body shall be full of darkness. If therefore the light that is in thee be darkness, how great is that darkness!

²⁴ 'No man can serve two masters: for either he will hate the one, and love the other; or else he will hold to the one, and despise the other. Ye cannot serve God and mammon. ²⁵ Therefore I say unto you, take no thought for your life, what ye shall eat, or what ye shall drink; nor yet for your body, what ye shall put on. Is not the life more than meat, and the body than raiment? ²⁶ Behold the fowls of the air, for they sow not, neither do they reap, nor gather into barns; yet your heavenly Father feedeth them. Are ye not much better than they? ²⁷ Which of you by taking thought can add one cubit unto his stature? ²⁸ And why take ye thought for

raiment? Consider the lilies of the field, how they grow; they toil not, neither do they spin, ²⁹and yet I say unto you that even Solomon in all his glory was not arrayed like one of these. ³⁰Wherefore, if God so clothe the grass of the field, which today is, and tomorrow is cast into the oven, shall he not much more clothe you, O ye of little faith? ³¹Therefore take no thought, saying, "What shall we eat?" or, "What shall we drink?" or, "Wherewithal shall we be clothed?" ³²(For after all these things do the Gentiles seek) for your heavenly Father knoweth that ye have need of all these things. ³³But seek ye first the kingdom of God, and his righteousness; and all these things shall be added unto you. ³⁴Take therefore no thought for the morrow, for the morrow shall take thought for the things of itself. Sufficient unto the day is the evil thereof.

7 'Judge not, that ye be not judged. ²For with what judgment ye judge, ye shall be judged, and with what measure ye mete, it shall be measured to you again. ³And why beholdest thou the mote that is in thy brother's eye, but considerest not the beam that is in thine own eye? ⁴Or how wilt thou say to thy brother, "Let me pull out the mote out of thine eye," and, behold, a beam is in thine own eye? ⁵Thou hypocrite, first cast out the beam out of thine own eye; and then shalt thou see clearly to cast out the mote out of thy brother's eye.

⁶'Give not that which is holy unto the dogs, neither cast ye your pearls before swine, lest they trample them under their feet, and turn again and rend you.

⁷'Ask, and it shall be given you; seek, and ye shall find;

knock, and it shall be opened unto you: [8] for every one that asketh receiveth; and he that seeketh findeth; and to him that knocketh it shall be opened. [9] Or what man is there of you, whom if his son ask bread, will he give him a stone? [10] Or if he ask a fish, will he give him a serpent? [11] If ye then, being evil, know how to give good gifts unto your children, how much more shall your Father which is in heaven give good things to them that ask him? [12] Therefore all things whatsoever ye would that men should do to you, do ye even so to them: for this is the law and the prophets.

[13] 'Enter ye in at the strait gate, for wide is the gate, and broad is the way, that leadeth to destruction, and many there be which go in thereat. [14] Because strait is the gate, and narrow is the way, which leadeth unto life, and few there be that find it.

[15] 'Beware of false prophets, which come to you in sheep's clothing, but inwardly they are ravening wolves. [16] Ye shall know them by their fruits. Do men gather grapes of thorns, or figs of thistles? [17] Even so every good tree bringeth forth good fruit; but a corrupt tree bringeth forth evil fruit. [18] A good tree cannot bring forth evil fruit, neither can a corrupt tree bring forth good fruit. [19] Every tree that bringeth not forth good fruit is hewn down, and cast into the fire. [20] Wherefore by their fruits ye shall know them.

[21] 'Not every one that saith unto me, "Lord, Lord," shall enter into the kingdom of heaven; but he that doeth the will of my Father which is in heaven. [22] Many will say to me in that day, "Lord, Lord, have we not prophesied in thy name? And in thy name have cast out devils? And in thy name done

many wonderful works?" [23]And then will I profess unto them, "I never knew you: depart from me, ye that work iniquity."

[24]'Therefore whosoever heareth these sayings of mine, and doeth them, I will liken him unto a wise man, which built his house upon a rock: [25]and the rain descended, and the floods came, and the winds blew, and beat upon that house; and it fell not: for it was founded upon a rock. [26]And every one that heareth these sayings of mine, and doeth them not, shall be likened unto a foolish man, which built his house upon the sand, [27]and the rain descended, and the floods came, and the winds blew, and beat upon that house; and it fell, and great was the fall of it.' [28]And it came to pass, when Jesus had ended these sayings, the people were astonished at his doctrine: [29]for he taught them as one having authority, and not as the scribes.

8 When he was come down from the mountain, great multitudes followed him. [2]And, behold, there came a leper and worshipped him, saying, 'Lord, if thou wilt, thou canst make me clean.' [3]And Jesus put forth his hand, and touched him, saying, 'I will; be thou clean.' And immediately his leprosy was cleansed. [4]And Jesus saith unto him, 'See thou tell no man; but go thy way, shew thyself to the priest, and offer the gift that Moses commanded, for a testimony unto them.'

[5]And when Jesus was entered into Capernaum, there came unto him a centurion, beseeching him, [6]and saying, 'Lord, my servant lieth at home sick of the palsy, grievously tormented.' [7]And Jesus saith unto him, 'I will come and heal

him.' ⁸The centurion answered and said, 'Lord, I am not worthy that thou shouldest come under my roof: but speak the word only, and my servant shall be healed. ⁹For I am a man under authority, having soldiers under me, and I say to this man, "Go," and he goeth; and to another, "Come," and he cometh; and to my servant, "Do this," and he doeth it.' ¹⁰When Jesus heard it, he marvelled, and said to them that followed, 'Verily I say unto you, I have not found so great faith, no, not in Israel. ¹¹And I say unto you that many shall come from the east and west, and shall sit down with Abraham, and Isaac, and Jacob, in the kingdom of heaven. ¹²But the children of the kingdom shall be cast out into outer darkness: there shall be weeping and gnashing of teeth.' ¹³And Jesus said unto the centurion, 'Go thy way; and as thou hast believed, so be it done unto thee.' And his servant was healed in the selfsame hour.

¹⁴And when Jesus was come into Peter's house, he saw his wife's mother laid, and sick of a fever. ¹⁵And he touched her hand, and the fever left her, and she arose, and ministered unto them.

¹⁶When the even was come, they brought unto him many that were possessed with devils, and he cast out the spirits with his word, and healed all that were sick, ¹⁷that it might be fulfilled which was spoken by Esaias the prophet, saying, 'Himself took our infirmities, and bare our sicknesses.'

¹⁸Now when Jesus saw great multitudes about him, he gave commandment to depart unto the other side. ¹⁹And a certain scribe came, and said unto him, 'Master, I will follow thee whithersoever thou goest.' ²⁰And Jesus saith unto him,

'The foxes have holes, and the birds of the air have nests; but the Son of man hath not where to lay his head.' ²¹And another of his disciples said unto him, 'Lord, suffer me first to go and bury my father.' ²²But Jesus said unto him, 'Follow me; and let the dead bury their dead.'

²³And when he was entered into a ship, his disciples followed him. ²⁴And, behold, there arose a great tempest in the sea, insomuch that the ship was covered with the waves; but he was asleep. ²⁵And his disciples came to him, and awoke him, saying, 'Lord, save us. We perish.' ²⁶And he saith unto them, 'Why are ye fearful, O ye of little faith?' Then he arose, and rebuked the winds and the sea; and there was a great calm. ²⁷But the men marvelled, saying, 'What manner of man is this, that even the winds and the sea obey him!'

²⁸And when he was come to the other side into the country of the Gergesenes, there met him two possessed with devils, coming out of the tombs, exceeding fierce, so that no man might pass by that way. ²⁹And, behold, they cried out, saying, 'What have we to do with thee, Jesus, thou Son of God? Art thou come hither to torment us before the time?' ³⁰And there was a good way off from them an herd of many swine feeding. ³¹So the devils besought him, saying, 'If thou cast us out, suffer us to go away into the herd of swine.' ³²And he said unto them, 'Go.' And when they were come out, they went into the herd of swine, and, behold, the whole herd of swine ran violently down a steep place into the sea, and perished in the waters. ³³And they that kept them fled, and went their ways into the city, and told every thing, and what was befallen to the possessed of the devils. ³⁴And,

behold, the whole city came out to meet Jesus, and when they saw him, they besought him that he would depart out of their coasts.

9 And he entered into a ship, and passed over, and came into his own city. ²And, behold, they brought to him a man sick of the palsy, lying on a bed: and Jesus seeing their faith said unto the sick of the palsy, 'Son, be of good cheer; thy sins be forgiven thee.' ³And, behold, certain of the scribes said within themselves, 'This man blasphemeth.' ⁴And Jesus knowing their thoughts said, 'Wherefore think ye evil in your hearts? ⁵For whether is easier, to say, "Thy sins be forgiven thee," or to say, "Arise, and walk"? ⁶But that ye may know that the Son of man hath power on earth to forgive sins,' then saith he to the sick of the palsy, 'Arise, take up thy bed, and go unto thine house.' ⁷And he arose, and departed to his house. ⁸But when the multitudes saw it, they marvelled, and glorified God, which had given such power unto men.

⁹And as Jesus passed forth from thence, he saw a man, named Matthew, sitting at the receipt of custom, and he saith unto him, 'Follow me.' And he arose, and followed him.

¹⁰And it came to pass, as Jesus sat at meat in the house, behold, many publicans and sinners came and sat down with him and his disciples. ¹¹And when the Pharisees saw it, they said unto his disciples, 'Why eateth your Master with publicans and sinners?' ¹²But when Jesus heard that, he said unto them, 'They that be whole need not a physician, but they that are sick. ¹³But go ye and learn what that meaneth, "I will have mercy, and not sacrifice," for I am not come to

call the righteous, but sinners to repentance.'

¹⁴ Then came to him the disciples of John, saying, 'Why do we and the Pharisees fast oft, but thy disciples fast not?' ¹⁵ And Jesus said unto them, 'Can the children of the bride-chamber mourn, as long as the bridegroom is with them? But the days will come, when the bridegroom shall be taken from them, and then shall they fast. ¹⁶ No man putteth a piece of new cloth unto an old garment, for that which is put in to fill it up taketh from the garment, and the rent is made worse. ¹⁷ Neither do men put new wine into old bottles: else the bottles break, and the wine runneth out, and the bottles perish; but they put new wine into new bottles, and both are preserved.'

¹⁸ While he spake these things unto them, behold, there came a certain ruler, and worshipped him, saying, 'My daughter is even now dead, but come and lay thy hand upon her, and she shall live.' ¹⁹ And Jesus arose, and followed him, and so did his disciples.

²⁰ And, behold, a woman, which was diseased with an issue of blood twelve years, came behind him, and touched the hem of his garment, ²¹ for she said within herself, 'If I may but touch his garment, I shall be whole.' ²² But Jesus turned him about, and when he saw her, he said, 'Daughter, be of good comfort; thy faith hath made thee whole.' And the woman was made whole from that hour. ²³ And when Jesus came into the ruler's house, and saw the minstrels and the people making a noise, ²⁴ he said unto them, 'Give place, for the maid is not dead, but sleepeth.' And they laughed him to scorn. ²⁵ But when the people were put forth, he went in, and took her by the hand, and the maid arose. ²⁶ And the fame

hereof went abroad into all that land.

²⁷And when Jesus departed thence, two blind men followed him, crying, and saying, 'Thou Son of David, have mercy on us.' ²⁸And when he was come into the house, the blind men came to him, and Jesus saith unto them, 'Believe ye that I am able to do this?' They said unto him, 'Yea, Lord.' ²⁹Then touched he their eyes, saying, 'According to your faith be it unto you.' ³⁰And their eyes were opened; and Jesus straitly charged them, saying, 'See that no man know it.' ³¹But they, when they were departed, spread abroad his fame in all that country.

³²As they went out, behold, they brought to him a dumb man possessed with a devil. ³³And when the devil was cast out, the dumb spake, and the multitudes marvelled, saying, 'It was never so seen in Israel.' ³⁴But the Pharisees said, 'He casteth out devils through the prince of the devils.' ³⁵And Jesus went about all the cities and villages, teaching in their synagogues, and preaching the gospel of the kingdom, and healing every sickness and every disease among the people.

³⁶But when he saw the multitudes, he was moved with compassion on them, because they fainted, and were scattered abroad, as sheep having no shepherd. ³⁷Then saith he unto his disciples, 'The harvest truly is plenteous, but the labourers are few; ³⁸pray ye therefore the Lord of the harvest, that he will send forth labourers into his harvest.'

10 And when he had called unto him his twelve disciples, he gave them power against unclean spirits, to cast them out, and to heal all manner of sickness and all manner

of disease. ² Now the names of the twelve apostles are these: the first, Simon, who is called Peter, and Andrew his brother; James the son of Zebedee, and John his brother; ³ Philip, and Bartholomew; Thomas, and Matthew the publican; James the son of Alphæus, and Lebbæus, whose surname was Thaddæus; ⁴ Simon the Canaanite, and Judas Iscariot, who also betrayed him. ⁵ These twelve Jesus sent forth, and commanded them, saying, 'Go not into the way of the Gentiles, and into any city of the Samaritans enter ye not: ⁶ but go rather to the lost sheep of the house of Israel. ⁷ And as ye go, preach, saying, "The kingdom of heaven is at hand." ⁸ Heal the sick, cleanse the lepers, raise the dead, cast out devils: freely ye have received, freely give. ⁹ Provide neither gold, nor silver, nor brass in your purses, ¹⁰ nor scrip for your journey, neither two coats, neither shoes, nor yet staves, for the workman is worthy of his meat. ¹¹ And into whatsoever city or town ye shall enter, enquire who in it is worthy; and there abide till ye go thence. ¹² And when ye come into an house, salute it. ¹³ And if the house be worthy, let your peace come upon it: but if it be not worthy, let your peace return to you. ¹⁴ And whosoever shall not receive you, nor hear your words, when ye depart out of that house or city, shake off the dust of your feet. ¹⁵ Verily I say unto you, it shall be more tolerable for the land of Sodom and Gomorrha in the day of judgment, than for that city.

¹⁶ 'Behold, I send you forth as sheep in the midst of wolves: be ye therefore wise as serpents, and harmless as doves. ¹⁷ But beware of men, for they will deliver you up to the councils, and they will scourge you in their synagogues; ¹⁸ and ye shall

be brought before governors and kings for m... ... ...
testimony against them and the Gentiles. ¹⁹But... ...
deliver you up, take no thought how or what ye s...
for it shall be given you in that same hour what ye sh...
²⁰For it is not ye that speak, but the Spirit of your...
which speaketh in you. ²¹And the brother shall deliver up the
brother to death, and the father the child, and the children
shall rise up against their parents, and cause them to be put
to death. ²²And ye shall be hated of all men for my name's
sake: but he that endureth to the end shall be saved. ²³But
when they persecute you in this city, flee ye into another, for
verily I say unto you, ye shall not have gone over the cities
of Israel, till the Son of man be come. ²⁴The disciple is not
above his master, nor the servant above his lord. ²⁵It is enough
for the disciple that he be as his master, and the servant as
his lord. If they have called the master of the house Beelzebub, how much more shall they call them of his household?
²⁶Fear them not therefore, for there is nothing covered, that
shall not be revealed; and hid, that shall not be known. ²⁷What
I tell you in darkness, that speak ye in light: and what ye
hear in the ear, that preach ye upon the housetops. ²⁸And
fear not them which kill the body, but are not able to kill the
soul, but rather fear him which is able to destroy both soul
and body in hell. ²⁹Are not two sparrows sold for a farthing?
And one of them shall not fall on the ground without your
Father. ³⁰But the very hairs of your head are all numbered.
³¹Fear ye not therefore, ye are of more value than many spar-
rows. ³²Whosoever therefore shall confess me before men,
him will I confess also before my Father which is in heaven.

whosoever shall deny me before men, him will I also deny before my Father which is in heaven. ³⁴ Think not that I am come to send peace on earth; I came not to send peace, but a sword. ³⁵ For I am come to set a man at variance against his father, and the daughter against her mother, and the daughter-in-law against her mother-in-law. ³⁶ And a man's foes shall be they of his own household. ³⁷ He that loveth father or mother more than me is not worthy of me: and he that loveth son or daughter more than me is not worthy of me. ³⁸ And he that taketh not his cross, and followeth after me, is not worthy of me. ³⁹ He that findeth his life shall lose it: and he that loseth his life for my sake shall find it.

⁴⁰ 'He that receiveth you receiveth me, and he that receiveth me receiveth him that sent me. ⁴¹ He that receiveth a prophet in the name of a prophet shall receive a prophet's reward; and he that receiveth a righteous man in the name of a righteous man shall receive a righteous man's reward. ⁴² And whosoever shall give to drink unto one of these little ones a cup of cold water only in the name of a disciple, verily I say unto you, he shall in no wise lose his reward.'

11 And it came to pass, when Jesus had made an end of commanding his twelve disciples, he departed thence to teach and to preach in their cities. ² Now when John had heard in the prison the works of Christ, he sent two of his disciples, ³ and said unto him, 'Art thou he that should come, or do we look for another?' ⁴ Jesus answered and said unto them, 'Go and shew John again those things which ye do hear and see: ⁵ the blind receive their sight, and the lame walk, the lepers are cleansed, and the deaf hear, the dead are raised up, and the poor have the gospel preached to them. ⁶And blessed is he, whosoever shall not be offended in me.'

⁷And as they departed, Jesus began to say unto the multitudes concerning John, 'What went ye out into the wilderness to see? A reed shaken with the wind? ⁸But what went ye out for to see? A man clothed in soft raiment? Behold, they that wear soft clothing are in kings' houses. ⁹But what went ye out for to see? A prophet? Yea, I say unto you, and more than a prophet. ¹⁰For this is he, of whom it is written, "Behold, I send my messenger before thy face, which shall prepare thy way before thee." ¹¹Verily I say unto you, among them that are born of women there hath not risen a greater than John the Baptist; notwithstanding he that is least in the kingdom of heaven is greater than he. ¹²And from the days of John the Baptist until now the kingdom of heaven suffereth violence, and the violent take it by force. ¹³For all the prophets and the law prophesied until John. ¹⁴And if ye will receive it, this is Elias, which was for to come. ¹⁵He that hath ears to hear, let him hear.

¹⁶'But whereunto shall I liken this generation? It is like unto children sitting in the markets, and calling unto their fellows, ¹⁷and saying, "We have piped unto you, and ye have not danced; we have mourned unto you, and ye have not lamented." ¹⁸For John came neither eating nor drinking, and they say, "He hath a devil." ¹⁹The Son of man came eating and drinking, and they say, "Behold a man gluttonous, and a winebibber, a friend of publicans and sinners." But wisdom is justified of her children.'

²⁰ Then began he to upbraid the cities wherein most of his mighty works were done, because they repented not. ²¹ 'Woe unto thee, Chorazin! Woe unto thee, Bethsaida! For if the mighty works, which were done in you, had been done in Tyre and Sidon, they would have repented long ago in sackcloth and ashes. ²² But I say unto you, it shall be more tolerable for Tyre and Sidon at the day of judgment, than for you. ²³And thou, Capernaum, which art exalted unto heaven, shalt be brought down to hell: for if the mighty works, which have been done in thee, had been done in Sodom, it would have remained until this day. ²⁴ But I say unto you, that it shall be more tolerable for the land of Sodom in the day of judgment, than for thee.'

²⁵At that time Jesus answered and said, 'I thank thee, O Father, Lord of heaven and earth, because thou hast hid these things from the wise and prudent, and hast revealed them unto babes. ²⁶ Even so, Father, for so it seemed good in thy sight. ²⁷All things are delivered unto me of my Father, and no man knoweth the Son, but the Father; neither knoweth any man the Father, save the Son, and he to whomsoever the Son will reveal him.

²⁸ 'Come unto me, all ye that labour and are heavy laden, and I will give you rest. ²⁹ Take my yoke upon you, and learn of me; for I am meek and lowly in heart: and ye shall find rest unto your souls. ³⁰ For my yoke is easy, and my burden is light.'

12 At that time Jesus went on the sabbath day through the corn; and his disciples were an hungred, and began to pluck the ears of corn, and to eat. ² But when the Pharisees

saw it, they said unto him, 'Behold, thy disciples do that which is not lawful to do upon the sabbath day.' ³But he said unto them, 'Have ye not read what David did, when he was an hungred, and they that were with him; ⁴how he entered into the house of God, and did eat the shewbread, which was not lawful for him to eat, neither for them which were with him, but only for the priests? ⁵Or have ye not read in the law, how that on the sabbath days the priests in the temple profane the sabbath, and are blameless? ⁶But I say unto you that in this place is one greater than the temple. ⁷But if ye had known what this meaneth, I will have mercy, and not sacrifice, ye would not have condemned the guiltless. ⁸For the Son of man is Lord even of the sabbath day.' ⁹And when he was departed thence, he went into their synagogue.

¹⁰And, behold, there was a man which had his hand withered. And they asked him, saying, 'Is it lawful to heal on the sabbath days?' that they might accuse him. ¹¹And he said unto them, 'What man shall there be among you, that shall have one sheep, and if it fall into a pit on the sabbath day, will he not lay hold on it, and lift it out? ¹²How much then is a man better than a sheep? Wherefore it is lawful to do well on the sabbath days.' ¹³Then saith he to the man, 'Stretch forth thine hand.' And he stretched it forth; and it was restored whole, like as the other.

¹⁴Then the Pharisees went out, and held a council against him, how they might destroy him. ¹⁵But when Jesus knew it, he withdrew himself from thence, and great multitudes followed him, and he healed them all; ¹⁶and charged them that they should not make him known, ¹⁷that it might be fulfilled

which was spoken by Esaias the prophet, saying, ¹⁸'Behold my servant, whom I have chosen; my beloved, in whom my soul is well pleased: I will put my spirit upon him, and he shall shew judgment to the Gentiles. ¹⁹He shall not strive, nor cry; neither shall any man hear his voice in the streets. ²⁰A bruised reed shall he not break, and smoking flax shall he not quench, till he send forth judgment unto victory. ²¹And in his name shall the Gentiles trust.'

²² Then was brought unto him one possessed with a devil, blind, and dumb: and he healed him, insomuch that the blind and dumb both spake and saw. ²³And all the people were amazed, and said, 'Is not this the son of David?' ²⁴But when the Pharisees heard it, they said, 'This fellow doth not cast out devils, but by Beelzebub the prince of the devils.' ²⁵And Jesus knew their thoughts, and said unto them, 'Every kingdom divided against itself is brought to desolation; and every city or house divided against itself shall not stand. ²⁶And if Satan cast out Satan, he is divided against himself; how shall then his kingdom stand? ²⁷And if I by Beelzebub cast out devils, by whom do your children cast them out? Therefore they shall be your judges. ²⁸But if I cast out devils by the Spirit of God, then the kingdom of God is come unto you. ²⁹Or else how can one enter into a strong man's house, and spoil his goods, except he first bind the strong man? And then he will spoil his house. ³⁰He that is not with me is against me; and he that gathereth not with me scattereth abroad.

³¹'Wherefore I say unto you, all manner of sin and blasphemy shall be forgiven unto men: but the blasphemy against the Holy Ghost shall not be forgiven unto men. ³²And who-

soever speaketh a word against the Son of man, it shall be forgiven him: but whosoever speaketh against the Holy Ghost, it shall not be forgiven him, neither in this world, neither in the world to come. ³³ Either make the tree good, and his fruit good, or else make the tree corrupt, and his fruit corrupt: for the tree is known by his fruit. ³⁴ O generation of vipers, how can ye, being evil, speak good things? For out of the abundance of the heart the mouth speaketh. ³⁵A good man out of the good treasure of the heart bringeth forth good things: and an evil man out of the evil treasure bringeth forth evil things. ³⁶ But I say unto you that every idle word that men shall speak, they shall give account thereof in the day of judgment. ³⁷ For by thy words thou shalt be justified, and by thy words thou shalt be condemned.'

³⁸ Then certain of the scribes and of the Pharisees answered, saying, 'Master, we would see a sign from thee.' ³⁹ But he answered and said unto them, 'An evil and adulterous generation seeketh after a sign; and there shall no sign be given to it, but the sign of the prophet Jonas: ⁴⁰ for as Jonas was three days and three nights in the whale's belly; so shall the Son of man be three days and three nights in the heart of the earth. ⁴¹ The men of Nineveh shall rise in judgment with this generation, and shall condemn it: because they repented at the preaching of Jonas; and, behold, a greater than Jonas is here. ⁴² The queen of the south shall rise up in the judgment with this generation, and shall condemn it: for she came from the uttermost parts of the earth to hear the wisdom of Solomon; and, behold, a greater than Solomon is here. ⁴³ When the unclean spirit is gone out of a man, he walketh through

dry places, seeking rest, and findeth none. ⁴⁴ Then he saith, "I will return into my house from whence I came out"; and when he is come, he findeth it empty, swept, and garnished. ⁴⁵ Then goeth he, and taketh with himself seven other spirits more wicked than himself, and they enter in and dwell there, and the last state of that man is worse than the first. Even so shall it be also unto this wicked generation.'

⁴⁶ While he yet talked to the people, behold, his mother and his brethren stood without, desiring to speak with him. ⁴⁷ Then one said unto him, 'Behold, thy mother and thy brethren stand without, desiring to speak with thee.' ⁴⁸ But he answered and said unto him that told him, 'Who is my mother? And who are my brethren?' ⁴⁹ And he stretched forth his hand toward his disciples, and said, 'Behold my mother and my brethren! ⁵⁰ For whosoever shall do the will of my Father which is in heaven, the same is my brother, and sister, and mother.'

13 The same day went Jesus out of the house, and sat by the sea side. ²And great multitudes were gathered together unto him, so that he went into a ship, and sat; and the whole multitude stood on the shore. ³And he spake many things unto them in parables, saying, 'Behold, a sower went forth to sow; ⁴ and when he sowed, some seeds fell by the way side, and the fowls came and devoured them up. ⁵ Some fell upon stony places, where they had not much earth: and forthwith they sprung up, because they had no deepness of earth. ⁶ And when the sun was up, they were scorched; and because they had no root, they withered away.

⁷And some fell among thorns; and the thorns sprung up, and choked them. ⁸But other fell into good ground, and brought forth fruit, some an hundredfold, some sixtyfold, some thirtyfold. ⁹Who hath ears to hear, let him hear.' ¹⁰And the disciples came, and said unto him, 'Why speakest thou unto them in parables?' ¹¹He answered and said unto them, 'Because it is given unto you to know the mysteries of the kingdom of heaven, but to them it is not given. ¹²For whosoever hath, to him shall be given, and he shall have more abundance: but whosoever hath not, from him shall be taken away even that he hath. ¹³Therefore speak I to them in parables: because they seeing see not; and hearing they hear not, neither do they understand. ¹⁴And in them is fulfilled the prophecy of Esaias, which saith, "By hearing ye shall hear, and shall not understand; and seeing ye shall see, and shall not perceive: ¹⁵for this people's heart is waxed gross, and their ears are dull of hearing, and their eyes they have closed, lest at any time they should see with their eyes, and hear with their ears, and should understand with their heart, and should be converted, and I should heal them." ¹⁶But blessed are your eyes, for they see, and your ears, for they hear. ¹⁷For verily I say unto you that many prophets and righteous men have desired to see those things which ye see, and have not seen them; and to hear those things which ye hear, and have not heard them.

¹⁸'Hear ye therefore the parable of the sower. ¹⁹When any one heareth the word of the kingdom, and understandeth it not, then cometh the wicked one, and catcheth away that which was sown in his heart. This is he which received seed by the way side. ²⁰But he that received the seed into stony

places, the same is he that heareth the word, and anon with joy receiveth it; [21] yet hath he not root in himself, but dureth for a while: for when tribulation or persecution ariseth because of the word, by and by he is offended. [22] He also that received seed among the thorns is he that heareth the word; and the care of this world, and the deceitfulness of riches, choke the word, and he becometh unfruitful. [23] But he that received seed into the good ground is he that heareth the word, and understandeth it; which also beareth fruit, and bringeth forth, some an hundredfold, some sixty, some thirty.'

[24] Another parable put he forth unto them, saying, 'The kingdom of heaven is likened unto a man which sowed good seed in his field: [25] but while men slept, his enemy came and sowed tares among the wheat, and went his way. [26] But when the blade was sprung up, and brought forth fruit, then appeared the tares also. [27] So the servants of the householder came and said unto him, "Sir, didst not thou sow good seed in thy field? From whence then hath it tares?" [28] He said unto them, "An enemy hath done this." The servants said unto him, "Wilt thou then that we go and gather them up?" [29] But he said, "Nay, lest while ye gather up the tares, ye root up also the wheat with them. [30] Let both grow together until the harvest: and in the time of harvest I will say to the reapers, 'Gather ye together first the tares, and bind them in bundles to burn them, but gather the wheat into my barn.'"'

[31] Another parable put he forth unto them, saying, 'The kingdom of heaven is like to a grain of mustard seed, which a man took, and sowed in his field, [32] which indeed is the least of all seeds: but when it is grown, it is the greatest among

herbs, and becometh a tree, so that the birds of the air come and lodge in the branches thereof.'

³³Another parable spake he unto them. 'The kingdom of heaven is like unto leaven, which a woman took, and hid in three measures of meal, till the whole was leavened.' ³⁴All these things spake Jesus unto the multitude in parables; and without a parable spake he not unto them, ³⁵ that it might be fulfilled which was spoken by the prophet, saying, 'I will open my mouth in parables; I will utter things which have been kept secret from the foundation of the world.' ³⁶ Then Jesus sent the multitude away, and went into the house, and his disciples came unto him, saying, 'Declare unto us the parable of the tares of the field.' ³⁷ He answered and said unto them, 'He that soweth the good seed is the Son of man; ³⁸ the field is the world; the good seed are the children of the kingdom; but the tares are the children of the wicked one; ³⁹ the enemy that sowed them is the devil; the harvest is the end of the world; and the reapers are the angels. ⁴⁰As therefore the tares are gathered and burned in the fire, so shall it be in the end of this world. ⁴¹ The Son of man shall send forth his angels, and they shall gather out of his kingdom all things that offend, and them which do iniquity, ⁴² and shall cast them into a furnace of fire: there shall be wailing and gnashing of teeth. ⁴³ Then shall the righteous shine forth as the sun in the kingdom of their Father. Who hath ears to hear, let him hear.

⁴⁴ 'Again, the kingdom of heaven is like unto treasure hid in a field; the which when a man hath found, he hideth, and for joy thereof goeth and selleth all that he hath, and buyeth that field.

⁴⁵ 'Again, the kingdom of heaven is like unto a merchant man, seeking goodly pearls, ⁴⁶ who, when he had found one pearl of great price, went and sold all that he had, and bought it.

⁴⁷ 'Again, the kingdom of heaven is like unto a net, that was cast into the sea, and gathered of every kind: ⁴⁸ which, when it was full, they drew to shore, and sat down, and gathered the good into vessels, but cast the bad away. ⁴⁹ So shall it be at the end of the world. The angels shall come forth, and sever the wicked from among the just, ⁵⁰ and shall cast them into the furnace of fire: there shall be wailing and gnashing of teeth.' ⁵¹ Jesus saith unto them, 'Have ye understood all these things?' They say unto him, 'Yea, Lord.' ⁵² Then said he unto them, 'Therefore every scribe which is instructed unto the kingdom of heaven is like unto a man that is an householder, which bringeth forth out of his treasure things new and old.'

⁵³ And it came to pass, that when Jesus had finished these parables, he departed thence. ⁵⁴ And when he was come into his own country, he taught them in their synagogue, insomuch that they were astonished, and said, 'Whence hath this man this wisdom, and these mighty works? ⁵⁵ Is not this the carpenter's son? Is not his mother called Mary? And his brethren, James, and Joses, and Simon, and Judas? ⁵⁶ And his sisters, are they not all with us? Whence then hath this man all these things?' ⁵⁷ And they were offended in him. But Jesus said unto them, 'A prophet is not without honour, save in his own country, and in his own house.' ⁵⁸ And he did not many mighty works there because of their unbelief.

14 At that time Herod the tetrarch heard of the fame of Jesus, ²and said unto his servants, 'This is John the Baptist; he is risen from the dead; and therefore mighty works do shew forth themselves in him.'

³ For Herod had laid hold on John, and bound him, and put him in prison for Herodias' sake, his brother Philip's wife. ⁴For John said unto him, 'It is not lawful for thee to have her.' ⁵And when he would have put him to death, he feared the multitude, because they counted him as a prophet. ⁶But when Herod's birthday was kept, the daughter of Herodias danced before them, and pleased Herod. ⁷Whereupon he promised with an oath to give her whatsoever she would ask. ⁸And she, being before instructed of her mother, said, 'Give me here John Baptist's head in a charger.' ⁹And the king was sorry; nevertheless for the oath's sake, and them which sat with him at meat, he commanded it to be given her. ¹⁰And he sent, and beheaded John in the prison. ¹¹And his head was brought in a charger, and given to the damsel, and she brought it to her mother. ¹²And his disciples came, and took up the body, and buried it, and went and told Jesus.

¹³ When Jesus heard of it, he departed thence by ship into a desert place apart, and when the people had heard thereof, they followed him on foot out of the cities. ¹⁴And Jesus went forth, and saw a great multitude, and was moved with compassion toward them, and he healed their sick.

¹⁵And when it was evening, his disciples came to him, saying, 'This is a desert place, and the time is now past; send the multitude away, that they may go into the villages, and buy themselves victuals.' ¹⁶But Jesus said unto them, 'They

need not depart; give ye them to eat.' ¹⁷And they say unto him, 'We have here but five loaves, and two fishes.' ¹⁸ He said, 'Bring them hither to me.' ¹⁹And he commanded the multitude to sit down on the grass, and took the five loaves, and the two fishes, and looking up to heaven, he blessed, and brake, and gave the loaves to his disciples, and the disciples to the multitude. ²⁰And they did all eat, and were filled: and they took up of the fragments that remained twelve baskets full. ²¹And they that had eaten were about five thousand men, beside women and children.

²²And straightway Jesus constrained his disciples to get into a ship, and to go before him unto the other side, while he sent the multitudes away. ²³And when he had sent the multitudes away, he went up into a mountain apart to pray: and when the evening was come, he was there alone. ²⁴ But the ship was now in the midst of the sea, tossed with waves: for the wind was contrary. ²⁵And in the fourth watch of the night Jesus went unto them, walking on the sea. ²⁶And when the disciples saw him walking on the sea, they were troubled, saying, 'It is a spirit' and they cried out for fear. ²⁷ But straightway Jesus spake unto them, saying, 'Be of good cheer; it is I; be not afraid.' ²⁸And Peter answered him and said, 'Lord, if it be thou, bid me come unto thee on the water.' ²⁹And he said, 'Come.' And when Peter was come down out of the ship, he walked on the water, to go to Jesus. ³⁰ But when he saw the wind boisterous, he was afraid; and beginning to sink, he cried, saying, 'Lord, save me.' ³¹And immediately Jesus stretched forth his hand, and caught him, and said unto him, 'O thou of little faith, wherefore didst thou doubt?' ³²And when

they were come into the ship, the wind ceased. ³³ Then they that were in the ship came and worshipped him, saying, 'Of a truth thou art the Son of God.'

³⁴ And when they were gone over, they came into the land of Gennesaret. ³⁵ And when the men of that place had knowledge of him, they sent out into all that country round about, and brought unto him all that were diseased; ³⁶ and besought him that they might only touch the hem of his garment: and as many as touched were made perfectly whole.

15 Then came to Jesus scribes and Pharisees, which were of Jerusalem, saying, ² 'Why do thy disciples transgress the tradition of the elders? For they wash not their hands when they eat bread.' ³ But he answered and said unto them, 'Why do ye also transgress the commandment of God by your tradition? ⁴ For God commanded, saying, "Honour thy father and mother," and, "He that curseth father or mother, let him die the death." ⁵ But ye say, "Whosoever shall say to his father or his mother, 'It is a gift, by whatsoever thou mightest be profited by me' ⁶ and honour not his father or his mother, he shall be free." Thus have ye made the commandment of God of none effect by your tradition. ⁷ Ye hypocrites, well did Esaias prophesy of you, saying, ⁸ "This people draweth nigh unto me with their mouth, and honoureth me with their lips; but their heart is far from me. ⁹ But in vain they do worship me, teaching for doctrines the commandments of men."'

¹⁰ And he called the multitude, and said unto them, 'Hear, and understand: ¹¹ not that which goeth into the mouth defileth a man; but that which cometh out of the mouth, this

defileth a man.' ¹²Then came his disciples, and said unto him, 'Knowest thou that the Pharisees were offended, after they heard this saying?' ¹³But he answered and said, 'Every plant, which my heavenly Father hath not planted, shall be rooted up. ¹⁴Let them alone: they be blind leaders of the blind. And if the blind lead the blind, both shall fall into the ditch.' ¹⁵Then answered Peter and said unto him, 'Declare unto us this parable.' ¹⁶And Jesus said, 'Are ye also yet without understanding? ¹⁷Do not ye yet understand, that whatsoever entereth in at the mouth goeth into the belly, and is cast out into the draught? ¹⁸But those things which proceed out of the mouth come forth from the heart; and they defile the man. ¹⁹For out of the heart proceed evil thoughts, murders, adulteries, fornications, thefts, false witness, blasphemies. ²⁰These are the things which defile a man: but to eat with unwashen hands defileth not a man.'

²¹Then Jesus went thence, and departed into the coasts of Tyre and Sidon. ²²And, behold, a woman of Canaan came out of the same coasts, and cried unto him, saying, 'Have mercy on me, O Lord, thou Son of David; my daughter is grievously vexed with a devil.' ²³But he answered her not a word. And his disciples came and besought him, saying, 'Send her away; for she crieth after us.' ²⁴But he answered and said, 'I am not sent but unto the lost sheep of the house of Israel.' ²⁵Then came she and worshipped him, saying, 'Lord, help me.' ²⁶But he answered and said, 'It is not meet to take the children's bread, and to cast it to dogs.' ²⁷And she said, 'Truth, Lord, yet the dogs eat of the crumbs which fall from their masters' table.' ²⁸Then Jesus answered and said unto

her, 'O woman, great is thy faith. Be it unto thee even as thou wilt.' And her daughter was made whole from that very hour. ²⁹And Jesus departed from thence, and came nigh unto the sea of Galilee; and went up into a mountain, and sat down there. ³⁰And great multitudes came unto him, having with them those that were lame, blind, dumb, maimed, and many others, and cast them down at Jesus' feet; and he healed them, ³¹insomuch that the multitude wondered, when they saw the dumb to speak, the maimed to be whole, the lame to walk, and the blind to see, and they glorified the God of Israel.

³²Then Jesus called his disciples unto him, and said, 'I have compassion on the multitude, because they continue with me now three days, and have nothing to eat, and I will not send them away fasting, lest they faint in the way.' ³³And his disciples say unto him, 'Whence should we have so much bread in the wilderness, as to fill so great a multitude?' ³⁴And Jesus saith unto them, 'How many loaves have ye?' And they said, 'Seven, and a few little fishes.' ³⁵And he commanded the multitude to sit down on the ground. ³⁶And he took the seven loaves and the fishes, and gave thanks, and brake them, and gave to his disciples, and the disciples to the multitude. ³⁷And they did all eat, and were filled, and they took up of the broken meat that was left seven baskets full. ³⁸And they that did eat were four thousand men, beside women and children. ³⁹And he sent away the multitude, and took ship, and came into the coasts of Magdala.

16 The Pharisees also with the Sadducees came, and tempting desired him that he would shew them a sign from

heaven. ²He answered and said unto them, 'When it is evening, ye say, "It will be fair weather, for the sky is red." ³And in the morning, "It will be foul weather today, for the sky is red and lowring." O ye hypocrites, ye can discern the face of the sky; but can ye not discern the signs of the times? ⁴A wicked and adulterous generation seeketh after a sign; and there shall no sign be given unto it, but the sign of the prophet Jonas.' And he left them, and departed. ⁵And when his disciples were come to the other side, they had forgotten to take bread.

⁶Then Jesus said unto them, 'Take heed and beware of the leaven of the Pharisees and of the Sadducees.' ⁷And they reasoned among themselves, saying, 'It is because we have taken no bread,' ⁸which when Jesus perceived, he said unto them, 'O ye of little faith, why reason ye among yourselves, because ye have brought no bread? ⁹Do ye not yet understand, neither remember the five loaves of the five thousand, and how many baskets ye took up? ¹⁰Neither the seven loaves of the four thousand, and how many baskets ye took up? ¹¹How is it that ye do not understand that I spake it not to you concerning bread, that ye should beware of the leaven of the Pharisees and of the Sadducees?' ¹²Then understood they how that he bade them not beware of the leaven of bread, but of the doctrine of the Pharisees and of the Sadducees.

¹³When Jesus came into the coasts of Cæsarea Philippi, he asked his disciples, saying, 'Whom do men say that I the Son of man am?' ¹⁴And they said, 'Some say that thou art John the Baptist: some, Elias; and others, Jeremias, or one of the prophets.' ¹⁵He saith unto them, 'But whom say ye that I

am?' [16]And Simon Peter answered and said, 'Thou art the Christ, the Son of the living God.' [17]And Jesus answered and said unto him, 'Blessed art thou, Simon Bar-jona, for flesh and blood hath not revealed it unto thee, but my Father which is in heaven. [18]And I say also unto thee that thou art Peter, and upon this rock I will build my church; and the gates of hell shall not prevail against it. [19]And I will give unto thee the keys of the kingdom of heaven, and whatsoever thou shalt bind on earth shall be bound in heaven, and whatsoever thou shalt loose on earth shall be loosed in heaven.' [20]Then charged he his disciples that they should tell no man that he was Jesus the Christ.

[21]From that time forth began Jesus to shew unto his disciples, how that he must go unto Jerusalem, and suffer many things of the elders and chief priests and scribes, and be killed, and be raised again the third day. [22]Then Peter took him, and began to rebuke him, saying, 'Be it far from thee, Lord: this shall not be unto thee.' [23]But he turned, and said unto Peter, 'Get thee behind me, Satan. Thou art an offence unto me, for thou savourest not the things that be of God, but those that be of men.'

[24]Then said Jesus unto his disciples, 'If any man will come after me, let him deny himself, and take up his cross, and follow me. [25]For whosoever will save his life shall lose it, and whosoever will lose his life for my sake shall find it. [26]For what is a man profited, if he shall gain the whole world, and lose his own soul? Or what shall a man give in exchange for his soul? [27]For the Son of man shall come in the glory of his Father with his angels; and then he shall reward every

man according to his works. ²⁸ Verily I say unto you, there be some standing here, which shall not taste of death, till they see the Son of man coming in his kingdom.'

17 And after six days Jesus taketh Peter, James, and John his brother, and bringeth them up into an high mountain apart, ²and was transfigured before them, and his face did shine as the sun, and his raiment was white as the light. ³And, behold, there appeared unto them Moses and Elias talking with him. ⁴Then answered Peter, and said unto Jesus, 'Lord, it is good for us to be here: if thou wilt, let us make here three tabernacles; one for thee, and one for Moses, and one for Elias.' ⁵While he yet spake, behold, a bright cloud overshadowed them, and behold a voice out of the cloud, which said, 'This is my beloved Son, in whom I am well pleased; hear ye him.' ⁶And when the disciples heard it, they fell on their face, and were sore afraid. ⁷And Jesus came and touched them, and said, 'Arise, and be not afraid.' ⁸And when they had lifted up their eyes, they saw no man, save Jesus only. ⁹And as they came down from the mountain, Jesus charged them, saying, 'Tell the vision to no man, until the Son of man be risen again from the dead.' ¹⁰And his disciples asked him, saying, 'Why then say the scribes that Elias must first come?' ¹¹And Jesus answered and said unto them, 'Elias truly shall first come, and restore all things. ¹² But I say unto you that Elias is come already, and they knew him not, but have done unto him whatsoever they listed. Likewise shall also the Son of man suffer of them.' ¹³ Then the disciples understood that he spake unto them of John the Baptist.

¹⁴And when they were come to the multitude, there came to him a certain man, kneeling down to him, and saying, ¹⁵ 'Lord, have mercy on my son, for he is lunatick, and sore vexed, for ofttimes he falleth into the fire, and oft into the water. ¹⁶And I brought him to thy disciples, and they could not cure him.' ¹⁷ Then Jesus answered and said, 'O faithless and perverse generation, how long shall I be with you? How long shall I suffer you? Bring him hither to me.' ¹⁸And Jesus rebuked the devil; and he departed out of him, and the child was cured from that very hour. ¹⁹ Then came the disciples to Jesus apart, and said, 'Why could not we cast him out?' ²⁰And Jesus said unto them, 'Because of your unbelief: for verily I say unto you, if ye have faith as a grain of mustard seed, ye shall say unto this mountain, "Remove hence to yonder place," and it shall remove; and nothing shall be impossible unto you. ²¹ Howbeit this kind goeth not out but by prayer and fasting.'

²²And while they abode in Galilee, Jesus said unto them, 'The Son of man shall be betrayed into the hands of men: ²³ and they shall kill him, and the third day he shall be raised again.' And they were exceeding sorry.

²⁴And when they were come to Capernaum, they that received tribute money came to Peter, and said, 'Doth not your master pay tribute?' ²⁵ He saith, 'Yes.' And when he was come into the house, Jesus prevented him, saying, 'What thinkest thou, Simon? Of whom do the kings of the earth take custom or tribute? Of their own children, or of strangers?' ²⁶ Peter saith unto him, 'Of strangers.' Jesus saith unto him, 'Then are the children free. ²⁷ Notwithstanding, lest we should

offend them, go thou to the sea, and cast an hook, and take up the fish that first cometh up; and when thou hast opened his mouth, thou shalt find a piece of money; that take, and give unto them for me and thee.'

18 At the same time came the disciples unto Jesus, saying, 'Who is the greatest in the kingdom of heaven?' ²And Jesus called a little child unto him, and set him in the midst of them, ³and said, 'Verily I say unto you, except ye be converted, and become as little children, ye shall not enter into the kingdom of heaven. ⁴Whosoever therefore shall humble himself as this little child, the same is greatest in the kingdom of heaven. ⁵And whoso shall receive one such little child in my name receiveth me. ⁶But whoso shall offend one of these little ones which believe in me, it were better for him that a millstone were hanged about his neck, and that he were drowned in the depth of the sea.

⁷'Woe unto the world because of offences! For it must needs be that offences come; but woe to that man by whom the offence cometh! ⁸Wherefore if thy hand or thy foot offend thee, cut them off, and cast them from thee: it is better for thee to enter into life halt or maimed, rather than having two hands or two feet to be cast into everlasting fire. ⁹And if thine eye offend thee, pluck it out, and cast it from thee: it is better for thee to enter into life with one eye, rather than having two eyes to be cast into hell fire. ¹⁰Take heed that ye despise not one of these little ones; for I say unto you, that in heaven their angels do always behold the face of my Father which is in heaven. ¹¹For the Son of man is come to save that

which was lost. ¹²How think ye? If a man have an hundred sheep, and one of them be gone astray, doth he not leave the ninety and nine, and goeth into the mountains, and seeketh that which is gone astray? ¹³And if so be that he find it, verily I say unto you, he rejoiceth more of that sheep, than of the ninety and nine which went not astray. ¹⁴Even so it is not the will of your Father which is in heaven, that one of these little ones should perish.

¹⁵'Moreover if thy brother shall trespass against thee, go and tell him his fault between thee and him alone: if he shall hear thee, thou hast gained thy brother. ¹⁶But if he will not hear thee, then take with thee one or two more, that in the mouth of two or three witnesses every word may be established. ¹⁷And if he shall neglect to hear them, tell it unto the church: but if he neglect to hear the church, let him be unto thee as an heathen man and a publican. ¹⁸Verily I say unto you, whatsoever ye shall bind on earth shall be bound in heaven, and whatsoever ye shall loose on earth shall be loosed in heaven. ¹⁹Again I say unto you that if two of you shall agree on earth as touching any thing that they shall ask, it shall be done for them of my Father which is in heaven. ²⁰For where two or three are gathered together in my name, there am I in the midst of them.'

²¹Then came Peter to him, and said, 'Lord, how oft shall my brother sin against me, and I forgive him? Till seven times?' ²²Jesus saith unto him, 'I say not unto thee, "Until seven times," but, "Until seventy times seven."

²³'Therefore is the kingdom of heaven likened unto a certain king, which would take account of his servants. ²⁴And

when he had begun to reckon, one was brought unto him, which owed him ten thousand talents. ²⁵ But forasmuch as he had not to pay, his lord commanded him to be sold, and his wife, and children, and all that he had, and payment to be made. ²⁶ The servant therefore fell down, and worshipped him, saying, "Lord, have patience with me, and I will pay thee all." ²⁷ Then the lord of that servant was moved with compassion, and loosed him, and forgave him the debt. ²⁸ But the same servant went out, and found one of his fellowservants, which owed him an hundred pence, and he laid hands on him, and took him by the throat, saying, "Pay me that thou owest." ²⁹ And his fellowservant fell down at his feet, and besought him, saying, "Have patience with me, and I will pay thee all." ³⁰ And he would not, but went and cast him into prison, till he should pay the debt. ³¹ So when his fellowservants saw what was done, they were very sorry, and came and told unto their lord all that was done. ³² Then his lord, after that he had called him, said unto him, "O thou wicked servant, I forgave thee all that debt, because thou desiredst me. ³³ Shouldest not thou also have had compassion on thy fellowservant, even as I had pity on thee?" ³⁴ And his lord was wroth, and delivered him to the tormentors, till he should pay all that was due unto him. ³⁵ So likewise shall my heavenly Father do also unto you, if ye from your hearts forgive not every one his brother their trespasses.'

19 And it came to pass, that when Jesus had finished these sayings, he departed from Galilee, and came into the coasts of Judæa beyond Jordan; ²and great multitudes

followed him; and he healed them there.

³ The Pharisees also came unto him, tempting him, and saying unto him, 'Is it lawful for a man to put away his wife for every cause?' ⁴ And he answered and said unto them, 'Have ye not read, that he which made them at the beginning made them male and female, ⁵ and said, "For this cause shall a man leave father and mother, and shall cleave to his wife, and they twain shall be one flesh"? ⁶ Wherefore they are no more twain, but one flesh. What therefore God hath joined together, let not man put asunder.' ⁷ They say unto him, 'Why did Moses then command to give a writing of divorcement, and to put her away?' ⁸ He saith unto them, 'Moses, because of the hardness of your hearts suffered you to put away your wives: but from the beginning it was not so. ⁹ And I say unto you, whosoever shall put away his wife, except it be for fornication, and shall marry another, committeth adultery: and whoso marrieth her which is put away doth commit adultery.'

¹⁰ His disciples say unto him, 'If the case of the man be so with his wife, it is not good to marry.' ¹¹ But he said unto them, 'All men cannot receive this saying, save they to whom it is given. ¹² For there are some eunuchs, which were so born from their mother's womb, and there are some eunuchs, which were made eunuchs of men, and there be eunuchs, which have made themselves eunuchs for the kingdom of heaven's sake. He that is able to receive it, let him receive it.'

¹³ Then were there brought unto him little children, that he should put his hands on them, and pray, and the disciples rebuked them. ¹⁴ But Jesus said, 'Suffer little children, and

forbid them not, to come unto me, for of such is the kingdom of heaven.' ¹⁵And he laid his hands on them, and departed thence.

¹⁶And, behold, one came and said unto him, 'Good Master, what good thing shall I do, that I may have eternal life?' ¹⁷And he said unto him, 'Why callest thou me good? There is none good but one, that is, God: but if thou wilt enter into life, keep the commandments.' ¹⁸He saith unto him, 'Which?' Jesus said, 'Thou shalt do no murder, thou shalt not commit adultery, thou shalt not steal, thou shalt not bear false witness, ¹⁹honour thy father and thy mother, and thou shalt love thy neighbour as thyself.' ²⁰The young man saith unto him, 'All these things have I kept from my youth up; what lack I yet?' ²¹Jesus said unto him, 'If thou wilt be perfect, go and sell that thou hast, and give to the poor, and thou shalt have treasure in heaven, and come and follow me.' ²²But when the young man heard that saying, he went away sorrowful, for he had great possessions.

²³Then said Jesus unto his disciples, 'Verily I say unto you, that a rich man shall hardly enter into the kingdom of heaven. ²⁴And again I say unto you, it is easier for a camel to go through the eye of a needle, than for a rich man to enter into the kingdom of God.' ²⁵When his disciples heard it, they were exceedingly amazed, saying, 'Who then can be saved?' ²⁶But Jesus beheld them, and said unto them, 'With men this is impossible; but with God all things are possible.'

²⁷Then answered Peter and said unto him, 'Behold, we have forsaken all, and followed thee; what shall we have therefore?' ²⁸And Jesus said unto them, 'Verily I say unto you that ye which have followed me, in the regeneration

when the Son of man shall sit in the throne of his glory, ye also shall sit upon twelve thrones, judging the twelve tribes of Israel. ²⁹And every one that hath forsaken houses, or brethren, or sisters, or father, or mother, or wife, or children, or lands, for my name's sake, shall receive an hundredfold, and shall inherit everlasting life. ³⁰But many that are first shall be last; and the last shall be first.

20 ¹For the kingdom of heaven is like unto a man that is an householder, which went out early in the morning to hire labourers into his vineyard. ²And when he had agreed with the labourers for a penny a day, he sent them into his vineyard. ³And he went out about the third hour, and saw others standing idle in the marketplace, ⁴and said unto them, "Go ye also into the vineyard, and whatsoever is right I will give you." And they went their way. ⁵Again he went out about the sixth and ninth hour, and did likewise. ⁶And about the eleventh hour he went out, and found others standing idle, and saith unto them, "Why stand ye here all the day idle?" ⁷They say unto him, "Because no man hath hired us." He saith unto them, "Go ye also into the vineyard; and whatsoever is right, that shall ye receive." ⁸So when even was come, the lord of the vineyard saith unto his steward, "Call the labourers, and give them their hire, beginning from the last unto the first." ⁹And when they came that were hired about the eleventh hour, they received every man a penny. ¹⁰But when the first came, they supposed that they should have received more; and they likewise received every man a penny. ¹¹And when they had received it, they

murmured against the goodman of the house, ¹²saying, "These last have wrought but one hour, and thou hast made them equal unto us, which have borne the burden and heat of the day." ¹³But he answered one of them, and said, "Friend, I do thee no wrong; didst not thou agree with me for a penny? ¹⁴Take that thine is, and go thy way: I will give unto this last, even as unto thee. ¹⁵Is it not lawful for me to do what I will with mine own? Is thine eye evil, because I am good?" ¹⁶So the last shall be first, and the first last: for many be called, but few chosen.'

¹⁷And Jesus going up to Jerusalem took the twelve disciples apart in the way, and said unto them, ¹⁸'Behold, we go up to Jerusalem; and the Son of man shall be betrayed unto the chief priests and unto the scribes, and they shall condemn him to death, ¹⁹and shall deliver him to the Gentiles to mock, and to scourge, and to crucify him, and the third day he shall rise again.'

²⁰Then came to him the mother of Zebedee's children with her sons, worshipping him, and desiring a certain thing of him. ²¹And he said unto her, 'What wilt thou?' She saith unto him, 'Grant that these my two sons may sit, the one on thy right hand, and the other on the left, in thy kingdom.' ²²But Jesus answered and said, 'Ye know not what ye ask. Are ye able to drink of the cup that I shall drink of, and to be baptized with the baptism that I am baptized with?' They say unto him, 'We are able.' ²³And he saith unto them, 'Ye shall drink indeed of my cup, and be baptized with the baptism that I am baptized with: but to sit on my right hand, and on my left, is not mine to give, but it shall be given to

them for whom it is prepared of my Father.' ²⁴And when the ten heard it, they were moved with indignation against the two brethren. ²⁵But Jesus called them unto him, and said, 'Ye know that the princes of the Gentiles exercise dominion over them, and they that are great exercise authority upon them. ²⁶But it shall not be so among you: but whosoever will be great among you, let him be your minister; ²⁷and whosoever will be chief among you, let him be your servant. ²⁸Even as the Son of man came not to be ministered unto, but to minister, and to give his life a ransom for many. ²⁹And as they departed from Jericho, a great multitude followed him.

³⁰And, behold, two blind men sitting by the way side, when they heard that Jesus passed by, cried out, saying, 'Have mercy on us, O Lord, thou Son of David.' ³¹And the multitude rebuked them, because they should hold their peace: but they cried the more, saying, 'Have mercy on us, O Lord, thou Son of David.' ³²And Jesus stood still, and called them, and said, 'What will ye that I shall do unto you?' ³³They say unto him, 'Lord, that our eyes may be opened.' ³⁴So Jesus had compassion on them, and touched their eyes, and immediately their eyes received sight, and they followed him.

21 And when they drew nigh unto Jerusalem, and were come to Bethphage, unto the mount of Olives, then sent Jesus two disciples, ²saying unto them, 'Go into the village over against you, and straightway ye shall find an ass tied, and a colt with her; loose them, and bring them unto me. ³And if any man say ought unto you, ye shall say, "The Lord hath need of them," and straightway he will send them.'

⁴All this was done, that it might be fulfilled which was spoken by the prophet, saying, ⁵'Tell ye the daughter of Sion, "Behold, thy King cometh unto thee, meek, and sitting upon an ass, and a colt the foal of an ass."' ⁶And the disciples went, and did as Jesus commanded them, ⁷and brought the ass, and the colt, and put on them their clothes, and they set him thereon. ⁸And a very great multitude spread their garments in the way; others cut down branches from the trees, and strawed them in the way. ⁹And the multitudes that went before, and that followed, cried, saying, 'Hosanna to the Son of David. Blessed is he that cometh in the name of the Lord. Hosanna in the highest.' ¹⁰And when he was come into Jerusalem, all the city was moved, saying, 'Who is this?' ¹¹And the multitude said, 'This is Jesus the prophet of Nazareth of Galilee.'

¹²And Jesus went into the temple of God, and cast out all them that sold and bought in the temple, and overthrew the tables of the moneychangers, and the seats of them that sold doves, ¹³and said unto them, 'It is written, "My house shall be called the house of prayer," but ye have made it a den of thieves.' ¹⁴And the blind and the lame came to him in the temple; and he healed them. ¹⁵And when the chief priests and scribes saw the wonderful things that he did, and the children crying in the temple, and saying, 'Hosanna to the Son of David,' they were sore displeased, ¹⁶and said unto him, 'Hearest thou what these say?' And Jesus saith unto them, 'Yea; have ye never read, "Out of the mouth of babes and sucklings thou hast perfected praise"?'

¹⁷And he left them, and went out of the city into Bethany; and he lodged there. ¹⁸Now in the morning as he returned

into the city, he hungered. ¹⁹And when he saw a fig tree in the way, he came to it, and found nothing thereon, but leaves only, and said unto it, 'Let no fruit grow on thee henceforward for ever.' And presently the fig tree withered away. ²⁰And when the disciples saw it, they marvelled, saying, 'How soon is the fig tree withered away!' ²¹Jesus answered and said unto them, 'Verily I say unto you, if ye have faith, and doubt not, ye shall not only do this which is done to the fig tree, but also if ye shall say unto this mountain, "Be thou removed, and be thou cast into the sea," it shall be done. ²²And all things, whatsoever ye shall ask in prayer, believing, ye shall receive.'

²³And when he was come into the temple, the chief priests and the elders of the people came unto him as he was teaching, and said, 'By what authority doest thou these things? And who gave thee this authority?' ²⁴And Jesus answered and said unto them, 'I also will ask you one thing, which if ye tell me, I in like wise will tell you by what authority I do these things. ²⁵The baptism of John, whence was it? From heaven, or of men?' And they reasoned with themselves, saying, 'If we shall say, "From heaven," he will say unto us, "Why did ye not then believe him?" ²⁶But if we shall say, "Of men," we fear the people, for all hold John as a prophet.' ²⁷And they answered Jesus, and said, 'We cannot tell.' And he said unto them, 'Neither tell I you by what authority I do these things.

²⁸'But what think ye? A certain man had two sons; and he came to the first, and said, "Son, go work to day in my vineyard." ²⁹He answered and said, "I will not," but afterward he

repented, and went. ³⁰And he came to the second, and said likewise. And he answered and said, "I go, sir," and went not. ³¹Whether of them twain did the will of his father?' They say unto him, 'The first.' Jesus saith unto them, 'Verily I say unto you that the publicans and the harlots go into the kingdom of God before you. ³²For John came unto you in the way of righteousness, and ye believed him not: but the publicans and the harlots believed him, and ye, when ye had seen it, repented not afterward, that ye might believe him.

³³ 'Hear another parable. There was a certain householder, which planted a vineyard, and hedged it round about, and digged a winepress in it, and built a tower, and let it out to husbandmen, and went into a far country. ³⁴And when the time of the fruit drew near, he sent his servants to the husbandmen, that they might receive the fruits of it. ³⁵And the husbandmen took his servants, and beat one, and killed another, and stoned another. ³⁶Again, he sent other servants more than the first, and they did unto them likewise. ³⁷But last of all he sent unto them his son, saying, "They will reverence my son." ³⁸But when the husbandmen saw the son, they said among themselves, "This is the heir; come, let us kill him, and let us seize on his inheritance." ³⁹And they caught him, and cast him out of the vineyard, and slew him. ⁴⁰When the lord therefore of the vineyard cometh, what will he do unto those husbandmen?' ⁴¹They say unto him, 'He will miserably destroy those wicked men, and will let out his vineyard unto other husbandmen, which shall render him the fruits in their seasons.' ⁴²Jesus saith unto them, 'Did ye never read in the scriptures, "The stone which the builders rejected,

the same is become the head of the corner: this is the Lord's doing, and it is marvellous in our eyes"? ⁴³Therefore say I unto you, the kingdom of God shall be taken from you, and given to a nation bringing forth the fruits thereof. ⁴⁴And whosoever shall fall on this stone shall be broken, but on whomsoever it shall fall, it will grind him to powder.' ⁴⁵And when the chief priests and Pharisees had heard his parables, they perceived that he spake of them. ⁴⁶But when they sought to lay hands on him, they feared the multitude, because they took him for a prophet.

22 And Jesus answered and spake unto them again by parables, and said, ²'The kingdom of heaven is like unto a certain king, which made a marriage for his son, ³and sent forth his servants to call them that were bidden to the wedding, and they would not come. ⁴Again, he sent forth other servants, saying, "Tell them which are bidden, 'Behold, I have prepared my dinner: my oxen and my fatlings are killed, and all things are ready; come unto the marriage.'" ⁵But they made light of it, and went their ways, one to his farm, another to his merchandise, ⁶and the remnant took his servants, and entreated them spitefully, and slew them. ⁷But when the king heard thereof, he was wroth, and he sent forth his armies, and destroyed those murderers, and burned up their city. ⁸Then saith he to his servants, "The wedding is ready, but they which were bidden were not worthy. ⁹Go ye therefore into the highways, and as many as ye shall find, bid to the marriage." ¹⁰So those servants went out into the highways, and gathered together all as many as they found, both

bad and good, and the wedding was furnished with guests.

¹¹ 'And when the king came in to see the guests, he saw there a man which had not on a wedding garment, ¹² and he saith unto him, "Friend, how camest thou in hither not having a wedding garment?" And he was speechless. ¹³ Then said the king to the servants, "Bind him hand and foot, and take him away, and cast him into outer darkness: there shall be weeping and gnashing of teeth." ¹⁴ For many are called, but few are chosen.'

¹⁵ Then went the Pharisees, and took counsel how they might entangle him in his talk. ¹⁶ And they sent out unto him their disciples with the Herodians, saying, 'Master, we know that thou art true, and teachest the way of God in truth, neither carest thou for any man, for thou regardest not the person of men. ¹⁷ Tell us therefore, what thinkest thou? Is it lawful to give tribute unto Caesar, or not?' ¹⁸ But Jesus perceived their wickedness, and said, 'Why tempt ye me, ye hypocrites? ¹⁹ Shew me the tribute money.' And they brought unto him a penny. ²⁰ And he saith unto them, 'Whose is this image and superscription?' ²¹ They say unto him, 'Caesar's.' Then saith he unto them, 'Render therefore unto Caesar the things which are Caesar's; and unto God the things that are God's.' ²² When they had heard these words, they marvelled, and left him, and went their way.

²³ The same day came to him the Sadducees, which say that there is no resurrection, and asked him, ²⁴ saying, 'Master, Moses said, "If a man die, having no children, his brother shall marry his wife, and raise up seed unto his brother." ²⁵ Now there were with us seven brethren, and the first,

when he had married a wife, deceased, and, having no issue, left his wife unto his brother: ²⁶ likewise the second also, and the third, unto the seventh. ²⁷ And last of all the woman died also. ²⁸ Therefore in the resurrection whose wife shall she be of the seven? For they all had her.' ²⁹ Jesus answered and said unto them, 'Ye do err, not knowing the scriptures, nor the power of God. ³⁰ For in the resurrection they neither marry, nor are given in marriage, but are as the angels of God in heaven. ³¹ But as touching the resurrection of the dead, have ye not read that which was spoken unto you by God, saying, ³² "I am the God of Abraham, and the God of Isaac, and the God of Jacob?" God is not the God of the dead, but of the living.' ³³ And when the multitude heard this, they were astonished at his doctrine.

³⁴ But when the Pharisees had heard that he had put the Sadducees to silence, they were gathered together. ³⁵ Then one of them, which was a lawyer, asked him a question, tempting him, and saying, ³⁶ 'Master, which is the great commandment in the law?' ³⁷ Jesus said unto him, '"Thou shalt love the Lord thy God with all thy heart, and with all thy soul, and with all thy mind." ³⁸ This is the first and great commandment. ³⁹ And the second is like unto it, "Thou shalt love thy neighbour as thyself." ⁴⁰ On these two commandments hang all the law and the prophets.'

⁴¹ While the Pharisees were gathered together, Jesus asked them, ⁴² saying, 'What think ye of Christ? Whose son is he?' They say unto him, 'The Son of David.' ⁴³ He saith unto them, 'How then doth David in spirit call him "Lord", saying, ⁴⁴ "The Lord said unto my Lord, 'Sit thou on my right hand,

till I make thine enemies thy footstool'?" ⁴⁵ If David then call him "Lord", how is he his son?' ⁴⁶ And no man was able to answer him a word, neither durst any man from that day forth ask him any more questions.

23 Then spake Jesus to the multitude, and to his disciples, ² saying, 'The scribes and the Pharisees sit in Moses' seat; ³ all therefore whatsoever they bid you observe, that observe and do; but do not ye after their works, for they say, and do not. ⁴ For they bind heavy burdens and grievous to be borne, and lay them on men's shoulders; but they themselves will not move them with one of their fingers. ⁵ But all their works they do for to be seen of men; they make broad their phylacteries, and enlarge the borders of their garments, ⁶ and love the uppermost rooms at feasts, and the chief seats in the synagogues, ⁷ and greetings in the markets, and to be called of men, "Rabbi, Rabbi". ⁸ But be not ye called Rabbi: for one is your Master, even Christ; and all ye are brethren. ⁹ And call no man your father upon the earth: for one is your Father, which is in heaven. ¹⁰ Neither be ye called masters: for one is your Master, even Christ. ¹¹ But he that is greatest among you shall be your servant. ¹² And whosoever shall exalt himself shall be abased; and he that shall humble himself shall be exalted.

¹³ 'But woe unto you, scribes and Pharisees, hypocrites! For ye shut up the kingdom of heaven against men, for ye neither go in yourselves, neither suffer ye them that are entering to go in. ¹⁴ Woe unto you, scribes and Pharisees, hypocrites! For ye devour widows' houses, and for a pretence

make long prayer: therefore ye shall receive the greater damnation. ¹⁵ Woe unto you, scribes and Pharisees, hypocrites! For ye compass sea and land to make one proselyte, and when he is made, ye make him twofold more the child of hell than yourselves. ¹⁶ Woe unto you, ye blind guides, which say, "Whosoever shall swear by the temple, it is nothing; but whosoever shall swear by the gold of the temple, he is a debtor!" ¹⁷ Ye fools and blind: for whether is greater, the gold, or the temple that sanctifieth the gold? ¹⁸ And, "Whosoever shall swear by the altar, it is nothing; but whosoever sweareth by the gift that is upon it, he is guilty." ¹⁹ Ye fools and blind: for whether is greater, the gift, or the altar that sanctifieth the gift? ²⁰ Whoso therefore shall swear by the altar, sweareth by it, and by all things thereon. ²¹ And whoso shall swear by the temple, sweareth by it, and by him that dwelleth therein. ²² And he that shall swear by heaven, sweareth by the throne of God, and by him that sitteth thereon. ²³ Woe unto you, scribes and Pharisees, hypocrites! For ye pay tithe of mint and anise and cummin, and have omitted the weightier matters of the law, judgment, mercy, and faith. These ought ye to have done, and not to leave the other undone. ²⁴ Ye blind guides, which strain at a gnat, and swallow a camel. ²⁵ Woe unto you, scribes and Pharisees, hypocrites! For ye make clean the outside of the cup and of the platter, but within they are full of extortion and excess. ²⁶ Thou blind Pharisee, cleanse first that which is within the cup and platter, that the outside of them may be clean also. ²⁷ Woe unto you, scribes and Pharisees, hypocrites! For ye are like unto whited sepulchres, which indeed appear beautiful outward, but are within full of dead men's bones, and of all uncleanness. ²⁸ Even so ye also outwardly appear righteous unto men, but within ye are full of hypocrisy and iniquity. ²⁹ Woe unto you, scribes and Pharisees, hypocrites! Because ye build the tombs of the prophets, and garnish the sepulchres of the righteous, ³⁰ and say, "If we had been in the days of our fathers, we would not have been partakers with them in the blood of the prophets." ³¹ Wherefore ye be witnesses unto yourselves, that ye are the children of them which killed the prophets. ³² Fill ye up then the measure of your fathers. ³³ Ye serpents, ye generation of vipers, how can ye escape the damnation of hell?

³⁴ 'Wherefore, behold, I send unto you prophets, and wise men, and scribes: and some of them ye shall kill and crucify; and some of them shall ye scourge in your synagogues, and persecute them from city to city: ³⁵ that upon you may come all the righteous blood shed upon the earth, from the blood of righteous Abel unto the blood of Zacharias son of Barachias, whom ye slew between the temple and the altar. ³⁶ Verily I say unto you, all these things shall come upon this generation. ³⁷ O Jerusalem, Jerusalem, thou that killest the prophets, and stonest them which are sent unto thee, how often would I have gathered thy children together, even as a hen gathereth her chickens under her wings, and ye would not! ³⁸ Behold, your house is left unto you desolate. ³⁹ For I say unto you, ye shall not see me henceforth, till ye shall say, "Blessed is he that cometh in the name of the Lord."'

24 And Jesus went out, and departed from the temple, and his disciples came to him for to shew him the

buildings of the temple. ²And Jesus said unto them, 'See ye not all these things? Verily I say unto you, there shall not be left here one stone upon another, that shall not be thrown down.'

³And as he sat upon the mount of Olives, the disciples came unto him privately, saying, 'Tell us, when shall these things be? And what shall be the sign of thy coming, and of the end of the world?' ⁴And Jesus answered and said unto them, 'Take heed that no man deceive you. ⁵For many shall come in my name, saying, "I am Christ," and shall deceive many. ⁶And ye shall hear of wars and rumours of wars; see that ye be not troubled, for all these things must come to pass, but the end is not yet. ⁷For nation shall rise against nation, and kingdom against kingdom, and there shall be famines, and pestilences, and earthquakes, in diverse places. ⁸All these are the beginning of sorrows. ⁹Then shall they deliver you up to be afflicted, and shall kill you, and ye shall be hated of all nations for my name's sake. ¹⁰And then shall many be offended, and shall betray one another, and shall hate one another. ¹¹And many false prophets shall rise, and shall deceive many. ¹²And because iniquity shall abound, the love of many shall wax cold. ¹³But he that shall endure unto the end, the same shall be saved. ¹⁴And this gospel of the kingdom shall be preached in all the world for a witness unto all nations; and then shall the end come. ¹⁵When ye therefore shall see the abomination of desolation, spoken of by Daniel the prophet, stand in the holy place (whoso readeth, let him understand), ¹⁶then let them which be in Judæa flee into the mountains; ¹⁷let him which is on the housetop not come down to take any thing out of his house: ¹⁸neither let him

which is in the field return back to take his clothes. ¹⁹And woe unto them that are with child, and to them that give suck in those days! ²⁰ But pray ye that your flight be not in the winter, neither on the sabbath day. ²¹ For then shall be great tribulation, such as was not since the beginning of the world to this time, no, nor ever shall be. ²²And except those days should be shortened, there should no flesh be saved, but for the elect's sake those days shall be shortened. ²³ Then if any man shall say unto you, "Lo, here is Christ," or "There," believe it not. ²⁴ For there shall arise false Christs, and false prophets, and shall shew great signs and wonders; insomuch that, if it were possible, they shall deceive the very elect. ²⁵ Behold, I have told you before. ²⁶ Wherefore if they shall say unto you, "Behold, he is in the desert," go not forth; "Behold, he is in the secret chambers," believe it not. ²⁷ For as the lightning cometh out of the east, and shineth even unto the west; so shall also the coming of the Son of man be. ²⁸ For wheresoever the carcase is, there will the eagles be gathered together.

²⁹ 'Immediately after the tribulation of those days shall the sun be darkened, and the moon shall not give her light, and the stars shall fall from heaven, and the powers of the heavens shall be shaken. ³⁰And then shall appear the sign of the Son of man in heaven, and then shall all the tribes of the earth mourn, and they shall see the Son of man coming in the clouds of heaven with power and great glory. ³¹And he shall send his angels with a great sound of a trumpet, and they shall gather together his elect from the four winds, from one end of heaven to the other. ³² Now learn a parable of the fig tree. When his branch is yet tender, and putteth

forth leaves, ye know that summer is nigh: ³³ so likewise ye, when ye shall see all these things, know that it is near, even at the doors. ³⁴ Verily I say unto you, this generation shall not pass, till all these things be fulfilled. ³⁵ Heaven and earth shall pass away, but my words shall not pass away.

³⁶ 'But of that day and hour knoweth no man, no, not the angels of heaven, but my Father only. ³⁷ But as the days of Noe were, so shall also the coming of the Son of man be. ³⁸ For as in the days that were before the flood they were eating and drinking, marrying and giving in marriage, until the day that Noe entered into the ark, ³⁹ and knew not until the flood came, and took them all away; so shall also the coming of the Son of man be. ⁴⁰ Then shall two be in the field; the one shall be taken, and the other left. ⁴¹ Two women shall be grinding at the mill; the one shall be taken, and the other left.

⁴² 'Watch therefore: for ye know not what hour your Lord doth come. ⁴³ But know this, that if the goodman of the house had known in what watch the thief would come, he would have watched, and would not have suffered his house to be broken up. ⁴⁴ Therefore be ye also ready: for in such an hour as ye think not the Son of man cometh. ⁴⁵ Who then is a faithful and wise servant, whom his lord hath made ruler over his household, to give them meat in due season? ⁴⁶ Blessed is that servant, whom his lord when he cometh shall find so doing. ⁴⁷ Verily I say unto you that he shall make him ruler over all his goods. ⁴⁸ But and if that evil servant shall say in his heart, "My lord delayeth his coming," ⁴⁹ and shall begin to smite his fellow-servants, and to eat and drink with the drunken; ⁵⁰ the lord of that servant shall come in a day when

he looketh not for him, and in an hour that he is not aware of, ⁵¹and shall cut him asunder, and appoint him his portion with the hypocrites: there shall be weeping and gnashing of teeth.

25

¹Then shall the kingdom of heaven be likened unto ten virgins, which took their lamps, and went forth to meet the bridegroom. ²And five of them were wise, and five were foolish. ³They that were foolish took their lamps, and took no oil with them, ⁴but the wise took oil in their vessels with their lamps. ⁵While the bridegroom tarried, they all slumbered and slept. ⁶And at midnight there was a cry made, "Behold, the bridegroom cometh; go ye out to meet him." ⁷Then all those virgins arose, and trimmed their lamps. ⁸And the foolish said unto the wise, "Give us of your oil; for our lamps are gone out." ⁹But the wise answered, saying, "Not so, lest there be not enough for us and you, but go ye rather to them that sell, and buy for yourselves." ¹⁰And while they went to buy, the bridegroom came; and they that were ready went in with him to the marriage; and the door was shut. ¹¹Afterward came also the other virgins, saying, "Lord, Lord, open to us." ¹²But he answered and said, "Verily I say unto you, I know you not." ¹³Watch therefore, for ye know neither the day nor the hour wherein the Son of man cometh.

¹⁴'For the kingdom of heaven is as a man travelling into a far country, who called his own servants, and delivered unto them his goods, ¹⁵and unto one he gave five talents, to another two, and to another one; to every man according to his several ability; and straightway took his journey. ¹⁶Then he that had received the five talents went and traded with the same,

and made them other five talents. ¹⁷And likewise he that had received two, he also gained other two. ¹⁸But he that had received one went and digged in the earth, and hid his lord's money. ¹⁹After a long time the lord of those servants cometh, and reckoneth with them. ²⁰And so he that had received five talents came and brought other five talents, saying, "Lord, thou deliveredst unto me five talents; behold, I have gained beside them five talents more." ²¹His lord said unto him, "Well done, thou good and faithful servant: thou hast been faithful over a few things; I will make thee ruler over many things; enter thou into the joy of thy lord." ²²He also that had received two talents came and said, "Lord, thou deliveredst unto me two talents; behold, I have gained two other talents beside them." ²³His lord said unto him, "Well done, good and faithful servant; thou hast been faithful over a few things, I will make thee ruler over many things; enter thou into the joy of thy lord." ²⁴Then he which had received the one talent came and said, "Lord, I knew thee that thou art an hard man, reaping where thou hast not sown, and gathering where thou hast not strawed, ²⁵and I was afraid, and went and hid thy talent in the earth: lo, there thou hast that is thine." ²⁶His lord answered and said unto him, "Thou wicked and slothful servant, thou knewest that I reap where I sowed not, and gather where I have not strawed. ²⁷Thou oughtest therefore to have put my money to the exchangers, and then at my coming I should have received mine own with usury. ²⁸Take therefore the talent from him, and give it unto him which hath ten talents. ²⁹For unto every one that hath shall be given, and he shall have abundance: but from him that hath not shall be taken away even that which he hath. ³⁰And cast ye the unprofitable servant into outer darkness: there shall be weeping and gnashing of teeth."

³¹'When the Son of man shall come in his glory, and all the holy angels with him, then shall he sit upon the throne of his glory, ³²and before him shall be gathered all nations, and he shall separate them one from another, as a shepherd divideth his sheep from the goats, ³³and he shall set the sheep on his right hand, but the goats on the left. ³⁴Then shall the King say unto them on his right hand, "Come, ye blessed of my Father, inherit the kingdom prepared for you from the foundation of the world; ³⁵for I was an hungred, and ye gave me meat; I was thirsty, and ye gave me drink; I was a stranger, and ye took me in; ³⁶naked, and ye clothed me; I was sick, and ye visited me; I was in prison, and ye came unto me." ³⁷Then shall the righteous answer him, saying, "Lord, when saw we thee an hungred, and fed thee? Or thirsty, and gave thee drink? ³⁸When saw we thee a stranger, and took thee in? Or naked, and clothed thee? ³⁹Or when saw we thee sick, or in prison, and came unto thee?" ⁴⁰And the King shall answer and say unto them, "Verily I say unto you, inasmuch as ye have done it unto one of the least of these my brethren, ye have done it unto me." ⁴¹Then shall he say also unto them on the left hand, "Depart from me, ye cursed, into everlasting fire, prepared for the devil and his angels: ⁴²for I was an hungred, and ye gave me no meat; I was thirsty, and ye gave me no drink; ⁴³I was a stranger, and ye took me not in; naked, and ye clothed me not; sick, and in prison, and ye visited me not." ⁴⁴Then shall they also answer him, saying, "Lord, when

saw we thee an hungred, or athirst, or a stranger, or naked, or sick, or in prison, and did not minister unto thee?" ⁴⁵Then shall he answer them, saying, "Verily I say unto you, inasmuch as ye did it not to one of the least of these, ye did it not to me." ⁴⁶And these shall go away into everlasting punishment, but the righteous into life eternal.'

26 And it came to pass, when Jesus had finished all these sayings, he said unto his disciples, ²'Ye know that after two days is the feast of the passover, and the Son of man is betrayed to be crucified.' ³Then assembled together the chief priests, and the scribes, and the elders of the people, unto the palace of the high priest, who was called Caiaphas, ⁴and consulted that they might take Jesus by subtilty, and kill him. ⁵But they said, 'Not on the feast day, lest there be an uproar among the people.'

⁶Now when Jesus was in Bethany, in the house of Simon the leper, ⁷there came unto him a woman having an alabaster box of very precious ointment, and poured it on his head, as he sat at meat. ⁸But when his disciples saw it, they had indignation, saying, 'To what purpose is this waste? ⁹For this ointment might have been sold for much, and given to the poor.' ¹⁰When Jesus understood it, he said unto them, 'Why trouble ye the woman? For she hath wrought a good work upon me. ¹¹For ye have the poor always with you; but me ye have not always. ¹²For in that she hath poured this ointment on my body, she did it for my burial. ¹³Verily I say unto you, wheresoever this gospel shall be preached in the whole world, there shall also this, that this woman hath

done, be told for a memorial of her.'

¹⁴ Then one of the twelve, called Judas Iscariot, went unto the chief priests, ¹⁵ and said unto them, 'What will ye give me, and I will deliver him unto you?' And they covenanted with him for thirty pieces of silver. ¹⁶ And from that time he sought opportunity to betray him.

¹⁷ Now the first day of the feast of unleavened bread the disciples came to Jesus, saying unto him, 'Where wilt thou that we prepare for thee to eat the passover?' ¹⁸ And he said, 'Go into the city to such a man, and say unto him, "The Master saith, 'My time is at hand; I will keep the passover at thy house with my disciples.'"' ¹⁹ And the disciples did as Jesus had appointed them; and they made ready the passover. ²⁰ Now when the even was come, he sat down with the twelve. ²¹ And as they did eat, he said, 'Verily I say unto you that one of you shall betray me.' ²² And they were exceeding sorrowful, and began every one of them to say unto him, 'Lord, is it I?' ²³ And he answered and said, 'He that dippeth his hand with me in the dish, the same shall betray me. ²⁴ The Son of man goeth as it is written of him, but woe unto that man by whom the Son of man is betrayed! It had been good for that man if he had not been born.' ²⁵ Then Judas, which betrayed him, answered and said, 'Master, is it I?' He said unto him, 'Thou hast said.'

²⁶ And as they were eating, Jesus took bread, and blessed it, and brake it, and gave it to the disciples, and said, 'Take, eat; this is my body.' ²⁷ And he took the cup, and gave thanks, and gave it to them, saying, 'Drink ye all of it, ²⁸ for this is my blood of the new testament, which is shed for many for the

remission of sins. ²⁹ But I say unto you, I will not drink henceforth of this fruit of the vine, until that day when I drink it new with you in my Father's kingdom.' ³⁰And when they had sung an hymn, they went out into the mount of Olives. ³¹ Then saith Jesus unto them, 'All ye shall be offended because of me this night, for it is written, "I will smite the shepherd, and the sheep of the flock shall be scattered abroad." ³² But after I am risen again, I will go before you into Galilee.' ³³ Peter answered and said unto him, 'Though all men shall be offended because of thee, yet will I never be offended.' ³⁴ Jesus said unto him, 'Verily I say unto thee that this night, before the cock crow, thou shalt deny me thrice.' ³⁵ Peter said unto him, 'Though I should die with thee, yet will I not deny thee.' Likewise also said all the disciples.

³⁶ Then cometh Jesus with them unto a place called Gethsemane, and saith unto the disciples, 'Sit ye here, while I go and pray yonder.' ³⁷ And he took with him Peter and the two sons of Zebedee, and began to be sorrowful and very heavy. ³⁸ Then saith he unto them, 'My soul is exceeding sorrowful, even unto death; tarry ye here, and watch with me.' ³⁹ And he went a little farther, and fell on his face, and prayed, saying, 'O my Father, if it be possible, let this cup pass from me: nevertheless not as I will, but as thou wilt.' ⁴⁰And he cometh unto the disciples, and findeth them asleep, and saith unto Peter, 'What, could ye not watch with me one hour? ⁴¹ Watch and pray, that ye enter not into temptation: the spirit indeed is willing, but the flesh is weak.' ⁴² He went away again the second time, and prayed, saying, 'O my Father, if this cup may not pass away from me, except I drink it, thy will be

done.' ⁴³And he came and found them asleep again: for their eyes were heavy. ⁴⁴And he left them, and went away again, and prayed the third time, saying the same words. ⁴⁵Then cometh he to his disciples, and saith unto them, 'Sleep on now, and take your rest: behold, the hour is at hand, and the Son of man is betrayed into the hands of sinners. ⁴⁶Rise, let us be going: behold, he is at hand that doth betray me.'

⁴⁷And while he yet spake, lo, Judas, one of the twelve, came, and with him a great multitude with swords and staves, from the chief priests and elders of the people. ⁴⁸Now he that betrayed him gave them a sign, saying, 'Whomsoever I shall kiss, that same is he; hold him fast.' ⁴⁹And forthwith he came to Jesus, and said, 'Hail, master,' and kissed him. ⁵⁰And Jesus said unto him, 'Friend, wherefore art thou come?' Then came they, and laid hands on Jesus, and took him. ⁵¹And, behold, one of them which were with Jesus stretched out his hand, and drew his sword, and struck a servant of the high priest's, and smote off his ear. ⁵²Then said Jesus unto him, 'Put up again thy sword into his place: for all they that take the sword shall perish with the sword. ⁵³Thinkest thou that I cannot now pray to my Father, and he shall presently give me more than twelve legions of angels? ⁵⁴But how then shall the scriptures be fulfilled, that thus it must be?' ⁵⁵In that same hour said Jesus to the multitudes, 'Are ye come out as against a thief with swords and staves for to take me? I sat daily with you teaching in the temple, and ye laid no hold on me. ⁵⁶But all this was done, that the scriptures of the prophets might be fulfilled.' Then all the disciples forsook him, and fled.

⁵⁷And they that had laid hold on Jesus led him away to Caiaphas the high priest, where the scribes and the elders were assembled. ⁵⁸But Peter followed him afar off unto the high priest's palace, and went in, and sat with the servants, to see the end. ⁵⁹Now the chief priests, and elders, and all the council, sought false witness against Jesus, to put him to death, ⁶⁰but found none; yea, though many false witnesses came, yet found they none. At the last came two false witnesses, ⁶¹and said, 'This fellow said, "I am able to destroy the temple of God, and to build it in three days."' ⁶²And the high priest arose, and said unto him, 'Answerest thou nothing? What is it which these witness against thee?' ⁶³But Jesus held his peace. And the high priest answered and said unto him, 'I adjure thee by the living God, that thou tell us whether thou be the Christ, the Son of God.' ⁶⁴Jesus saith unto him, 'Thou hast said: nevertheless I say unto you, hereafter shall ye see the Son of man sitting on the right hand of power, and coming in the clouds of heaven.' ⁶⁵Then the high priest rent his clothes, saying, 'He hath spoken blasphemy; what further need have we of witnesses? Behold, now ye have heard his blasphemy. ⁶⁶What think ye?' They answered and said, 'He is guilty of death.' ⁶⁷Then did they spit in his face, and buffeted him; and others smote him with the palms of their hands, ⁶⁸saying, 'Prophesy unto us, thou Christ. Who is he that smote thee?'

⁶⁹Now Peter sat without in the palace, and a damsel came unto him, saying, 'Thou also wast with Jesus of Galilee.' ⁷⁰But he denied before them all, saying, 'I know not what thou sayest.' ⁷¹And when he was gone out into the porch,

another maid saw him, and said unto them that were there, 'This fellow was also with Jesus of Nazareth.' [72]And again he denied with an oath: 'I do not know the man.' [73]And after a while came unto him they that stood by, and said to Peter, 'Surely thou also art one of them; for thy speech bewrayeth thee.' [74]Then began he to curse and to swear, saying, 'I know not the man.' And immediately the cock crew. [75]And Peter remembered the word of Jesus, which said unto him, 'Before the cock crow, thou shalt deny me thrice.' And he went out, and wept bitterly.

27 When the morning was come, all the chief priests and elders of the people took counsel against Jesus to put him to death: [2]and when they had bound him, they led him away, and delivered him to Pontius Pilate the governor.

[3]Then Judas, which had betrayed him, when he saw that he was condemned, repented himself, and brought again the thirty pieces of silver to the chief priests and elders, [4]saying, 'I have sinned in that I have betrayed the innocent blood.' And they said, 'What is that to us? See thou to that.' [5]And he cast down the pieces of silver in the temple, and departed, and went and hanged himself. [6]And the chief priests took the silver pieces, and said, 'It is not lawful for to put them into the treasury, because it is the price of blood.' [7]And they took counsel, and bought with them the potter's field, to bury strangers in. [8]Wherefore that field was called 'the field of blood' unto this day. [9]Then was fulfilled that which was spoken by Jeremy the prophet, saying, 'And they took the thirty pieces of silver, the price of him that was valued,

whom they of the children of Israel did value, ¹⁰and gave them for the potter's field, as the Lord appointed me.' ¹¹And Jesus stood before the governor, and the governor asked him, saying, 'Art thou the King of the Jews?' And Jesus said unto him, 'Thou sayest.' ¹²And when he was accused of the chief priests and elders, he answered nothing. ¹³Then said Pilate unto him, 'Hearest thou not how many things they witness against thee?' ¹⁴And he answered him to never a word; insomuch that the governor marvelled greatly. ¹⁵ Now at that feast the governor was wont to release unto the people a prisoner, whom they would. ¹⁶And they had then a notable prisoner, called Barabbas. ¹⁷Therefore when they were gathered together, Pilate said unto them, 'Whom will ye that I release unto you? Barabbas, or Jesus which is called Christ?' ¹⁸ For he knew that for envy they had delivered him.

¹⁹ When he was set down on the judgment seat, his wife sent unto him, saying, 'Have thou nothing to do with that just man: for I have suffered many things this day in a dream because of him.' ²⁰ But the chief priests and elders persuaded the multitude that they should ask Barabbas, and destroy Jesus. ²¹The governor answered and said unto them, 'Whether of the twain will ye that I release unto you?' They said, 'Barabbas.' ²²Pilate saith unto them, 'What shall I do then with Jesus which is called Christ?' They all say unto him, 'Let him be crucified.' ²³And the governor said, 'Why, what evil hath he done?' But they cried out the more, saying, 'Let him be crucified.'

²⁴ When Pilate saw that he could prevail nothing, but that rather a tumult was made, he took water, and washed his

hands before the multitude, saying, 'I am innocent of the blood of this just person: see ye to it.' ²⁵ Then answered all the people, and said, 'His blood be on us, and on our children.'

²⁶ Then released he Barabbas unto them, and when he had scourged Jesus, he delivered him to be crucified. ²⁷ Then the soldiers of the governor took Jesus into the common hall, and gathered unto him the whole band of soldiers. ²⁸ And they stripped him, and put on him a scarlet robe.

²⁹ And when they had platted a crown of thorns, they put it upon his head, and a reed in his right hand, and they bowed the knee before him, and mocked him, saying, 'Hail, King of the Jews!' ³⁰ And they spit upon him, and took the reed, and smote him on the head. ³¹ And after that they had mocked him, they took the robe off from him, and put his own raiment on him, and led him away to crucify him. ³² And as they came out, they found a man of Cyrene, Simon by name: him they compelled to bear his cross. ³³ And when they were come unto a place called Golgotha, that is to say, a place of a skull, ³⁴ they gave him vinegar to drink mingled with gall, and when he had tasted thereof, he would not drink. ³⁵ And they crucified him, and parted his garments, casting lots: that it might be fulfilled which was spoken by the prophet, 'They parted my garments among them, and upon my vesture did they cast lots.' ³⁶ And sitting down they watched him there; ³⁷ and set up over his head his accusation written, 'This is Jesus the King of the Jews.' ³⁸ Then were there two thieves crucified with him, one on the right hand, and another on the left.

³⁹ And they that passed by reviled him, wagging their

heads, [40] and saying, 'Thou that destroyest the temple, and buildest it in three days, save thyself. If thou be the Son of God, come down from the cross.' [41] Likewise also the chief priests, mocking him, with the scribes and elders, said, [42] 'He saved others; himself he cannot save. If he be the King of Israel, let him now come down from the cross, and we will believe him. [43] He trusted in God; let him deliver him now, if he will have him: for he said, "I am the Son of God."' [44] The thieves also, which were crucified with him, cast the same in his teeth. [45] Now from the sixth hour there was darkness over all the land unto the ninth hour. [46] And about the ninth hour Jesus cried with a loud voice, saying, 'Eli, Eli, lama sabachthani?' that is to say, 'My God, my God, why hast thou forsaken me?' [47] Some of them that stood there, when they heard that, said, 'This man calleth for Elias.' [48] And straightway one of them ran, and took a spunge, and filled it with vinegar, and put it on a reed, and gave him to drink. [49] The rest said, 'Let be, let us see whether Elias will come to save him.'

[50] Jesus, when he had cried again with a loud voice, yielded up the ghost. [51] And, behold, the veil of the temple was rent in twain from the top to the bottom; and the earth did quake, and the rocks rent; [52] and the graves were opened; and many bodies of the saints which slept arose, [53] and came out of the graves after his resurrection, and went into the holy city, and appeared unto many. [54] Now when the centurion, and they that were with him, watching Jesus, saw the earthquake, and those things that were done, they feared greatly, saying, 'Truly this was the Son of God.' [55] And many women were there beholding afar off, which followed Jesus from Galilee,

ministering unto him, ⁵⁶ among which was Mary Magdalene, and Mary the mother of James and Joses, and the mother of Zebedee's children. ⁵⁷ When the even was come, there came a rich man of Arimathæa, named Joseph, who also himself was Jesus' disciple. ⁵⁸ He went to Pilate, and begged the body of Jesus. Then Pilate commanded the body to be delivered. ⁵⁹ And when Joseph had taken the body, he wrapped it in a clean linen cloth, ⁶⁰ and laid it in his own new tomb, which he had hewn out in the rock, and he rolled a great stone to the door of the sepulchre, and departed. ⁶¹ And there was Mary Magdalene, and the other Mary, sitting over against the sepulchre.

⁶² Now the next day, that followed the day of the preparation, the chief priests and Pharisees came together unto Pilate, ⁶³ saying, 'Sir, we remember that that deceiver said, while he was yet alive, "After three days I will rise again." ⁶⁴ Command therefore that the sepulchre be made sure until the third day, lest his disciples come by night, and steal him away, and say unto the people, "He is risen from the dead," so the last error shall be worse than the first.' ⁶⁵ Pilate said unto them, 'Ye have a watch: go your way, make it as sure as ye can.' ⁶⁶ So they went, and made the sepulchre sure, sealing the stone, and setting a watch.

28 In the end of the sabbath, as it began to dawn toward the first day of the week, came Mary Magdalene and the other Mary to see the sepulchre. ²And, behold, there was a great earthquake: for the angel of the Lord descended from heaven, and came and rolled back the stone from the door,

and sat upon it. ³ His countenance was like lightning, and his raiment white as snow, ⁴ and for fear of him the keepers did shake, and became as dead men. ⁵ And the angel answered and said unto the women, 'Fear not ye, for I know that ye seek Jesus, which was crucified. ⁶ He is not here: for he is risen, as he said. Come, see the place where the Lord lay. ⁷ And go quickly, and tell his disciples that he is risen from the dead; and, behold, he goeth before you into Galilee; there shall ye see him: lo, I have told you.' ⁸ And they departed quickly from the sepulchre with fear and great joy; and did run to bring his disciples word.

⁹ And as they went to tell his disciples, behold, Jesus met them, saying, 'All hail.' And they came and held him by the feet, and worshipped him. ¹⁰ Then said Jesus unto them, 'Be not afraid: go tell my brethren that they go into Galilee, and there shall they see me.'

¹¹ Now when they were going, behold, some of the watch came into the city, and shewed unto the chief priests all the things that were done. ¹² And when they were assembled with the elders, and had taken counsel, they gave large money unto the soldiers, ¹³ saying, 'Say ye, "His disciples came by night, and stole him away while we slept." ¹⁴ And if this come to the governor's ears, we will persuade him, and secure you.' ¹⁵ So they took the money, and did as they were taught, and this saying is commonly reported among the Jews until this day.

¹⁶ Then the eleven disciples went away into Galilee, into a mountain where Jesus had appointed them. ¹⁷ And when they saw him, they worshipped him, but some doubted. ¹⁸ And Jesus came and spake unto them, saying, 'All power is

given unto me in heaven and in earth.

¹⁹ 'Go ye therefore, and teach all nations, baptizing them in the name of the Father, and of the Son, and of the Holy Ghost, ²⁰ teaching them to observe all things whatsoever I have commanded you, and, lo, I am with you alway, even unto the end of the world. Amen.'

titles in the series

Rien qu'une histoire d'amour

Aux Éditions du Palémon

Les enquêtes de Mary Lester

Les aventures de Filosec et Biscoto (jeunesse)

Romans historiques

Mammig

Théâtre

Nouvelles

JEAN FAILLER

Rien qu'une
histoire
d'amour

ÉDITIONS DU PALÉMON
ZA de Troyalac'h - 10 rue André Michelin - 29 170 Saint-Évarzec

Remerciements à

Lucienne APPERÉ
Margot BRUYÈRE
Pierre DELIGNY
Alain G. MONOT
Corinne MONOT
Colette VLÉRICK

Aux termes du Code de la propriété intellectuelle, toute reproduction ou représen-
tation, intégrale ou partielle de la présente publication, faite par quelque procédé
que ce soit (reprographie, microfilmage, scannérisation, numérisation...) sans le
consentement de l'auteur ou de ses ayants droit ou ayants cause est illicite et
constitue une contrefaçon sanctionnée par les articles L 335 2 et suivants du Code
de la propriété intellectuelle. L'autorisation d'effectuer des reproductions par reprographie doit être obtenue auprès du Centre Français d'Exploitation du droit de
Copie (CFC) - 20, rue des Grands Augustins - 75006 PARIS - Tél. 01 44 07 47 70/
Fax : 01 46 34 67 19. - © 2005 - Éditions du Palémon.

Chapitre 1

Je m'appelle Mary Lester, je vais bientôt avoir trente ans et je suis capitaine dans la police nationale, attachée au commissariat de Quimper (Finistère).

Un certain nombre d'enquêtes que j'ai menées ont été rapportées par monsieur Jean Failler de manière assez objective et globalement satisfaisante. Puis, à la suite d'une déplaisante affaire judiciaire[1], Jean Failler a décidé de se retirer, me laissant le soin de raconter mes enquêtes moi-même, ce que j'ai fait pour la première fois pour l'affaire de Brière[2].

Dans le passé, Jean Failler avait toujours pris le parti de rapporter les affaires les plus spectaculaires, ou qui frappaient le plus son imagination ; cependant, il en est d'autres, plus secrètes, sur lesquelles il a fait l'impasse.

Est-ce parce qu'elles étaient plus ou moins officieuses ? Est-ce parce qu'elles n'ont pas été conduites dans le cadre de la police nationale ? Ou, j'ose à peine

---

1. *Voir* Le renard des grèves, *même auteur, même collection.*
2. *Voir* La Variée était en noir, *même auteur, même collection.*

poser la question, est-ce parce que monsieur Failler se fait vieux et qu'il a du mal à suivre mon rythme de vie qui est parfois trépidant?

Je ne sais si les raisons que j'évoque sont bonnes, tout ce que je constate, c'est que certaines enquêtes qui m'ont tenu à cœur ont été totalement ignorées par mon chroniqueur.

Or, il m'est souvent arrivé, au cours d'interrogatoires en particulier, de m'entendre dire - le plus souvent sur le mode ironique - : « Quelle imagination! Vous devriez écrire des romans policiers. »

On ne me défie jamais en vain. J'ai déjà relevé le gant et aujourd'hui je redis « Chiche! » et je m'assieds devant mon ordinateur en me demandant par quel bout je vais bien pouvoir prendre l'affaire que je veux rapporter.

J'ai longtemps pensé qu'un roman policier n'était autre chose qu'une sorte de rapport de police rallongé à la sauce de l'auteur et raconté avec plus ou moins de talent. C'est du moins ce que je m'étais imaginé, ne me privant pas, le cas échéant, d'un droit de critique exercé parfois sur le mode acide, à propos de ce qu'écrivait Jean Failler.

Cependant, au pied de la feuille vierge, on ne tarde pas à s'apercevoir que l'affaire n'est pas si simple. Tant de choses se croisent et se recroisent dans une enquête policière! Et il n'y a pas que les choses, les gens aussi apparaissent puis disparaissent. On croit que tel ou tel est impliqué, qu'il détient des renseignements essentiels, et puis on s'aperçoit que la grande gueule qui paradait sur le devant de la scène n'est en réalité qu'un personnage falot qui veut se donner de l'importance. En revanche, d'autres plus effacés, plus discrets, ont joué un rôle de premier plan dans le drame qui vous intéresse. Mais ils se gardent bien de le dire et il faut chercher, fouiller, essayer enfin de les pousser dans leurs retranchements.

Ça n'est pas toujours de la tarte, comme dirait Fortin.

À la réflexion, après un tri préalable, mieux vaut que je commence par le commencement.

Toute cette affaire se déclencha de la plus banale des manières quelques jours avant la Toussaint. Vous le savez peut-être, Jean-Marie Le Ster, mon père, commandant de la marine marchande fraîchement retraité, a pris ses invalides[3] dans une petite île, à l'extrême pointe du Finistère.

Or Jean-Marie, nostalgique de la passerelle de commandement de son porte-conteneurs, avait bien vite retrouvé un embarquement : un magnat du pétrole l'avait engagé pour commander son yacht personnel, une sorte de « petit » paquebot de quelque quatre-vingt-dix mètres de long sur lequel il se fait déposer de temps en temps par hélicoptère avec une brochette de call-girls et où il organise des fêtes somptueuses.

Je dois vous dire que ça n'est pas trop la tasse de thé de Jean-Marie que ce paquebot d'opérette pour mers tropicales, mais l'émir n'y vient pas trois semaines par an. Le reste du temps, Jean-Marie convoie le *Shéhérazade*, c'est le nom du bateau, des Antilles aux Cyclades, des Cyclades aux Galapagos, des Galapagos en Floride, selon les instructions qu'il reçoit du secrétaire particulier de Son Excellence.

---

3. *Expression de marine qui signifie prendre sa retraite.*

Ce n'est pas une existence trop désagréable, d'autant qu'il a multiplié son salaire de la marine de commerce par trois. Ah, ces émirs!

S'il bat pavillon panaméen comme tout bateau de riche qui se respecte, le *Shéhérazade* a son port d'attache à Monaco et Jean-Marie est plus souvent à son bord, dans la principauté, que dans sa maison de l'île.

Dernière survivante de la famille je suis donc chargée, en l'absence de mon père, de fleurir les tombes familiales selon la tradition que m'a si bien inculquée ma grand-mère Mélanie.

Je vaquais donc, en cette fin d'octobre ensoleil-lée, à la corvée de chrysanthèmes, et quand je dis corvée j'exagère, car il ne me déplaît pas, en ces temps de souvenir, de me recueillir sur la tombe de ma mère, que je n'ai pas connue, et de mes grands-parents que j'ai tant aimés, dans le cimetière marin de Douarnenez ou dans celui de Plonéour-Lanvern, en terre bigoudène.

Ce jour-là j'étais à Douarnenez ou plutôt à Ploaré puisque le champ de repos - qui abrite bon nombre de tombes vides de « péris en mer » - est situé sur les hauteurs de la ville et domine toute la baie.

Comme je m'y prends toujours à l'avance, le cimetière était à peu près désert. Quelques menues silhouettes toutes de noir vêtues s'affairaient çà et là, grattant, brossant, étalant du sable auprès des pierres moussues de leurs sépultures familiales.

Après avoir balayé les feuilles mortes qui s'étaient déposées sur la dalle d'ardoise où sont gravés en lettres d'or les noms de mes grands-parents et celui de ma mère, après avoir disposé ma potée de chrysanthèmes tout en ruminant des pensées mélancoliques, je m'étais assise sur une pierre tombale voisine de celle de ma famille et je contemplais la mer.

La baie de Douarnenez, qui est la plus belle baie du monde - après celle de Naples - disait mon grand-père qui n'était pas chauvin, brillait sous le soleil. Tout au fond on apercevait le cap de la Chèvre, et, dans un creux des falaises de la côte, la station balnéaire de Morgat avec sa bande de sable roux et ses villas ocre, blanches, bleues, étagées à flanc de coteau. Ici et là des bois de pins d'un vert très sombre, presque noir, penchés sur la falaise se découpaient sur un ciel d'azur. Sous un léger vent de sudet[4], quelques voiliers traçaient un blanc sillage d'écume en régatant sur la mer verte. Un cargo tout noir mouillé au milieu de la baie apportait une touche funèbre à cette parfaite carte postale de vacances. Peut-être avait-il une avarie de machines et attendait-il la pièce qui permettrait la réparation. Il semblait aussi inhabité que *le Hollandais Volant*[5] de sinistre mémoire.

Était-ce la proximité de toutes ces tombes qui m'inspirait ces cogitations moroses?

Le grincement rouillé de la grille du cimetière me ramena à la réalité.

Une voiture noire, conduite par un homme en costume sombre et coiffé d'une casquette à la visière vernissée, entra dans le cimetière. Il arborait un air de circonstance, Fortin aurait dit qu'il faisait une gueule d'enterrement. Pourquoi pas? C'était l'endroit.

---

4. *Abréviation maritime pour Sud-Est.*
5. *Le* Hollandais Volant *appartient aux légendes de la voile. Les navires qui croisaient la route de ce voilier fantôme, manœuvré par un équipage de squelettes, étaient assurés de ne jamais revoir le port.*

L'équipage sentait le corbillard, mais voir un corbillard dans un cimetière n'a rien d'étonnant. Ledit corbillard suivit l'allée centrale du cimetière en roulant à l'extrême ralenti et s'arrêta devant une tombe ouverte.

Deux hommes et une femme en sortirent et firent quelques pas un peu raides sur le sable de l'allée, comme des gens qui sont restés longtemps assis et qui ne sont pas fâchés de se dérouiller les articulations. Les deux hommes portaient l'uniforme des employés des pompes funèbres, la femme était vêtue d'un élégant ensemble noir.

Elle s'arrêta devant le trou, le fixant pensivement d'un air tout à la fois sévère et triste.

S'agissait-il d'un enterrement? Dans ce cas, le malheureux qu'on portait en terre ne devait pas avoir beaucoup d'amis. Seule cette femme affligée… Était-ce une mère? une sœur? une épouse?

Si vous avez lu quelques-unes de mes enquêtes, vous savez qu'il ne faut pas exciter ma curiosité. Je peux résister à beaucoup de choses, mais sûrement pas à essayer de savoir ce qu'on veut me cacher.

En l'occurrence, personne ne songeait à me cacher quoi que ce soit. Ces gens attendaient quelqu'un, mais qui?

La réponse vint sans tarder, un homme d'une quarantaine d'années pénétra dans le cimetière et se hâta vers le petit groupe.

In petto je m'exclamai:

— Jean Blaise!

Je n'étais pas peu surprise. Blaise était depuis peu commissaire de police à Douarnenez. J'avais plusieurs fois eu l'occasion de le rencontrer au cours de réunions chez le patron à Quimper. Au cours d'un dîner officiel, je m'étais même trouvée à table près de lui et nous avions sympathisé.

Il semblait préoccupé, il passa à ma hauteur sans me voir et s'inclina devant la dame en noir. Il lui serra la main longuement en disant quelques mots que je ne compris pas mais que je supposai être une de ces phrases convenues que l'on sert en ces lieux en pareille circonstance.

Pas bêcheur, il serra également la main aux deux croque-morts. Ceux-ci ouvrirent les deux battants du fourgon et se saisirent d'un petit cercueil de bois verni muni de poignées façon vieil argent avec, sur son couvercle, un crucifix de la même facture. Cette boîte ne devait pas peser bien lourd à en juger par l'aisance avec laquelle ils la manipulaient.

Blaise se pencha sur le cercueil, l'examina et se releva. Il prit les papiers que lui tendait un des hommes, et y apposa sa signature.

Tout ceci se déroulait sans que j'entendisse un seul mot, j'étais trop loin et la conversation se faisait à voix basse, comme en général dans ce champ sacré où les vivants semblent redouter de réveiller les morts.

Que pouvait donc contenir ce cercueil? La première chose qui me vint à l'idée c'est qu'il s'agissait d'un cercueil d'enfant. En effet, la caisse ne faisait pas un mètre de long.

Blaise, qui avait salué une nouvelle fois la dame, revenait à grands pas sur l'allée de sable blanc. Comme il arrivait à ma hauteur je me levai et l'interpellai:

— Hé, Blaise!

Il sursauta et s'arrêta pile, comme si un revenant facétieux lui avait frappé sur l'épaule. Puis il me reconnut et son visage s'éclaira.

— Mary Lester! s'exclama-t-il, qu'est-ce que tu fiches là?

— Tu vois, dis-je en montrant mes outils de nettoyage, je prépare la Toussaint.

— Tu as une tombe à Douarnenez?

— Oui, mes grands-parents…

Puis je me retournai vers le petit groupe et donnai un coup de tête dans sa direction:

— Qu'est-ce qui se passe?

Blaise sourit, il connaissait ma réputation de fouineuse.

— Rien pour toi, dit-il, simplement une VM.

En langage de police, une VM est une vacation mortuaire. Lorsqu'il y a un transfert de corps d'un département à un autre, le cercueil est scellé d'un cachet de cire à chaque extrémité par un commissaire de police. Recouvrant chacun deux vis, ces scellés empêchent toute réouverture du cercueil pendant le transport. Lorsque le cercueil arrive à destination, un autre commissaire de police doit s'assurer que les scellés n'ont pas été brisés avant d'autoriser l'inhumation. Cet acte de police est facturé aux familles par les entreprises de pompes funèbres qui, à leur tour, reversent leur obole aux commissaires de police normalement seuls habilités à opérer ces vacations. Dans la plupart des commissariats le patron délègue la corvée à un gardien de la paix ou à un officier de police, ce qui ne veut pas dire qu'il partage la gratification avec lui.[6]

---

6. Le langage quotidien de la police - *Michel Alexandre - Liber Éditions*.

Blaise était un scrupuleux. La vacation mortuaire, il l'accomplissait lui-même ; et la signature qu'il avait apposée au pied du document attestait que tout était en ordre.

— Un enfant ? demandai-je.

— Non ! Tu me demandes ça à cause de la taille du cercueil ?

— Oui. On aurait du mal à y loger un adulte.

— Et pourtant c'est d'un adulte qu'il s'agit. Ou plutôt de ce qu'il en reste. Il est mort depuis plus de vingt ans, alors…

— Alors… répétai-je en écho.

Il me sourit :

— Ce que c'est que de nous, tout de même !

Ayant sacrifié à l'usage du lieu commun propre à ces circonstances, il s'excusa :

— Faut que j'y aille. À l'occasion, passe à la boîte, on ira boire un coup. Salut, Mary.

— Salut…

Je le rappelai :

— Oh, Blaise…

Il se retourna.

— Le Meunier est toujours à Douarnenez ?

— Toujours, dit Blaise.

— Toujours lieutenant ?

— Affirmatif.

Ça ne m'étonnait pas.

J'avais connu François Le Meunier lors d'une enquête à Douarnenez quelques années plus tôt.[7] Le Meunier, l'homme paisible par excellence, pas arriviste pour deux ronds. On se demandait comment il avait atterri dans la police. Pourvu qu'il puisse s'oc-

---

7. *Voir* Boucaille sur Douarnenez, *même auteur, même collection.*

cuper de sa petite famille et aller pêcher sur le môle, il était comblé.

— Tu lui donneras le bonjour, dis-je.

Blaise me fit un signe de la main :

— Je n'y manquerai pas…

Il s'éloigna.

Un type brillant, ce Blaise, et probablement discipliné et respectueux des procédures. Pour être commissaire à son âge, il devait avoir un dossier en béton. (Ceci pour vous dire que ce n'est pas demain qu'on m'élèvera à ce grade). Pas disert, mais sympathique, il avait succédé au commissaire Jean-Louis Colin, ce vieux flic qui n'aimait rien tant que se déguiser et participer aux fêtes du Mardi Gras.[8]

Jean-Louis - comme l'appelaient familièrement ses subordonnés - continuait-il à se travestir chaque année à la mi-février maintenant qu'il était en retraite ? Probablement. À Douarnenez les Gras sont une religion et qui y a goûté y revient toujours.

J'entendis les portes du fourgon claquer et je me retournai pour voir la voiture funèbre reculer dans l'allée. Elle passa la grille que la gardienne du cimetière referma derrière elle.

La dame vêtue de noir était maintenant seule devant le caveau sur lequel elle avait déposé un coussin de roses rouges.

Dans ce cimetière éclatant de couleurs, sous un soleil encore chaud devant un paysage estival, on aurait dû avoir une sensation de vacances. Car, hors les chrysanthèmes, c'était un paysage et un temps de vacances.

Mais voilà, il y avait toutes ces tombes. Et surtout

8. Voir Boucaille sur Douarnenez, *même auteur, même collection.*

18

cette silhouette menue, noire et immobile sur le blanc du sable des allées.

Dans cette atmosphère d'été finissant, elle n'en était que plus poignante. Soudain je la vis vaciller, elle fit quelques pas hésitants, chercha l'appui d'une croix voisine pour ne pas tomber et finit par mettre un genou sur la dalle.

Cette dame avait un malaise. Je me précipitai et dans l'instant je fus près d'elle.

— Ça ne va pas?

Elle leva sur moi des yeux perdus, noyés d'eau, et s'efforça bravement de sourire.

— Si... si... ça va, dit-elle d'une voix mal assurée.

Sa tête dodelinait de gauche à droite, comme si elle avait du mal à la tenir droite.

— Voulez-vous que j'appelle du secours, un médecin?

— Non, dit-elle précipitamment. Un peu d'eau peut-être...

— Attendez...

Je l'aidai à s'asseoir sur une tombe voisine et, me précipitant jusqu'à la maison de garde, je frappai au carreau.

La gardienne, une forte femme à la taille épaisse ceinte d'un tablier de grosse toile bleue, apparut:

— Qu'est-ce qui se passe? demanda-t-elle avec cet inimitable accent qui fait reconnaître le Douarneniste où qu'il aille.

— Une dame qui a un malaise, dis-je, pouvez-vous me donner un verre d'eau?

— Bien sûr...

Elle s'absenta un instant et revint avec un grand verre d'eau fraîche et deux sucres.

— Faites-lui manger le sucre en buvant l'eau, ordonna-t-elle avec l'aplomb d'un médecin de campagne. Après ça ira.

Et devant mon regard d'incompréhension, elle précisa avec une cordialité bourrue :

— J'ai l'habitude, allez ! Les gens viennent au cimetière avec leur chagrin. Ils ne pensent pas à manger alors ils ont un coup d'hypoglycémie… Pff ! les jambes de laine, la tête qui tourne… deux sucres et ça repart.

Peut-être qu'elle avait raison, cette femme. Elle devait avoir l'habitude…

Je revins vers la dame qui était toujours dans la même position, guère plus vaillante que lorsque je l'avais quittée. Suivant les recommandations de la gardienne, elle absorba les sucres et but l'eau docilement. Le diagnostic de la concierge devait être bon. Je vis la malade reprendre rapidement des couleurs et se redresser.

— Ça va mieux, dit-elle avec un pauvre sourire.

Un ouvrier s'approchait, poussant une brouette qui couinait à chaque tour de roue. Il y transportait ses outils et se présenta avec, lui aussi, un accent qui dénonçait ses origines. S'il n'était pas né sur le Rosmeur[9], je voulais bien être pendue. C'était l'ouvrier de la marbrerie. Il avait ouvert le caveau, maintenant il venait le refermer.

Avec un levier de fer il poussa la lourde dalle de pierre qui enclosait la chambre funéraire ; elle glissa avec un sinistre grondement, et le petit cercueil de bois verni disparut à jamais après que la dame en noir y eut déposé une superbe rose rouge.

---

9. *Quartier du vieux port à Douarnenez.*

— Je viendrai demain matin faire les joints, dit l'ouvrier sans émotion. Et il précisa :

— C'est pas bon de faire du ciment quand il fait chaud comme ça.

Il s'épongea le front avec une sorte de torchon froissé sorti d'une poche béante. L'effort avait été rude.

— C'est pas croyab' ce temps ! fit-il, fin octobre, et chaud comme en août, jamais on n'a vu ça !

Il ne prenait pas, lui, la précaution de parler à voix basse. Il était sur son lieu de travail et sa voix de rogomme devait s'entendre à l'autre bout du cimetière.

Il empocha discrètement le billet plié serré que la dame lui glissa, toucha sa casquette de l'index et repartit en faisant geindre sa roue, comme il était venu.

La dame en noir se figea un moment en méditation. Je n'osais bouger, respectant son recueillement. Enfin elle fit un signe de croix et me sourit tristement :

— Merci d'être restée m'assister. C'est si dur d'être seule dans ces circonstances.

— Je vous en prie…

Je ne savais que dire, c'était certes un champ de repos, mais je n'allais pas y passer la soirée ; j'avais fait ce que j'avais à y faire. Cette dame ayant retrouvé des couleurs, je pris congé.

— Je dois m'en aller, dis-je.

Elle hocha la tête avec un pauvre sourire.

— Bien sûr…

Le corbillard qui l'avait emmenée étant parti, je pris conscience qu'elle allait rester seule dans le cimetière. Je demandai :

— Je peux vous déposer quelque part?

— Ne vous donnez pas cette peine, dit-elle, je vais prendre un taxi.

Le cimetière de Ploaré est assez loin du centre-ville. Elle aurait donc une longue marche à faire sous le soleil et je ne la sentais pas très vaillante.

— Eh bien, je vais vous déposer à la station de taxis.

Elle protesta, elle ne voulait pas me déranger, mais finalement, après force remerciements, elle monta dans la Twingo.

Chapitre 2

En roulant vers le centre-ville, je l'examinai du coin de l'œil. Elle devait être âgée d'une bonne soixantaine d'années, mais sa silhouette élégante ne le laissait pas deviner.

Je descendis vers le port du Rosmeur où, d'ordinaire, il est possible de trouver un taxi.

— Au fait, lui demandai-je, si ce n'est pas indiscret, où doit vous déposer votre taxi?

— À Plomeur, dit-elle.

Ce n'était pas à côté.

— Vous habitez là-bas?

— Non, je suis descendue dans un hôtel.

Comme elle répondait par périphrases, je n'osais insister. Je me risquai tout de même à proposer:

— Je rentre à Quimper. Je pourrais faire un détour et passer par Plomeur…

Elle protesta:

— Vous n'y pensez pas!

— J'y pense d'autant plus, dis-je, que mes autres grands-parents sont enterrés dans le cimetière de

Plonéour et que je dois jeter un œil pour voir si tout est en ordre. De Plonéour à Plomeur la distance n'est pas bien grande. En outre, il faut que j'aille relever le courrier de mon père dans sa boîte aux lettres à l'Île-Tudy.

J'arrêtai la Twingo près de la cale ronde, sur le vieux port.

— Il est dix-huit heures, dis-je, l'heure du thé est un peu passée, mais mieux vaut tard que jamais. Un thé, ça vous dit? À moins que vous ne préfériez quelque chose de plus fort.

Elle avait connu une journée éprouvante et pouvait préférer à la boisson nationale anglaise une liqueur d'Écosse plus roborative.

— Oh non! dit-elle d'un air effrayé, comme si je lui avais fait une proposition malséante.

Puis, après un silence, elle dit:

— Je veux bien un thé, mais c'est moi qui vous l'offre.

Si ça pouvait lui faire plaisir...

Une terrasse nous tendait ses sièges confortables, l'air était doux, nous nous installâmes face à la mer.

— Au fait, dis-je, je ne me suis pas encore présentée: Mary Lester...

— Claire Thaler, dit-elle d'une petite voix. Que faites-vous dans la vie, madame... ou mademoiselle?

— Mademoiselle, dis-je en riant. Je ne sais pas si je peux vous dire ce que je fais dans la vie...

— Serait-ce inavouable? demanda-t-elle avec un mince sourire.

Je ris de nouveau:

— Absolument! Je suis officier de police.

Elle me regarda d'un air stupéfait.

— Voyez, dis-je, vous ne me croyez pas!

— C'est que vous avez l'air si jeune…

Combien de fois avais-je entendu cette réflexion? Je faillis déclamer la tirade de Corneille: *Je suis jeune il est vrai, mais aux âmes bien nées…* tant il est connu que l'air de Douarnenez pousse à la grandiloquence. Je me retins et sortis ma carte de police que je lui montrai.

— Voyez vous-même!

— Capitaine, dit-elle dans un souffle, vous êtes vraiment capitaine?

— Je n'en ai pas l'air, n'est-ce pas?

— Non, dit-elle, je ne m'en serais jamais doutée.

Je ne lui dis pas que d'autres s'y étaient, eux aussi, laissés prendre et avaient bien souvent eu à le regretter.

La serveuse posa deux tasses et une théière sur la table. Je lui demandai si elle avait du *kouign-amann,* cet onctueux gâteau au beurre qui fait partie du patrimoine douarneniste. Elle me dit que non, et je lui fis observer que c'était dommage. Elle leva les épaules comme quelqu'un qui n'en peut mais et s'en fut derrière son bar, puis se retournant me dit:

— Il y a des madeleines, et puis des tranches de cake…

Je fis la grimace: ces pâtisseries industrielles emballées sous vide ne me disaient rien.

— Vous avez faim? demanda Claire Thaler.

— J'ai toujours faim, dis-je, mais à cette heure, il ne s'agit que de gourmandise. Regardez ça, dis-je en montrant le port que la marée haute avait rempli jusqu'au ras des quais d'une eau verte que le soleil couchant illuminait, pas un nuage dans le ciel, l'été indien au mieux de sa forme, et pas de *kouign-amann*! Heureusement...

Je me levai et ouvris ma voiture qui était garée juste en face du café. Je pris dans le coffre une boîte de carton marquée aux armes d'une célèbre pâtisserie douarneniste et je l'ouvris.

— ...Heureusement, si je peux dire, je ne suis pas quelqu'un qui s'embarque sans biscuits!

En réalité, j'avais acheté ce gâteau pour Amandine Trépon, ma voisine et quasi-gouvernante qui est gourmande autant qu'on peut l'être. Aller à Douarnenez sans lui rapporter un kouign acheté rue Duguay-Trouin aurait été pis qu'un crime, une faute.

Avec mon couteau de poche, je taillai deux belles parts dans le gâteau qui était encore tiède.

— Connaissez-vous le *kouign-amann*? demandai-je à ma voisine.

— De nom, dit-elle. C'est très gras, n'est-ce pas?

— Gras? fis-je hypocritement, vous voulez rire? Il n'y a que du beurre salé et du sucre... Ah, un peu de farine aussi. Tout ce qu'il faut pour lutter contre l'hypoglycémie!

Elle sourit, amusée par cet enjouement.

— C'est beau d'être jeune, dit-elle avec un sourire derrière lequel perçait de la nostalgie.

Puis elle mordilla le gâteau avec réticence et, finalement, elle fit un sort à sa part avec un bel enthousiasme.

— Fameux, hein?

Elle hocha la tête affirmativement et sortit son mouchoir pour se tamponner délicatement les lèvres.

— Vous devez vous demander... commença-t-elle.

Je l'interrompis:

— Je ne me demande rien, madame, et je ne vous demande rien non plus. Ce n'est pas parce que je suis flic que je fourre mon nez dans les affaires des autres. (Je n'allais pas non plus lui avouer que c'était dans ma nature). Je suis venue aujourd'hui m'occuper de la tombe de mes grands-parents, je vous ai trouvée un peu mal à l'aise, il était normal que je cherche à savoir si vous aviez besoin d'aide. Pour le reste, comme je vous l'ai dit, je vais réellement à Plonéour-Lanvern, ça ne me coûte rien de vous déposer à Plomeur.

Je lui souris :

— Ça s'arrête là…

Je mentais, bien entendu. Je mourais d'envie d'en savoir plus. Et elle, visiblement, mourait d'envie d'en dire plus. Nous étions faites pour nous entendre. Ce fut elle qui se décida.

— Les pauvres restes que l'on a portés en terre aujourd'hui, dit-elle en regardant sa tasse de thé sans la voir, sont ceux de mon fiancé, Robert Bosser.

Je faillis avaler mon gâteau de travers. Je m'étais attendue à tout, sauf à ça. Madame Claire Thaler paraissait d'âge à parler de fiançailles, mais pour ses petits-enfants. Avais-je bien entendu ? Elle avait bien dit « mon fiancé »… Elle lut l'étonnement dans mon regard.

— C'est une longue histoire, dit-elle.

Et, comme je regardai son annulaire gauche où brillait une alliance, elle dit :

— Oui, j'ai été mariée… Vingt ans, à un homme que je n'aimais pas…

J'aurais pu lui dire que c'était le cas de bien des gens ; comme un silence s'installait, je demandai :

— Votre mari ?

— Il est mort, dit-elle brièvement. Il y a long-temps… Il avait l'âge d'être mon père…

Les phrases tombaient avec une belle régularité, entrecoupées de silences.

— Il était médecin… Je n'ai jamais su comment je m'étais retrouvée mariée avec lui…

Je laissai dire, mais je trouvais qu'elle y allait un peu fort tout de même. Je demandai :

— Vous vous êtes mariée à quel âge ?

— Vingt ans, dit-elle d'un ton morne.

— Vous…

— Non, je n'étais pas enceinte, dit-elle prévenant ma question.

À l'époque on ne plaisantait pas avec « l'honneur » et serrer de trop près une fille pouvait condamner le contrevenant à perpète.

— Alors, pourquoi vous êtes-vous mariée ? À vingt ans on doit tout de même savoir ce qu'on veut.

Elle me regarda avec un sourire triste :

— Si je savais ce que je voulais ! Pardi, je voulais Robert Bosser !

— Mais alors…

— Mon père, lui, n'en voulait pas !

Et elle ajouta :

— Père était officier de cavalerie. La tradition… Les enfants, et surtout les filles doivent obéir au doigt et à l'œil… Il avait estimé une fois pour toutes que Robert n'était pas un bon parti pour moi.

— Que faisait ce garçon ?

— Il avait des connaissances en comptabilité et assistait des commerçants et artisans dans leurs déclarations d'impôts et démarches administratives.

— Une sorte d'expert-comptable ?

— Une sorte, comme vous dites, sans le diplôme. À l'époque on était moins regardant que maintenant.

— Il gagnait bien sa vie?

— Je ne sais pas.

Et elle ajouta, songeuse :

— Certainement pas aussi bien qu'un médecin!

Je voyais le tableau. Pour un colonel de cavalerie, avoir un gendre médecin était autrement honorable que de voir sa fille mariée avec un type à la profession plus ou moins définie.

— Il avait une voiture, dit-elle.

— En quelle année?

— Mille neuf cent cinquante-neuf.

Et elle précisa :

— Une 4 CV Renault.

Je restai songeuse. À la fin des années cinquante, les jeunes gens qui possédaient une telle voiture n'étaient pas légion. Déjà ceux qui avaient un scooter Vespa étaient des privilégiés. Alors, une voiture! Ce qui nous paraît aujourd'hui normal, voire dérisoire, était alors un signe fort, sinon de richesse, du moins d'aisance. La marée montait toujours. Le flot affleurait le quai et les petits bateaux de plaisance qui étaient mouillés dans le fond du port étaient quasiment au même niveau que les voitures en stationnement; une houle venue du large balayait la grande cale de grosses pierres où jadis on délestait les bateaux qui pêchaient à la palangre au Ravin de la Mort[10], de leurs chargements de peaux bleus[11] et de raies géantes.

---

10. *Lieu de pêche particulièrement poissonneux et dangereux en Atlantique Nord.*
11. *Peaux bleus : variété de requins pouvant atteindre trois mètres de long et qui doit son nom à la coloration outremer de son dos. Le peau bleu suit volontiers les bancs de sardines et met souvent en pièces les filets pour s'emparer de ce qu'ils contiennent.*

Madame Thaler regardait la montée des flots avec inquiétude :

— Vous ne pensez pas que votre voiture risque d'avoir les roues dans l'eau ?

Je souris :

— Non, ça ne craint rien.

Et j'ajoutai :

— Il n'y a pas eu d'inondations de ce genre à Douarnenez depuis l'immersion de la ville d'Ys.

Elle me regarda, semblant se demander si je plaisantais ou pas.

— Enfin, il faut qu'on parte, dis-je, en regardant ma montre qui marquait dix-huit heures trente.

Comme elle l'avait dit, elle paya les consommations et nous prîmes la route de Quimper en longeant la corniche qui dominait la grève des Dames, haut lieu de mon enfance, près de laquelle je ne passe jamais sans émotion.

*

Ce fut moi qui rompis le silence.

— Si je comprends bien, dis-je, en dehors de l'attachement que vous ressentiez l'un pour l'autre, vous n'avez jamais eu de lien officiel avec ce monsieur Bosser ?

— Aucun, confirma madame Thaler.

Elle se tenait toute droite sur le siège passager, sanglée par la ceinture de sécurité, regardant la route devant elle. J'avais l'impression qu'elle était toujours sur le point de se mettre à pleurer et que, par un effort prodigieux de volonté, elle parvenait à se retenir. Elle tourna légèrement la tête vers moi :

— Vous vous demandez donc pourquoi je me suis acharnée à faire revenir ses pauvres restes dans sa terre natale?

— En effet, dis-je, ça n'a pas dû être facile.

Je savais que ces formalités de transfert de corps étaient - administrativement - très complexes et coûteuses, au point que bien des familles y renonçaient. À plus forte raison, pour une étrangère l'entreprise n'avait pas dû être aisée.

— Par la faute de mon père et de quelques autres, dit-elle, Robert Bosser est mort comme un chien!

Elle avait prononcé cette phrase d'une voix dure. À nouveau son regard mouillé regardait la route, loin devant la voiture.

Et elle ajouta, d'une voix encore plus dure:

— Après avoir vécu une vie de chien!

— Vous n'y êtes pour rien! protestai-je.

— Si, dit-elle de cette voix résolue bien qu'un peu fêlée, s'il ne m'avait pas connue…

Cette fois, elle fondit en larmes sans finir sa phrase.

Elle se tamponna les yeux, se moucha et, s'étant reprise, elle dit:

— Maintenant il repose auprès de sa mère, la seule personne qui l'ait aimé.

Cette pensée paraissait lui apporter un grand réconfort.

Je ne fis pas de commentaire et je déposai madame Thaler à son hôtel à Plomeur. Elle insista pour m'inviter à dîner, mais j'avais promis à Amandine de rentrer et comme je soupçonnais ma chère voisine d'avoir mis les petits plats dans les grands, je ne pouvais pas lui faire faux bond.

Madame Thaler me remercia chaleureusement, me serra les mains avec une effusion qui me parut fort excessive et que je mis sur le compte de la solitude et de l'émotion.

Je ne devais plus la revoir.

Chapitre 3

Quelques jours plus tard, j'avais oublié cet incident lorsque, rentrant chez moi, je trouvai une grosse enveloppe sur ma table de cuisine, agrémentée de la belle écriture moulée d'Amandine :

« Il y a une dame qui a déposé ça pour vous ».

Intriguée, j'ouvris l'enveloppe et trouvai une lettre manuscrite :

Mademoiselle Lester,

Je m'excuse de vous avoir ennuyée l'autre jour avec ma triste histoire. Je me rends soudain compte du peu d'intérêt que cette affaire peut présenter pour une jeune fille d'aujourd'hui. Tout ceci est si personnel, si lointain… Je dois maintenant retourner à mon domicile dans la région parisienne, mais auparavant je vais séjourner quelques jours dans ma maison de Belz.

Comme vous avez pu vous en apercevoir, ma santé est fort chancelante, mais je suis heureuse d'avoir pu rendre justice, autant que faire se pouvait, à mon malheureux fiancé, Robert Bosser, que je ne tarderai pas à rejoindre au cimetière de Douarnenez.

Vous avez été, dans cette affaire, la seule personne qui m'ait traitée avec humanité. D'autres, plus proches de moi, n'ont pas eu cette délicatesse.

Pour que vous compreniez mieux mon histoire, si toutefois ça vous intéresse, je vous lègue le dossier Bosser, charge à vous d'en faire ce que bon vous semblera.

En vous remerciant encore pour votre aimable sollicitude, je vous prie d'agréer, mademoiselle, l'assurance de mes sentiments les meilleurs.

Claire Thaler
17, avenue du Grand Monarque,
Versailles.

Je retournai la feuille, c'était un papier épais, filigrané, un papier de luxe. Madame Thaler écrivait au stylo à plume, une écriture penchée en avant, une écriture de personne ayant fait des études chez les religieuses, par exemple. (Où je me souvenais avoir reçu des cours de calligraphie qui ne m'avaient guère profité). L'enveloppe était de la même origine que le feuillet, filigranée elle aussi.

Sauf examen de laboratoire plus approfondi, que je n'avais aucune raison de demander, il n'y avait rien d'autre à tirer de ces supports.

Je m'installai confortablement sur mon canapé et sortis les documents annoncés de l'enveloppe de papier kraft. Trois heures plus tard, lorsque Amandine vint voir si j'avais bien réchauffé la quiche au lard qu'elle m'avait préparée, j'étais encore plongée dans les documents légués par Claire Thaler.

*

Belz, Morbihan, aux bords de la rivière d'*Étel*, le 9 avril 1959, les bans annonçant le mariage de Claire Marvoyer étudiante, née le 10 mai 1938, et de Robert Bosser, agent d'affaires, né le 26 juillet 1927, viennent d'être publiés. Le mariage est fixé au 23 avril 1959.

Le 10 avril, le colonel Alexandre Marvoyer, père de la future mariée, reçoit une lettre anonyme révélant que Robert Bosser est un type peu recommandable, couvert de dettes et poursuivi pour escroqueries et abus de confiance.

Le colonel Marvoyer montre cette lettre à sa fille en lui demandant si sa décision de convoler avec Robert Bosser est toujours aussi ferme.

Claire Marvoyer montre à son tour cette lettre à Robert Bosser et exige des explications.

Robert Bosser, surpris et indigné, reconnaît aussitôt l'écriture d'une jeune fille qu'il emploie épisodiquement comme secrétaire et qui s'est éprise de lui. Dépitée de le voir se marier avec une autre, elle essaye par ce méprisable moyen de faire échouer cette union.

Concernant cette histoire de dettes, Bosser s'explique et rassure sa fiancée : une omission dans sa déclaration d'impôts lui a valu un redressement fiscal peu important et, pour s'en acquitter au plus tôt, il a emprunté de l'argent à une de ses clientes, madame Magouër, qui tient un café sur la ria d'*Étel*. Rien de grave, donc. Il rendra l'argent sous six mois et l'affaire sera réglée. Claire rassurée, confirme donc à son père son intention d'épouser Robert Bosser.

Assez curieusement, compte tenu de sa forte personnalité, confortée par le sentiment d'être en sa maison maître de droit divin, le pater familias s'incline et laisse les choses suivre leur cours. Les bans sont publiés, le prêtre prévenu.

Tout va donc pour le mieux pour les tourtereaux. Le mariage est fixé au jeudi 23 avril. Le samedi 11 avril, Robert Bosser se rend à Vannes pour régler une affaire importante. (Il n'en dira pas plus à sa fiancée).

Cependant, il ne rentre ni le mardi, ni le mercredi. Le jeudi 16 avril, elle reçoit un télégramme signé Robert Bosser : « Accident survenu - annuler mariage ».

Effondrée, elle laisse à son père le soin de téléphoner à la gendarmerie de Vannes qui lui apprend qu'aucun accident impliquant un nommé Bosser n'a été signalé. Le colonel triomphe : il l'avait bien dit, ce Bosser n'est qu'un aventurier, un type peu recommandable et il est heureux que sa fille ait décidé d'annuler son mariage.

Le 20 avril, Robert Bosser appelle sa fiancée au téléphone. Toute à sa colère, Claire ne remarque pas qu'il n'a pas sa voix habituelle. Il parle avec difficultés. Elle met ça sur le compte de son embarras pour tenter d'expliquer une situation embrouillée de laquelle il ne sait comment se dépêtrer.

Claire ne le laisse pas parler : elle le rembarre violemment.

Plus question de mariage ! Robert Bosser tente de plaider sa cause, d'infléchir cette décision, mais ulcérée par ce qu'elle considère comme une trahison, Claire ne le laisse pas placer un mot. La cause est entendue, elle ne veut plus jamais entendre parler de lui.

Il ne rappellera pas. Ou alors, s'il le fait, les communications seront interceptées et Claire ne le saura jamais.

Si le colonel Marvoyer cache mal sa satisfaction il n'en est pas de même pour sa fille. Elle plonge alors dans une morosité qui inquiète son entourage. Son père ne connaît qu'un remède à cette langueur : le mariage, mais pas avec Bosser, évidemment ! Un mariage de raison, avec un homme mûr, pourvu d'une situation solide, viendra vite à bout des états d'âme de Claire.

À cet effet, il invite aux *Charmettes* un ex-médecin militaire retourné à la vie civile, Philippe Landry, quarante-deux ans, célibataire.

Et, avant qu'elle ait eu le temps de réfléchir, Claire Marvoyer se retrouve liée « pour le meilleur et pour le pire », à Philippe Landry.

Elle a rapidement un fils, Bernard et, apparemment, la jeune femme a tout pour être heureuse. Cependant, tout n'est pas si rose qu'il y paraît : la romantique Claire est tombée sur un clone de son père : autoritaire, cassant, dévot jusqu'à l'intégrisme, aussi dépourvu d'humour qu'un ayatollah, et pingre de surcroît.

Elle a eu tout du pire et rien du meilleur. Heureusement il y a son fils, pour qui elle supporte tout. Mais, lorsque le garçon a quatorze ans, il s'avère qu'il est plus attiré par les jeux de filles et par le théâtre de Labiche que par les campagnes de Napoléon. Il ose déclarer qu'il ne sera pas militaire, comme la tradition familiale l'exige, mais comédien.

C'est un tremblement de terre de grande magnitude qui s'abat sur la famille Landry. Pour contrer ce qu'il appelle « les déviances perverses de son fils », le docteur Landry le fait quitter son lycée où il obtenait pourtant de brillants résultats, pour le mettre en pension au Prytanée militaire.

Quelques semaines après son admission, le jeune homme décède d'un accident.

C'en est trop pour Claire. Ce garçon était le seul lien qui la retenait au logis. Elle claque la porte et reprend sa liberté.

Un caractère, cette Claire Thaler! Un caractère qui s'est révélé trop tard, mais qui, en cette sinistre occasion, ressurgit avec véhémence.

Au fait, pourquoi Thaler? me demandai-je soudain. D'où venait ce nom? Se serait-elle remariée après avoir quitté son médecin?

Je pris mon téléphone et appelai madame Thaler à son hôtel à Plomeur. Une employée me passa sa chambre. Je commençai à m'excuser de la déranger à une heure aussi tardive, mais elle me dit de sa voix posée :

— Oh! vous savez, je ne dormais pas.

— Je vous appelle, dis-je, parce que je suis en train de lire le dossier que vous m'avez confié et que je me pose une question : pourquoi vous appelez-vous Thaler?

— Pardon?

Elle parut tout d'abord surprise par ma question, puis elle s'exclama :

— Ah, je vois…

— Il se trouve, dis-je, que votre nom de jeune fille est Marvoyer, que votre nom de dame est Landry, et que maintenant vous vous appelez Thaler. Avez-vous été mariée une seconde fois?

— Non, dit-elle vivement, mais je ne voulais à aucun prix conserver le nom d'un homme qui m'avait rendue si malheureuse.

— Dans ce cas on reprend son nom de jeune fille, dis-je.

— En effet, mais lorsque j'ai appris les machinations que mon père avait mises en œuvre pour faire échouer mon mariage avec Robert Bosser, allant jusqu'à provoquer un accident qui lui a coûté la vie, je l'ai maudit.

Il y eut un temps de silence et elle ajouta d'une voix dure :

— Et lorsque mon mari a provoqué la mort de mon fils, je l'ai maudit aussi et j'ai décidé que je ne porterais pas plus le nom de Marvoyer que celui de Landry.

— Je vois…

Ce que je ne voyais pas, c'est comment le docteur Landry aurait pu provoquer la mort de son fils. Le dossier portait la mention « accident ».

Elle redit sèchement :

— Mon fils est mort !

Son timbre de voix me fit sentir que ce n'était pas le moment d'entrer dans les détails.

— J'ai vu ça dans le dossier, dis-je. Je ne voulais pas faire ressurgir ce douloureux souvenir.

À nouveau cette voix calme et posée qui détachait bien les mots :

— Je vous en prie, vous n'avez rien fait ressurgir. Il n'est pas d'heure sans que je pense à Bernard et à Robert. Deux hommes trop bons, victimes de deux salauds !

Elle avait dit ça avec une rage mal contenue.

— Vous n'avez donc plus de famille ?

— Non !

Une nouvelle réponse très sèche.

— Votre frère ?

— Je n'ai plus de frère.

— Il vit toujours, pourtant.

— Pour moi, il est mort depuis longtemps. Précisément depuis le jour où j'ai découvert ce qu'il avait fait pour perdre Robert Bosser à mes yeux. Mais vous verrez tout ça dans le dossier.

Comme elle ne semblait pas vouloir s'étendre, je changeai de sujet de conversation

— Pourquoi ce nom, Thaler ?

— Aucune raison.

J'étais sceptique :

— Vraiment ?

— Vraiment !

Il y eut un silence et elle demanda :

— Ça vous étonne ?

Je laissai passer un autre silence :

— Un peu.

Elle attendit pour répondre, puis elle dit lentement :

— Si je vous disais comment je l'ai choisi, vous ne me croiriez pas.

— Essayez toujours…

— J'ai pris un dictionnaire, dit-elle, j'ai fermé les yeux, je l'ai ouvert et j'ai posé un doigt sur la page. J'ai regardé, j'avais pointé le mot « thaler ».

Le procédé me laissa sans voix.

— Un thaler, dit-elle, c'est une ancienne monnaie prussienne en argent.

— Je sais, dis-je. (J'avais sur les genoux le dictionnaire et je venais de vérifier, tout en me disant qu'elle avait eu la main heureuse : un demi-centimètre plus haut elle pointait le mot « thalassothérapie ». Et s'appeler madame Thalassothérapie, franchement, ça ne fait pas sérieux). Je gardai ma réflexion pour moi, je n'étais pas sûre que l'ascendance Marvoyer additionnée de vingt années de vie commune avec le docteur Landry l'ait inclinée à goûter des plaisanteries de garçon de bain.

Je n'avais guère plus à lui demander pour le moment. Je m'excusai de nouveau et elle me donna un nouveau numéro de téléphone, dans le Morbihan, où elle devait séjourner avant de retourner dans la région parisienne.

Je repris le dossier, songeuse. Au fil des pièces que madame Thaler avait accumulées avec une patience toute bénédictine, se dessinait la machination que le colonel avait élaborée avec la minutie d'une stratégie de bataille pour que sa fille n'aille pas se mésallier avec ce comptable au rabais.

Ça sentait la chausse-trappe bien tendue. Cet art de l'embuscade ne doit pas être enseigné à l'École de Guerre mais les Chouans qui avaient longtemps régné sur le bocage y étaient passés maîtres.

Le centre de cette sombre affaire se trouvait dans le Morbihan et un nom revenait avec une belle constance : celui d'Antoinette Magouër, dite Toinette, tenancière du *Café de la Cale* dans un des petits ports de la ria.

Un personnage, à ce qu'il semblait… Avant de venir reprendre le bistrot de sa mère, Antoinette Magouër avait été mannequin à Paris et, dans le dossier, il y avait des photos d'une jeune femme épanouie, de celles qui donnent aux vieux messieurs des bouffées de nostalgie et qui les font se retourner en sifflant entre leurs dents : « Mâtin, la belle plante ! »

Au *Café de la Cale* - selon les dires de Claire Thaler - se réunissait une clientèle de vieux débauchés auxquels Antoinette Magouër se plaisait à faire tirer la langue. Mais - toujours selon Claire Thaler - « la » Magouër n'avait d'yeux que pour le beau Robert Bosser à qui elle confiait le soin de sa comptabilité.

Las ! Il ne semblait pas que le comptable en question répondît à ses attentes. Apparemment, il n'était pas du genre à collectionner les aventures féminines et préférait dépenser son énergie en activités sportives, le pilotage à l'aéro-club le plus proche, la plongée sous-marine... Un vrai sportif !

C'était d'ailleurs un gaillard qui attirait l'œil. Il me fit penser à Fortin, les épaules larges, la taille étroite, des cuisses comme des troncs d'arbre et les bras à l'avenant.

Je ne sais pas si je vous l'ai dit, mais c'est loin de représenter mon idéal masculin. Lilian, l'homme de ma vie, n'est pas un freluquet, mais il n'a rien d'une bête de concours.

En tout cas, ça semblait être le type d'homme qui plaisait à Claire Marvoyer car lorsqu'elle se trouva en présence de Bosser, ça fit « tilt » ! Ce qu'on appelle le coup de foudre. Je suppose que, s'il l'avait pu, le colonel n'aurait pas hésité à régler l'affaire en usant de la manière forte, mais, comme disait La Fontaine, « le gaillard était de taille à se défendre hardiment ! »

Le colonel Marvoyer (il y avait également sa photographie au dossier) paraissait taillé pour jouer les centaures : des jambes courtes et arquées, un torse fait pour porter le dolman, un crâne à shako et un superbe profil de bretteur avec un tour d'œil qui le faisait ressembler à l'acteur Noël Roquevert (Tiens, encore un douarneniste !) qui devait valoir une botte secrète lorsqu'il croisait le fer.

Mais il ne s'agissait pas de tirer l'épée, ça ne se fait plus, et dans le corps à corps, Bosser l'eût cassé en deux d'une seule main.

Il fallait ruser, ce que Bosser, jeune, naïf, trop gentil et trop sûr de sa force, ne savait pas faire.

Chapitre 4

Le colonel fit donc l'état de ses troupes. Au premier rang de celles-ci, son fils, Jean-Baptiste Marvoyer, né en 1931, qu'un affreux strabisme divergent (ah, l'hérédité!) avait éloigné du métier des armes pour le plus grand dam de son papa.

Il s'était reconverti dans la médecine et, ironie du sort, avait exercé le métier d'ophtalmologiste.

À l'époque de la machination (1959), il avait donc vingt-huit ans, venait juste d'entreprendre ses études de spécialisation et bénéficiait de longues vacances.

Le colonel Marvoyer, lui, était en garnison à Vannes où il commandait le 5ᵉ Cuirassiers, poste qui lui laissait assez de loisirs pour résider sur la ria d'*Étel* dans la demeure de famille.

Bien entendu, il connaissait l'existence du *Café de la Cale*, et bien qu'il ne l'honorât pas de sa clientèle, - un officier supérieur ne se commet pas dans ce genre d'endroit - il savait que des bourgeois de Vannes et de Lorient venaient s'y encanailler. Par son fils Jean-Baptiste délégué en « observateur » il était tenu journellement au courant des entrées et sorties de ces messieurs.

Ce Jean-Baptiste, pensai-je, devait être un redoutable observateur. Quand il tournait la tête à droite il voyait à gauche, si bien qu'on ne savait jamais où se portait réellement son regard.

Je continuai de tourner les feuilles du dossier, auxquelles des photos étaient accrochées par des trombones qui commençaient à rouiller.

C'étaient des photos d'autrefois, en noir et blanc, souvent prises de trop loin, où le sujet apparaissait en pied, tenant la pose. Elles s'enroulaient un peu sur elles-mêmes et les bords étaient artistiquement crénelés.

Madame mère était une grosse personne vêtue en bourgeoise de l'époque. Ses lèvres minces, dans son visage sévère, devaient laisser tomber des sentences aussi peu amènes que définitives vers les bonnes qui tenaient sa maison.

Côte à côte, le colonel et madame Marvoyer auraient pu servir de modèle à Dubout.

Je soupirai. Quelle sordide histoire! On était parti d'une belle romance et tout ça se terminait en eau de boudin : la jeune fille s'imaginant abandonnée donnait sans ménagement congé à son fiancé, et le fiancé éperdu d'amour s'enfonçait dans la plus noire des dépressions.

Une histoire qui aurait dû être oubliée depuis longtemps mais qui ressurgissait un demi-siècle plus tard par la seule volonté d'une femme à la détermination peu commune.

Ça doit pourtant être vrai, le véritable amour est éternel.

Je refermai le dossier en soupirant et en considérant son épaisseur. Qu'allais-je bien pouvoir faire de ce bazar? Est-ce que Claire Thaler imaginait que j'allais rouvrir une enquête? Comme si j'en avais le pouvoir!

Les gens ont une drôle de conception du fonctionnement de la police. Pour enquêter sur tel ou tel fait, il faut que votre supérieur vous en donne l'ordre! On ne se lance pas dans des enquêtes sans directives formelles. Pour ça il y a des détectives privés.

Mais peut-être pensait-elle que j'allais raconter son histoire et, qu'à l'instar de Roméo et Juliette, elle et son fiancé allaient entrer dans l'histoire à jamais?

Las! S'il y a eu, depuis que l'humanité existe, des milliers d'histoires d'amour aussi tragiques que celle des amants de Vérone, il n'y a eu qu'un Shakespeare pour l'immortaliser.

Et, qu'on se le dise, je ne suis pas Shakespeare.

Je repris la lettre. *Ma santé est fort chancelante*, écrivait-elle en ajoutant: *Je ne tarderai pas à rejoindre mon malheureux fiancé au cimetière de Douarnenez.*

Tu parles d'une histoire d'amour, grommelai-je, un rancard au cimetière!

Ça tombe bien! aurait dit Fortin qui a une dilection particulière pour les mauvais jeux de mots. Et il aurait sûrement ajouté en sifflant entre ses dents comme il le fait toujours quand quelque chose l'étonne ou le surprend: *Elle a le moral dans les chaussettes, la fiancée!*

Quant à moi, je ne l'avais pas vue en si mauvais état. Personne n'est à l'abri d'un coup de barre comme celui qu'elle avait éprouvé au cimetière de Douarnenez.

Ça pouvait s'expliquer facilement, pas besoin d'être médecin pour le faire. La gardienne du cimetière avait diagnostiqué juste : hypoglycémie. Deux sucres et c'était reparti. Et après avoir avalé son *kouign-amann*, Claire Thaler semblait tout à fait requinquée.

En plus, elle sortait d'un long voyage en voiture en compagnie des reliques de son bien-aimé.

Je ricanai intérieurement : « Tu parles d'un voyage de noce ! »

Et puis la chaleur lourde sur ses vêtements de deuil, l'émotion devant cette sépulture... Il y avait bien de quoi tomber en digue-digue.

Hors ça, je la voyais volontiers faire une alerte nonagénaire.

C'est là que je me trompais.

*

Au commissariat, comme dit le poète, la vie s'écoulait simple et tranquille. Fortin animait un stage de self-défense à l'école de police de Saint-Malo ; il apprenait aux nouvelles recrues à parer les agressions auxquelles elles seraient inévitablement exposées lors de leurs interventions en ville ou dans les quartiers difficiles.

Le commissaire Fabien était d'humeur guillerette, ce qui s'expliquait par l'absence de sa femme, partie pour le temps de la Toussaint dans sa famille, quelque part dans les Landes.

Aussi je fus fort étonnée et pour tout dire assez satisfaite lorsqu'il me convoqua dans son bureau dès mon arrivée au commissariat un lundi matin.

Contrairement à Fortin (et à la majorité de mes collègues) je déteste la routine.

Lorsque je sors d'une enquête éprouvante, comme celle que je venais de mener en Brière[12], il m'arrive de souhaiter retrouver la quiétude du bureau, mais ça ne dure guère plus de deux ou trois jours.

Le naturel revient au galop, il me faut vite un os à ronger.

Le patron le sait bien et il adore me faire languir. Moi, je joue les blasées et c'est une scène que nous avons répétée si souvent que personne n'est dupe. Il sait que j'attends avec impatience qu'il dévoile ses batteries et que je m'efforce à l'impassibilité. Mais il doit y avoir dans mes yeux une étincelle qui me trahit. Alors je cherche le contre-pied, le petit truc qui va le troubler et l'agacer. J'adore l'agacer.

— Ah, Mary, savez-vous pourquoi je vous ai fait venir?

Il m'a tendu sa petite main sèche et énergique par-dessus le bureau.

— Laissez-moi deviner, patron.

Il s'est laissé tomber dans son fauteuil qui en contiendrait deux comme lui, a levé les bras au ciel et m'a jeté comme un défi:

— Eh bien, devinez!

Debout, les poings appuyés sur le bord de son bureau, je l'ai regardé droit dans les yeux:

— Vous allez m'inviter au *Moulin de Rosmadec*!

J'ai retenu un sourire de triomphe car je venais de le déstabiliser. Ses bras sont retombés sur son bureau, il en est resté sans voix.

— Comment... a-t-il fini par balbutier.

---

12. Voir La Variée était en noir, *même auteur, même collection.*

— Comment je le sais? dis-je. Simple déduction : Madame Fabien est en voyage, vous m'avez promis un repas à Pont-Aven depuis bien longtemps… J'en déduis que le moment est opportun pour que nous allions enfin déguster le homard flambé des frères Sébilleau.

J'ai lu dans ses yeux que la question n'était pas d'actualité. Il se murmure ici et là que le patron use des soins d'une intérimaire en l'absence de son épouse et je présume qu'il doit lui consacrer tout son temps libre.

— Euh… a-t-il dit avec embarras, ce n'est pas exactement ça.

J'ai mis mes mains dans les poches de mon blouson et j'ai arboré mon masque douloureux des grandes circonstances :

— Zut ! Je croyais…

Il m'a coupé :

— Vous croyez… vous croyez… Ça viendra, Mary, ça viendra…

Mine de rien, il était embarrassé. J'ai rigolé intérieurement : promesse de gascon, de politicien ou d'arracheur de dents, comme on voudra, en tout cas de celles qui n'engagent que ceux qui les écoutent.

Il s'est penché vers moi et m'a demandé, les yeux dans les yeux :

— Claire Thaler, ça vous dit quelque chose ?

J'ai mis trois secondes à réaliser :

— Claire Thaler ?

Et puis tout d'un coup ça m'est revenu :

— Claire Thaler… Qu'est-ce qu'elle a fait ?

— La planche ! ricana le commissaire Fabien tout heureux de me voir déstabilisée à mon tour.

J'ai répété stupidement :

— La planche ?

— C'est comme ça que ça s'appelle quand on flotte sur l'eau sans faire un geste, non ? demanda Fabien.

— Elle est…

— Morte, oui, dit Fabien. Ça paraît vous surprendre.

Je me laissai tomber sur la chaise les bras ballants en répétant :

— Morte ? Dire que…

— Dire que quand vous l'avez vue, elle était si vivante !

Je haussai les épaules, agacée :

— Ne soyez pas cynique, patron. Je m'y attendais si peu… Lorsque je l'ai vue elle paraissait fatiguée, certes, mais pas à l'article de la mort.

— Peut-être qu'on l'a aidée, dit Fabien. Elle flottait sur le dos sous le pont qui enjambe la rivière d'*Étel*.

— Pont Loroy ?

Il a consulté un document visiblement arrivé par fax et m'a regardée d'un air soupçonneux par-dessus ses lunettes en demi-lune en concédant à regret :

— Pont Loroy, en effet.

Puis il a essayé de reprendre l'avantage :

— Alors, cette Claire Thaler, vous la connaissiez oui ou non ?

— Je l'ai vue une fois.

— Où ça ?

— Au cimetière de Douarnenez.

Il a ricané :

— Tiens donc ! Elle était allée retenir sa place ?

Je l'ai regardé sévèrement. Cette fois j'étais fâchée.

— Patron…

Il a poussé le fax du bout des doigts, comme si c'était un objet dégoûtant :

— D'accord, ce n'est pas de bon goût.

Puis il m'a fixée d'un air finaud :

— Vous ne me demandez pas comment nous sommes arrivés jusqu'à vous ?

Ce « nous » me paraissait un peu abusif. Les flics du Morbihan avaient fait la relation et ce bon commissaire Fabien n'y était pour rien. Je l'ai douché un peu :

— Je suppose que les collègues qui l'ont repêchée ont trouvé mon nom dans ses affaires.

— Exact, a-t-il laissé tomber un peu déconfit. Et… Que faisait votre carte dans le sac de cette dame ?

— Je la lui avais donnée, tout simplement.

Il reprit, avec une ironie un peu pesante :

— Tout simplement…

Il attendait que je développe. Je compris soudain dans quelles affres peut être plongé le simple pékin soudain interrogé par la police.

Pour que les choses deviennent plus simples, mieux valait arrêter de jouer au plus fin ; je lui ai raconté les circonstances qui m'avaient mise en présence de Claire Thaler.

Quant à ce dossier dont une minute plus tôt je ne savais que faire, il devenait soudain bien précieux. Je me suis bien gardée d'en parler. Puisqu'on jouait au poker menteur, qu'il ne compte pas sur moi pour découvrir mon jeu.

Peut-être que ça ne me servirait à rien, peut-être…

Le patron a plissé les lèvres, puis il a décroché son téléphone et a formé un numéro. En attendant son interlocuteur, je le voyais qui cherchait son paquet de *Benson* dans sa poche mais on lui a répondu avant qu'il n'ait eu le temps de s'en saisir.

— Allô, Mariette?

Je le regardai, perplexe. Mariette? Est-ce qu'il ne s'était pas trompé? Est-ce qu'il ne téléphonait pas à sa petite amie?

Mais il a appuyé sur une touche branchant le haut-parleur et j'ai immédiatement compris mon erreur en entendant l'organe mâle de son interlocuteur. Mariette était le nom du flic - un commandant - qui, depuis Vannes, lui avait adressé ce fax. Autant pour moi.

— C'est au sujet de ce fax que vous m'avez adressé, a dit Fabien.

Et la voix virile du commandant Mariette:

— La bonne femme qui s'est noyée?

— Ah, ce serait une noyade? a demandé Fabien.

— On n'en sait rien, commissaire. Le corps est à l'IML[13]. Le légiste n'a pas dû finir la découpe[14], nous n'avons pas encore eu son rapport. Les gendarmes ont noté des traces d'ecchymoses sur le front.

— Elle aurait été frappée?

— Ou elle s'est assommée en tombant et ensuite elle s'est noyée. Pour le moment…

Ouais, pour le moment on n'en savait rien. Fabien a demandé:

— Savez-vous d'où elle serait tombée à l'eau?

— Non. Madame Thaler était bien connue dans

13. *Institut médico-légal.*
14. *Le corps est découpé par un manipulateur afin que le légiste puisse examiner les organes lésés et déterminer les causes de la mort.*

la région, elle possédait une maison de famille et elle y faisait de fréquents séjours à la belle saison. D'après la gendarmerie elle serait arrivée le 31 octobre…

— C'est la gendarmerie qui est chargée de l'enquête ?

— Normalement, oui. La victime a été découverte sur leur domaine de juridiction…

— Je vois, fit Fabien.

La voix du commandant Mariette se fit de nouveau entendre :

— Comme je vous l'ai dit dans la copie du rapport que je vous ai adressée, un gendarme a relevé l'adresse d'un de vos officiers, le capitaine Lester, dans les affaires de la victime. La réputation du capitaine Lester ayant passé les limites de votre département, il m'en a parlé. Et moi j'ai préféré vous prévenir.

— Vous avez bien fait, Mariette. Je vous en remercie. Mais je ne vois pas ce qui nous concerne dans cette histoire, dit le commissaire en me regardant.

Je lui criai silencieusement : « Demandez le rapport d'autopsie ! »

Je vis qu'il ne me comprenait pas et qu'il paraissait irrité par mes mimiques. Il jeta dans l'appareil :

— Un instant !

Puis, couvrant l'appareil de sa paume, il me demanda :

— Qu'est-ce que vous dites ?

Je répétai :

— Demandez le rapport d'autopsie !

Il leva les yeux au ciel, comme si j'exigeais la lune, mais il obtempéra :

— Ah, commandant, adressez-moi tout de même copie du rapport d'autopsie dès que vous l'aurez.

Mariette lui ayant assuré qu'il s'en chargeait, le commissaire prit congé et raccrocha. Puis il posa sur moi un regard lourd d'interrogation :

— Qu'est-ce que vous avez encore derrière la tête ?

— Lorsque j'ai vu madame Thaler, elle ne manifestait pas d'intentions suicidaires.

— Et alors, dit Fabien, elle a pu tomber à l'eau lors d'une promenade, ça peut être un accident.

Il railla :

— Ça existe, Mary, les accidents ! Vous voyez des meurtres partout !

— Pour le moment je ne vois rien, dis-je, mais ça ne coûtera rien de savoir ce qu'en dit le légiste.

Chapitre 5

Le rapport du légiste arriva au commissariat le lendemain. Il révélait que madame Thaler était morte avant d'avoir été jetée à la mer. Ses poumons ne contenaient pas d'eau. Quant à l'ecchymose, elle aurait pu être portée par un objet contondant comme on dit…

— Ou alors, dit le commissaire Fabien, elle aura fait une chute mortelle sur les rochers à basse mer et le flot montant aura emporté son corps.

— C'est possible, fis-je d'un air dubitatif.

J'étais de nouveau face au commissaire Fabien, dans son bureau. Le rapport d'autopsie était devant lui et le commissaire le poussait puis le reprenait du bout de son index taché de nicotine.

— Le corps a été repêché le 12 novembre, dit Fabien, et le légiste fait remonter la mort à la veille, c'est-à-dire au 11.

Le téléphone sonna. Le commissaire décrocha et me regarda.

— Oui, elle est là, dit-il. C'est à quel sujet?

Il écouta un moment, fronça les sourcils et finit par dire :

— Bon, je vais transmettre.

Il raccrocha lentement puis me dit d'un air bizarre, avec une sorte de gravité qui contrastait soudain avec la légèreté de nos précédents propos :

— La gendarmerie d'Étel souhaite vous entendre dans le cadre de l'enquête sur la mort de madame Thaler.

— M'entendre, moi ?

Je regardai le commissaire d'un air d'incompréhension.

Il confirma :

— Oui, vous.

Je n'en croyais pas mes oreilles. J'objectai :

— Mais…

Fabien me coupa :

— C'est la procédure normale, je suppose. Vous êtes sur quelque chose qui presse ?

— Non, une vague histoire de chéquier volé.

Le commissaire évacua les chéquiers volés d'un revers de main.

— Allez-y tout de suite, que ces braves gendarmes n'aillent pas arguer d'une mauvaise volonté de notre part.

Je regardai ma montre. Dix heures trente. Il ne me faudrait guère plus d'une heure pour aller à Étel. Je pourrais y déjeuner, rencontrer les gendarmes et ensuite rentrer dans la soirée.

Après tout, je n'avais rien contre une petite balade dans le Morbihan.

*

À deux pas de la mer, les gendarmes du lieu n'étaient pas mal logés ; leurs locaux ressemblaient plus à un motel posé sous les pins en bordure de la route menant à la plage qu'à une caserne.

Le drapeau tricolore flottait martialement au-dessus des arbres et l'entrée à la permanence était protégée par une grille à laquelle il fallait sonner pour s'annoncer.

Je sonnai donc et une gâche électrique libéra la porte métallique. À quatorze heures trente je franchis le seuil de la gendarmerie et je me présentai au planton qui me dit que l'adjudant-chef Lepaul allait me recevoir. L'adjudant-chef Lepaul, chef de la brigade de gendarmerie, était un quadragénaire rougeaud au crâne garni d'une chevelure rase et clairsemée qui ressemblait à un duvet d'oison nouveau-né. Il était assisté d'un gendarme plus jeune, environ trente-cinq ans, maigre de visage, le teint vieux bronze, le cheveu noir de jais, au nez busqué, au regard pénétrant ; je l'aurais bien vu souffler dans une flûte en os, affublé d'oripeaux bariolés dans un orchestre péruvien. Mais, vous le savez, j'ai toujours des idées bizarres. Il me fut présenté comme étant l'adjudant Oliveira.

Je le saluai d'une inclinaison de tête.

— Je vous remercie de vous être rendue à notre convocation si rapidement, dit l'adjudant-chef.

— C'est normal, dis-je, mais je ne vois pas en quoi…

— Une simple question nous éclairera, dit l'adjudant Oliveira : où étiez-vous le 11 novembre ?

Je le fixai sans rien dire, puis je m'exclamai :

— Le 11 novembre ? Mais c'est le jour où…

— Où madame Thaler a été tuée, en effet, dit Oliveira. Comment le savez-vous ?

Ses yeux d'un noir intense me fixaient comme s'il voulait m'hypnotiser et, laissant tomber le flûtiste péruvien, je pensai que si l'on cherchait des figurants pour tourner un film sur l'Inquisition, il pourrait postuler, avec de grandes chances de succès, pour le rôle de Torquemada.

— J'ai vu le rapport d'autopsie.

Les deux gendarmes se consultèrent silencieusement du regard.

L'adjudant-chef demanda d'un air suspicieux :

— Pouvez-vous me dire comment vous avez eu accès à ce rapport d'autopsie ?

J'ironisai :

— Vous me soupçonnez de l'avoir volé ?

— L'ironie n'est pas de mise, capitaine Lester, fit Oliveira sévèrement. Il y a mort d'homme !

Il se corrigea vivement :

— Enfin, de femme !

— J'avais compris, adjudant.

Je levai vers lui un regard angélique :

— Mais c'est aussi grave, n'est-ce pas ?

Je l'entendis grogner et je soupirai ; avec ce gazier, je n'étais pas partie pour rigoler. J'avais beau me dire que je n'étais pas là pour ça, je ne pouvais m'empêcher de penser que les choses sont plus faciles quand elles se passent dans la bonne humeur. Mais visiblement, la bonne humeur, ce serait pour une autre fois ; l'adjudant Oliveira me paraissait aussi morose que le temps qui était gris, humide et venteux.

— Ce rapport, vous l'avez transmis au commandant Mariette qui l'a transmis à mon chef, le commissaire Fabien, dis-je d'une voix lasse. Probablement parce que vous aviez trouvé ma carte dans les affaires de madame Thaler.

— C'est ça, confirma l'adjudant-chef.

— Eh bien, dis-je, tout naturellement mon patron m'en a fait part.

À nouveau les gendarmes se consultèrent du regard et Oliveira redemanda :

— Alors, où étiez-vous le 11 novembre ?

Ma parole, ils me traitaient en suspecte !

— J'étais chez moi, venelle du Pain-Cuit à Quimper.

— Quelqu'un peut-il en témoigner ?

Je restai le bec dans l'eau.

— Eh bien ? fit Oliveira impatient.

Il commençait à me gonfler, cet inquisiteur de pacotille. J'eus envie de lui dire qu'il avait cinq siècles de retard, mais ce n'était pas la bonne méthode.

— Oui, ma voisine, Amandine Trépon. Elle est venue préparer le repas, ensuite nous avons déjeuné ensemble et l'après-midi nous avons fait du jardinage.

Je ne précisai pas que c'était surtout Amandine qui avait jardiné, moi je m'étais contentée de paresser au coin du feu en feuilletant des revues de décoration et en écoutant quelques-uns de mes disques préférés.

À nouveau les gendarmes se regardaient, mais d'un air déconfit cette fois.

— De quoi suis-je accusée ? demandai-je.

— De rien pour le moment, dit Oliveira d'un ton sec.

— Pour le moment, répétai-je indignée. Trop aimable !

L'adjudant-chef se justifia :

— Vous comprenez, nous vérifions toutes les pistes.

— Je comprends parfaitement, dis-je, mais je n'ai rencontré madame Thaler qu'une fois et je ne lui ai parlé qu'une fois au téléphone.

— Une fois, dites-vous, fit Oliveira d'un air insidieux. Pouvez-vous nous raconter en quelle circonstance ?

Je respirai fort, réprimant à grand-peine une formidable envie de l'envoyer sur les roses et j'y allai une nouvelle fois de ma rencontre au cimetière de Douarnenez, de la défaillance de madame Thaler à qui j'avais porté assistance et je conclus en demandant :

— Pensez-vous que ça ait pu me donner envie de la tuer ?

À nouveau les gendarmes se regardaient, embarrassés.

— Et c'est vraiment la seule fois que vous l'avez vue ? demanda l'adjudant-chef.

Mon regard, incrédule, allait de l'un à l'autre.

— Comment faut-il vous le dire ?

Et, après un temps de silence, je dis à voix haute et intelligible :

— Oui, je confirme que je ne l'ai vue qu'une fois !

— Je n'en crois rien, fit Oliveira.

Celui-là, avec sa mine chafouine, il commençait à me courir. Je sentis de nouveau la pression monter ; heureusement, ma petite soupape de sécurité joua son rôle et je me contins. Une explosion de colère n'aurait rien arrangé, je pense même que ça aurait fait plaisir à cet Oliveira de malheur.

— Madame Thaler allait régulièrement dans le Finistère, dit-il insidieusement.

— En effet, dis-je, et elle descendait toujours dans le même hôtel, à Plomeur. C'est du moins ce qu'elle m'a dit.

— L'hôtelier nous l'a confirmé, dit l'adjudant-chef.

— Plomeur c'est tout près de Quimper, dit Oliveira.

— Pas très loin, dis-je, une bonne vingtaine de kilomètres, autant que je m'en souvienne.

Il inclina la tête avec une admiration ironique :

— Quelle précision !

— Je le sais parce que mon grand-père avait sa maison dans un autre bourg, non loin de là et j'ai si souvent fait cette route à vélo étant gamine que j'en connais tous les détours. Ça suffit pour faire de moi une suspecte ?

— Non, dit l'adjudant-chef tranquillement, mais ça pourrait expliquer que vous connaissiez madame Thaler beaucoup mieux que vous le prétendez.

Je le regardai dans les yeux et articulai :

— Il y a un mois, je n'avais jamais entendu parler d'elle.

Oliveira émit un petit rire déplaisant.

— Mais, grands dieux, m'exclamai-je, pourquoi aurais-je trucidé cette bonne dame ?

— Cherche à qui le crime profite, laissa tomber l'inquisiteur d'un air sentencieux.

Je le fusillai du regard :

— Où est le profit ?

À nouveau les gendarmes se regardèrent et ce fut l'adjudant-chef qui parla :

— Madame Thaler est arrivée à Belz le 31 octobre, dit-il. Elle est morte le 11 novembre. Nous nous sommes intéressés à ce qu'elle a fait pendant ces dix jours.

— Et alors?

— Elle s'est reposée, a rendu quelques visites et en particulier elle s'est fait conduire en taxi à Auray, où elle avait rendez-vous chez maître Léon, son notaire.

Il me regardait d'un air particulièrement satisfait et il répéta:

— Maître Léon, notaire. Ça ne vous dit rien?

Je les regardai alternativement sans comprendre. j'avais dû sauter une page. Je demandai:

— À quoi on joue?

— Malheureusement on ne joue pas, capitaine Lester, dit l'adjudant-chef Lepaul d'un air ennuyé. Nous avons un cadavre sur les bras, une mort violente.

Ébahie, je ne répondis rien.

— Que fait-on chez un notaire? demanda Oliveira comme s'il s'adressait à une demeurée.

— J'ai fait des études de droit, dis-je, mais je ne vais pas vous énumérer les prérogatives des notaires. Ça serait trop long. Allez-y, éclairez-moi.

— Madame Thaler a fait enregistrer un testament, dit Oliveira.

— Et par ce testament, reprit l'adjudant-chef, madame Thaler lègue sa maison de Belz à une certaine Mary Lester.

J'eus l'impression de recevoir le plafond sur la tête. Ahurie, je regardai les gendarmes alternativement sans mot dire.

L'adjudant Oliveira me regardait d'un air malin, jouissant de ma stupéfaction.

— Vous semblez surprise, dit-il d'un air de dire qu'il n'en croyait rien.

Je mis quelques instants à répondre.

— Surprise? dis-je, le mot est faible. Stupéfiée, devriez-vous dire.

À nouveau les gendarmes se consultèrent du regard, d'un air de se dire: « Si c'est de la comédie, c'est bien joué! ». Mais ce n'était pas de la comédie.

— Elle ne vous avait pas laissé pressentir ces dispositions? demanda l'adjudant-chef sans toutefois ajouter: « et vous voulez essayer de nous faire croire ça? » Il n'était pas utile qu'il le rajoutât, toute sa personne criait: « menteuse! »

— Mais pas du tout! affirmai-je avec conviction. Il n'en a jamais été question. Elle m'avait dit qu'elle se rendrait à Belz, mais je ne savais même pas qu'elle y avait une maison.

— Héritage de famille, dit l'adjudant-chef.

— Et paf! fit Oliveira, huit jours après vous avoir légué un superbe manoir, madame Thaler décède de mort violente ce qui fait de vous, mademoiselle Lester, l'heureuse propriétaire d'un des plus beaux domaines de la commune.

Je répétais d'une voix blanche:

— Un superbe manoir?

— Ce qui se fait de mieux dans la région, dit Lepaul.

Je commençais à comprendre les raisons de leurs soupçons. Quelle idée avait-elle eue, cette sacrée Claire Thaler! Il n'y a vraiment qu'à moi que ces choses arrivent!

— C'est que ça vaut cher, une propriété comme celle de madame Thaler, fit Oliveira insidieusement. Ça vaut très très cher, mais malheureusement un meurtrier ne peut pas hériter de sa victime.

— Pourquoi malheureusement ? demandai-je en le fixant dans les yeux, c'est bien heureux, au contraire !

— Vous dites ça parce que vous vous pensez hors d'atteinte ? demanda Oliveira.

Je le fixai avec rancune :

— Hors d'atteinte de quoi ?

Il eut un mouvement d'humeur :

— Mais de poursuites…

Je ne le lâchai pas des yeux :

— De poursuites pour quoi ?

Il s'exaspéra et fit un grand geste du bras :

— Ah, ne faites pas semblant de ne pas me comprendre ! Il s'agit de votre implication dans la mort de madame Thaler.

Je secouai la tête comme si j'avais affaire à un arriéré mental.

— Mon implication ? M'accuseriez-vous d'avoir tué Claire Thaler ?

Je regardai l'adjudant-chef qui me semblait avoir plus de bon sens que son adjoint.

— Ai-je bien compris ?

L'adjudant-chef modéra les propos de son adjoint :

— De votre implication éventuelle…

Ces atermoiements parurent exaspérer Oliveira qui gronda :

— Vous vous dites : « Ces péquenots de la gendarmerie ne pourront rien contre moi ! » Parce que vous nous prenez pour des péquenots, n'est-ce pas ?

— Non monsieur, dis-je fermement, j'ai toujours eu la plus grande considération pour le corps des gendarmes.

Et j'ajoutai, perfide :

— Même s'il arrive que certains de ses éléments fassent tout pour le discréditer.

Oliveira parut outré :

— C'est pour moi que vous dites ça ?

— Non, pour le pape !

Il ouvrait la bouche pour répondre mais je le devançai et, en m'adressant à l'adjudant-chef :

— Ne vous inquiétez pas, adjudant-chef, c'est pareil chez nous, il y a des cas spéciaux partout.

Puis je revins au « cas spécial » Oliveira qui paraissait bouillir sur place et j'articulai :

— Vous ne pouvez rien contre moi, monsieur Oliveira, parce que je n'ai strictement rien à voir dans cette histoire. Je vous l'ai dit, j'étais…

Cette fois, ce fut lui qui me coupa :

— C'est ça, vous étiez chez vous, avec votre voisine.

Il me regarda méchamment :

— Et où était votre complice ?

J'écarquillai les yeux :

— Mon complice ?

— Oui, cette espèce de grande brute qui vous accompagne dans vos enquêtes.

— Je ne vois pas de qui vous voulez parler, dis-je dignement.

Oliveira fit un tour sur lui-même en ricanant :

— Elle ne voit pas ! Votre adjoint est pourtant assez visible !

— Peut-être voulez-vous parler du lieutenant Fortin ?

— C'est ça, Fortin, où était-il le 11 novembre ?

— Le mieux serait que vous le lui demandiez.

Je pris en soupirant mon carnet répertoire dans la poche de ma veste et j'ajoutai :

— Si vous me permettez un conseil, lorsque vous l'aurez au téléphone, ayez le bon goût de ne pas le traiter de grande brute. Il risque de ne pas aimer.

Oliveira eut un mouvement de la main signifiant que ce qu'aimait ou n'aimait pas Fortin, il s'en battait l'œil. Ce en quoi il avait tort mais, le cas échéant, il s'en apercevrait bien tout seul.

— Vous avez de quoi noter?

J'énonçai un numéro et priai l'adjudant-chef d'appeler sur-le-champ. Il fut surpris d'avoir l'école de police de Saint-Malo et, en attendant son correspondant, il me demanda, la main sur l'appareil:

— Qu'est-ce qu'il fiche à l'école de police?

Oliveira ricana:

— Il suit des cours de rattrapage!

Je le fusillai d'un regard noir.

— Il anime un stage de close-combat, dis-je, et vous n'en parleriez pas ainsi s'il était devant vous.

L'adjudant-chef hocha la tête d'un air entendu et, après avoir échangé quelques mots avec son interlocuteur, il raccrocha en disant:

— Le lieutenant Fortin ne peut pas être joint dans l'immédiat, il court sur la plage avec son groupe.

— Alors, demandez donc au secrétariat de l'école de police s'ils peuvent vous renseigner.

L'adjudant-chef parut hésiter, je l'encourageai:

— Allez!

Et, comme il ne bougeait pas, je me levai et pris le téléphone.

— Permettez…

Effarés, les deux gendarmes me regardaient faire. Mais ils ne protestèrent pas lorsque j'appuyai sur la touche « bis ». Après quelques instants d'attente, une voix grave me répondit :

— L'école de police de Saint-Malo, j'écoute.

Je me présentai :

— Capitaine Lester, commissariat de Quimper. Pourriez-vous me dire où se trouvait le lieutenant Fortin le 11 novembre ?

— Le 11 novembre ? répéta mon interlocuteur, attendez, je consulte les fiches de service.

Il y eut un silence ; j'appuyai sur la fonction haut-parleur de l'appareil et la voix du standardiste résonna dans la pièce :

— Le 11 novembre le lieutenant Fortin a participé aux cérémonies commémoratives en présence du député-maire, du préfet et d'un délégué du ministre de l'Intérieur. Après la prise d'armes il y a eu un vin d'honneur à la mairie et un banquet à l'*Hôtel de la Mer*. Le lieutenant Fortin, en tant qu'instructeur, y était invité.

— Je vous remercie, dis-je.

La voix du standardiste s'inquiéta :

— Un problème, capitaine ?

— Pas le moindre. Merci.

Je raccrochai et regardai les deux gendarmes tour à tour :

— Ça vous suffira comme témoignage ? Un député-maire, un préfet, un délégué du ministre de l'Intérieur ? Et je ne vous parle pas du directeur de l'école de police, d'une demi-douzaine de commissaires divisionnaires, d'une cinquantaine d'élus de tous bords…

Je les regardai l'un après l'autre, l'adjudant-chef dont l'attitude trahissait l'embarras et son subalterne maîtrisant à grand-peine une fureur rentrée.

— J'espère que vous vous rendez compte du ridicule de vos suppositions !

— Ce n'est pas parce que vous êtes flic… grinça Oliveira.

Son chef lui coupa la parole et plaida :

— Mettez-vous à notre place…

— Je n'y tiens pas, dis-je sèchement, la mienne me convient très bien. À présent, je peux rentrer ou je suis en garde à vue ?

Prétendre que le gendarme Oliveira faisait la gueule eût été un euphémisme. Ses yeux noirs semblaient vouloir me trouer l'épiderme. Je venais de carboniser sa brillante théorie et ça ne semblait pas l'enchanter.

— Vous pouvez disposer, dit l'adjudant-chef à regret, mais tenez-vous à la disposition de la justice.

— Chaque jour que Dieu fait, je suis à la disposition de la justice, monsieur, dis-je très digne.

Et je sortis, sans me retourner, sous les regards croisés et perplexes des deux gendarmes.

Avant de reprendre la route de Quimper je fis le tour du bourg et je demandai à un passant où se trouvait la maison de madame Thaler. On me donna volontiers les indications et je me trouvai bientôt devant cette propriété qui était désormais, paraît-il, « ma » maison.

L'adjudant Oliveira n'avait pas menti, j'avais hérité non pas d'une très belle demeure, mais d'un véritable petit château de construction déjà ancienne, à la façade tapissée d'une vigne vierge que l'automne teintait d'écarlate et qui montait jusqu'au toit d'ardoises. Un vaste terrain clos de murs de pierre surmontés de grilles en fer forgé courait en pente douce jusqu'à une grève de gros sable jaune. Tout au bout du parc, à la limite de la haute mer, il y avait un hangar à bateaux fait de grosses planches bordées à clin. La construction était ancienne mais en bon état. Les planches avaient été peintes en vert bouteille et ainsi le hangar se fondait dans la nature. Une petite cale de pierres plates descendait jusqu'à la rivière.

Je pris pied sur la grève couverte de goémons secs mêlés d'aiguilles de pins et autres débris végétaux, et contemplai « ma » maison. Elle avait dû être construite à la fin du dix-neuvième siècle pour servir de villégiature à un riche bourgeois qui avait des prétentions en matière d'architecture.

Et il avait fait fort, l'architecte! La bâtisse tenait du manoir breton pour la forme, ses fenêtres encadrées de pierres sculptées sentaient l'église gothique et un bow-window surmonté d'une terrasse à usage de balcon donnait une petite note british à l'ensemble.

En façade, un perron à six marches de pierre menait à une large porte à double battant en bois massif. Surmontant la porte d'entrée, une porte-fenêtre s'ouvrait sur un balcon de pierre avec une rambarde en fer forgé. Je présumais que, derrière ces fenêtres closes, se trouvait la chambre des maîtres.

J'aurais parfaitement vu cette baraque réaffectée en mairie, avec le drapeau tricolore au balcon d'où monsieur le maire aurait pu, les lendemains d'élection, s'adresser à ses administrés.

Dans le toit, six lucarnes annonçaient le domaine des bonnes; à l'époque on ne manquait pas de main-d'œuvre ancillaire et il en fallait pour tenir une pareille boutique!

Cette merveille architecturale n'avait pu que séduire le colonel Marvoyer. Sa fille en avait hérité mais ça me paraissait être une bien grande demeure pour une femme seule qui n'y venait que quelques jours par an. Pourtant les volets étaient ouverts comme si la maison était entièrement occupée. Les pelouses étaient bien tondues, les feuilles ramassées en tas et les massifs d'hortensias qui bordaient la terrasse avaient été taillés.

Maintenant cette fichue baraque semblait devoir me revenir.

À moins…

À moins que je ne sois convaincue de meurtre.

Chapitre 6

Lorsque j'arrivai à Quimper, il était trop tard pour que je repasse au commissariat. Depuis que sa moitié lui a laissé le champ libre, le commissaire Fabien trouve mieux à faire que de s'attarder au bureau ; il profite sans modération de ces trop rares instants de liberté.

Comme c'était à lui que je voulais rendre compte, c'était inutile que je m'arrête. Aussi je filai directement jusqu'à mon domicile. Amandine m'y attendait en regardant la télévision.

Amandine Trépon est tout à la fois ma voisine, ma cuisinière et elle ne déteste pas jouer le rôle de mère à l'occasion.

— Vous ne rentrez pas de bonne heure, me dit-elle avec un petit reproche dans la voix.

— Hé non, dis-je. Flic est un métier où l'on ne fait pas toujours ce qu'on veut.

Elle grommela quelque chose à propos de ce métier qui n'était pas fait pour les femmes, réflexion que je préférai ignorer.

— On m'a téléphoné chez moi, reprit-elle, les gendarmes…

— Tiens! dis-je. Que voulaient-ils?

— Ils voulaient savoir ce que j'avais fait le 11 novembre.

— Que leur avez-vous dit?

— La vérité.

— Mais encore?

— Que j'avais défilé!

Je faillis éclater de rire, j'avais oublié qu'Amandine adore la musique militaire et qu'elle ne manque pas une prise d'armes au monument aux morts. Elle est comme ça, ma petite voisine, elle adore aussi les matches de foot et de rugby, surtout les matches internationaux parce qu'il y a les hymnes.

Elle fit l'indignée:

— Ils ne m'ont pas crue!

Eh oui! Amandine est de la vieille école, elle a le respect de l'uniforme, du drapeau, déplore que les joueurs de l'équipe nationale de foot ne chantent pas la Marseillaise à gorge déployée avant le coup d'envoi et elle vénère les poitrines qui s'adornent de la rosette de la Légion d'honneur. Se moquer d'un uniforme fut-il celui de la gendarmerie? Jamais elle ne saurait se rendre coupable d'un pareil forfait.

— Que leur avez-vous dit d'autre?

— Que j'avais préparé une marmite du pêcheur et que nous l'avions mangée ensemble. Ils ont même voulu savoir ce que j'avais fait l'après-midi!

— Et alors?

— Vous vous souvenez? J'ai fait le jardin.

— Parfait, Amandine, dis-je en l'embrassant, vous êtes merveilleuse.

Elle rosit de plaisir et m'annonça qu'elle avait préparé une soupe de légumes et des filets de saint-pierre à l'oseille avec du riz sauvage.

— Ça tombe bien, lui dis-je, j'ai une faim de loup !

Rien ne peut lui faire plus plaisir que de savoir que j'ai une faim de loup. Mais il faut à chaque fois que j'insiste pour qu'elle partage mon repas. Cependant, comme elle est toujours curieuse de savoir à quoi j'ai occupé ma journée, elle prit place en face de moi et, après avoir posé le chaudron de fonte sur la table et fait le service, elle demanda, la mine gourmande :

— Alors ?

Je fis semblant de ne pas comprendre.

— Délicieux, dis-je en décortiquant une langoustine qui avait cuit à la vapeur sur le dessus du plat.

— Je ne vous parle pas de ça, dit-elle...

— Vous avez tort, Amandine, ce plat mérite qu'on en parle.

Elle renifla avec humeur et revint à la charge :

— Vous ne voulez pas me dire ce que vous avez fait cet après-midi.

Je pris un air détaché.

— Cet après-midi ? Bof... la routine. J'ai hérité d'un manoir dans le Morbihan et j'ai été accusée de meurtre. Presque rien, comme vous voyez.

Elle en resta coite, puis demanda d'une voix mal assurée :

— Vous plaisantez ?

— Pas le moins du monde, dis-je d'un ton léger.

— C'est pour ça que...

— C'est pour ça que les gendarmes vous ont téléphoné, oui.

Elle en était devenue toute rouge d'indignation.

— Ça alors! Ils ne manquent pas de culot, ceux-là!

Non, ils ne manquaient pas de culot. Ce dont ils manquaient, en revanche, c'était d'autres pistes. Je racontai une nouvelle fois à Amandine le cheminement qui m'avait conduite à cette situation, en commençant par la rencontre avec Claire Thaler au cimetière de Douarnenez.

Je commençais à en avoir assez de ressasser cette histoire et pourtant je pressentais que je n'avais pas fini de la raconter.

Peut-être que j'aurais eu intérêt à l'enregistrer et à la graver sur CD?

Comme Amandine avait été clerc de notaire pendant trente et des années, je lui posai quelques questions sur la validité de ce testament. Je n'arrivais pas à m'imaginer propriétaire de ce que d'aucuns appellent « une superbe demeure ».

— Vous me dites que ces dispositions ont été prises du vivant de cette dame? demanda-t-elle.

— Oui. À ce que m'ont dit les gendarmes, elle avait rendez-vous avec son notaire pour les faire enregistrer.

— Alors c'est imparable, dit Amandine.

— Personne ne pourra le contester?

— On peut toujours contester, dit l'ancienne clerc de notaire. Mais de là à obtenir gain de cause auprès des tribunaux...

Elle eut une moue dubitative et ajouta:

— Moi je ne m'y risquerais pas. Cette personne avait-elle d'autre famille?

— Un frère, je crois, qui est en très mauvaise

santé et avec lequel elle n'entretient plus de relations depuis longtemps.

— Ils sont fâchés?

— C'est rien de le dire!

— Et ce monsieur, a-t-il des enfants?

— Je ne sais pas.

— Si des difficultés devaient survenir, ce serait plutôt de ce côté-là, dit Amandine.

Je la croyais car, je vous l'ai dit, elle a, en la matière, une expérience certaine.

— Je me demande bien ce que je vais faire de cette baraque, dis-je.

— Oh, elle n'est pas encore à vous, me dit Amandine.

Je la regardai, surprise:

— Comment? mais vous venez de me dire…

— Je vous ai dit que ce testament pourrait être difficilement attaqué, c'est vrai. Mais il y a le fisc…

Je fronçai les sourcils:

— Le fisc?

Mince, je n'y avais pas pensé.

— Eh bien oui, dit-elle, les droits de succession. Ça doit valoir cher une maison comme celle-là.

— Surtout placée au bord de l'eau, dis-je. Oui, ça doit valoir un joli paquet de fric.

— Combien?

— Je n'en sais rien… Quatre, cinq millions, plus peut-être.

— Vous parlez en francs, je pense.

Je haussai les épaules:

— Évidemment!

— Vous aurez environ la moitié à donner au fisc.

— Quoi? Deux millions et demi?

— Au moins.

J'en eus le souffle coupé mais Amandine dit sur un ton professionnel :

— Même à ce taux-là, en la vendant, ça reste une très belle affaire.

Le clerc de notaire prenait le dessus sur la cuisinière. La journée avait été longue, je commençais à avoir mal à la tête. Amandine s'en aperçut.

— Allez donc vous coucher, ordonna-t-elle.

— Je vais vous aider à desservir, dis-je d'une voix dolente.

Amandine tapa du poing sur la table :

— Puisque je vous dis d'aller vous coucher !

Je vous avais prévenus, parfois elle est pire qu'une mère. Je me glissai sous les draps avec délice et j'entendis des entrechoquements de vaisselle dans la cuisine avant de sombrer dans un sommeil profond.

*

En arrivant au commissariat, j'appelai le patron pour lui rendre compte de mon voyage à Étel. Il devait s'ennuyer, il me fit monter tout de suite.

Lorsque j'entrai dans son bureau, il me tendit la main et demanda avec curiosité :

— Alors ?

Je braquai un index accusateur sur lui et demandai à mon tour :

— Que faisiez-vous le 11 novembre, monsieur Fabien ?

Je crus le voir rougir, puis pâlir ; il fronça les sourcils, posa les poings sur le sous-main devant lui et s'enquit d'une voix trop calme :

— Qu'est-ce que ça veut dire ?

J'avais dû commettre un impair. Si ça se trouve, monsieur le commissaire n'était pas, à cette date, là où il aurait dû être. Et surtout, avec qui il aurait dû être.

— Je vous pose la question parce qu'on me l'a posée hier, en ces mêmes termes.

Je vis son visage se détendre.

— Les gendarmes ?

Je hochai la tête affirmativement.

— Figurez-vous qu'ils me soupçonnent ni plus ni moins que d'avoir trucidé cette brave madame Thaler.

Fabien parut tomber des nues, comme j'en étais moi-même tombée lorsque les gendarmes m'avaient fait part de leurs soupçons. Il sortit son paquet de *Benson* de sa poche et alluma soigneusement une cigarette.

— Et qu'est-ce qui les a amenés à vous soupçonner ? demanda-t-il en clignant des yeux lorsque la fumée bleue enveloppa son visage.

— Presque rien, cette bonne dame m'a couchée sur son testament.

— Vous ?

— Moi.

— Mais à quel titre ?

— À aucun titre. Je l'ai vue une fois, je lui ai téléphoné une fois…

— Et c'est tout ?

— C'est tout.

— Vous en êtes sûre ?

Lui aussi en doutait. Je regimbai :

— Vous doutez de ma parole ?

— Non bien sûr, dit-il trop vite. Mais avouez que…

— J'avoue que c'est bizarre, oui.

— Vous n'avez pas l'ombre d'une explication?

— L'ombre, si. Mais ce n'est qu'une ombre bien ténue.

Je lui tendis une photocopie de la lettre que madame Thaler m'avait écrite et qui accompagnait ce dossier rangé dans un placard venelle du Pain-Cuit, sous la garde vigilante d'Amandine et de Mizdu, mon chat.

Le commissaire la prit, ajusta ses lunettes de myope sur le bout de son nez et lut. Puis il reposa le document devant lui avec une moue dubitative.

— Je ne vois guère d'explication là-dedans.

Je repris la lettre et lus à haute voix :

— *Vous avez été, dans cette affaire, la seule personne qui m'ait traitée avec humanité, sans se moquer. D'autres, plus proches, n'ont pas eu cette délicatesse.*

— Quelle affaire? demanda Fabien.

— Madame Thaler m'a un peu raconté sa vie…

— Un peu?

— Deux heures passées avec elle n'ont pas suffi à faire une revue de détail de soixante ans d'existence, mais elle en a tracé les grandes lignes.

— Et alors?

— Une singulière histoire, patron. Enfin, pas si singulière que ça, si on y pense. Elle voulait se marier avec un garçon qui ne plaisait pas à son père…

— En effet, dit le commissaire en se rencognant dans son fauteuil et en croisant ses mains sur son ventre. C'est vieux comme le monde! Ce thème a alimenté le théâtre et le cinéma depuis qu'ils existent.

78

— Oui, mais pour ceux qui la vivent c'est toujours la première fois.

— Elle parle de ses proches, qui sont-ils ? demanda le commissaire.

— À ma connaissance, il doit s'agir de la famille de son frère. Un grave différend les avait opposés et elle n'entretenait plus de relations avec lui.

— Cette dame n'avait pas d'enfants ?

— Elle a eu un fils, qui est mort. Quant à son mari, elle en a divorcé et je ne sais s'il vit encore. Mais si tel est le cas, il serait très vieux puisqu'il avait au moins vingt ans de plus qu'elle.

— Et qu'en est-il de ce dossier Bosser auquel elle fait allusion ? demanda Fabien.

— L'histoire d'une vie qui n'a pas été un long fleuve tranquille, dis-je.

Fabien reprit la lettre et la relut.

— On dirait qu'elle pressentait sa fin prochaine, dit-il.

— Oui, mais elle parle de « santé fort chancelante », pas de mort violente. Peut-être était-elle malade, mais elle est restée dans le vague à ce sujet.

— Ouais, fit Fabien songeur. Et les gendarmes ont pensé que vous aviez suivi cette dame à Belz et que vous aviez attendu le moment propice pour l'assommer et la balancer à la mer.

— Ils y ont pensé jusqu'à ce que je leur fournisse un alibi - qu'ils ont vérifié d'ailleurs.

Et, comme le commissaire me regardait interrogatif, je précisai :

— J'ai passé ce 11 novembre chez moi, en compagnie d'Amandine Trépon.

— Irréfutable, dit Fabien. Vous voilà tranquille.

— Je ne sais pas. Ils ont ensuite imaginé, enfin, le gendarme Oliveira a imaginé…

— C'est qui, celui-là?

— L'adjoint du chef de corps, l'adjudant-chef Lepaul. Vous devriez le voir, cet Oliveira! Une gueule d'inquisiteur espagnol de la grande époque. Il ne semble pas apprécier les femmes, les femmes flics encore moins.

— Et qu'a-t-il imaginé?

— Que j'avais soudoyé « cette grande brute de lieutenant Fortin » - je cite - pour accomplir mes basses œuvres.

À nouveau le commissaire parut tomber des nues.

— Fortin? Mais il est à Saint-Malo, Fortin!

— Je le sais bien! Et, faites-leur confiance, ils ont vérifié! Manque de chance, Fortin a passé son 11 novembre à la prise d'armes au mémorial de Saint-Malo en présence du député-maire, du préfet, d'un délégué du ministre de l'Intérieur et de quelques douzaines d'autres personnalités de moindre importance.

— Coup de chance plutôt, dit Fabien.

— Je parlais des gendarmes…

— J'avais bien compris. Enfin, voilà qui clôt l'affaire.

Je soupirai:

— Je voudrais en être sûre.

— Qu'a-t-il pu arriver à cette malheureuse femme?

— J'aimerais bien le savoir.

— Vous aimeriez le savoir? dit le commissaire Fabien avec un sourire en biais, parfait!

Il décrocha son téléphone, demanda le commissariat de Vannes et appuya sur la fonction haut-parleur avec un clin d'œil complice à mon intention.

Son homologue du Morbihan se nommait Lescop et Fabien le connaissait de longue date.

Après l'échange de banalités de rigueur - comment vas-tu, pas mal et toi... - Fabien lui demanda s'il avait eu connaissance de la mort suspecte de madame Claire Thaler.

— En effet, dit Lescop, cette dame était très connue au pays de Belz. Comment es-tu informé de l'affaire?

— J'en suis informé parce que le nom d'un capitaine de mon commissariat a été prononcé à cette occasion. C'est un de tes gars qui m'a prévenu, un nommé Mariette.

— Le commandant Mariette?

— C'est ça.

— C'est un bon flic.

— Est-ce qu'il n'aurait pas besoin d'un adjoint?

— Un adjoint? demanda Lescop surpris.

Puis il se reprit:

— Ah, tu veux sans doute parler de ce capitaine qui serait impliqué... Ce n'est pas très régulier, ça!

— Mon flic n'est pas impliqué, son alibi est irréfutable.

— Alors?

— Alors on veut l'impliquer, ce n'est pas pareil.

— Qui on?

— La gendarmerie, pardi!

— Je vois! fit le commissaire Lescop. Eh bien, envoie-le. Comment s'appelle-t-il?

— Lester, dit Fabien, capitaine Mary Lester.

Chapitre 7

À mon grand soulagement, le commandant Mariette était un solide gaillard sympathique, d'une quarantaine d'années, qui ne paraissait pas avoir de prévention contre les femmes flics.

J'ai eu si souvent à souffrir de gendarmes ou d'officiers de police qui considèrent que la défense de la loi est le domaine réservé du sexe dit fort, que je me réjouis chaque fois que j'ai à coopérer avec un homme qui me regarde comme un être normal.

Mariette connaissait bien Fortin pour l'avoir rencontré dans des concours de tir interarmes où mon équipier avait l'habitude de rafler toutes les coupes.

Il commença par s'enquérir de sa santé et de l'avancement de sa carrière.

— Pour ce qui est de sa santé, lui dis-je, elle est plus florissante que jamais. Comme vous le savez, il s'en préoccupe fort et l'entretient par une pratique assidue de divers sports. Quant à son avancement, c'est une autre histoire. Il craint plus que tout d'être promu au grade supérieur et de devoir quitter son commissariat de Quimper.

Mariette se mit à rire :

— C'est sûr qu'avec lui il n'y aura ni conflit ni récriminations à ce sujet. Bienheureux le patron qui a un Fortin dans son effectif.

Je ne pouvais qu'abonder dans son sens.

— Comment se fait-il qu'il ne soit pas venu avec vous ? demanda alors Mariette. Je me suis laissé dire que vous étiez quasiment inséparables.

Je souris :

— Fortin fait comme qui dirait partie des troupes de réserve. Je n'ai recours à lui qu'en cas de difficultés comment dire… physiques.

Le commandant Mariette hocha la tête d'un air entendu.

— Parce que pour le reste… dit-il.

— Pour le reste, dis-je, certains ont tendance à le classer dans la catégorie « tout dans les épaules, rien dans la tête ». Eh bien, ceux qui pensent ainsi ont tort. Je reconnais que Jipi a une curieuse façon de raisonner, mais il a parfois des intuitions lumineuses qui n'étaient apparues à personne parce que trop simples.

Et j'ajoutai avec un demi-sourire :

— On a toujours tort de mépriser les raisonnements simples.

— Bref, vous vous complétez bien, dit Mariette. Il doit être désolé d'être resté à Quimper.

— Il n'est pas à Quimper, dis-je. Actuellement, il anime un stage de close-combat à l'école de police de Saint-Malo.

Mariette s'exclama :

— C'est ce qui lui convient! Il est fait pour ça. Comme vous l'avez dit, il ne fera pas une grande carrière dans la police. En revanche, comme instructeur, il se pose un peu là! Tant au combat de rue qu'au tir d'ailleurs.

Il me regarda:

— Ça vous fait sourire?

— Je suis tout à fait de votre avis, commandant.

— Allons, dit Mariette, pas de cérémonie entre nous, mon prénom c'est Antoine.

— Vous connaissez le mien, dis-je. Alors, on se tutoie ou on se vouvoie?

Mariette sourit de nouveau:

— De toute façon, avant trois jours on se tutoiera. Autant commencer tout de suite. Alors, qu'est-ce que c'est que cette histoire?

Je dus une nouvelle fois lui raconter les circonstances qui m'avaient mise en présence de madame Thaler, ce foutu héritage qui m'était tombé dessus sans crier gare et qui avait attiré l'attention des gendarmes.

— Tu es extraordinaire, dit Mariette, en me regardant comme s'il n'en croyait pas ses yeux, on me l'avait dit, mais à ce point…

Je protestai:

— Je n'ai rien fait pour être extraordinaire!

— C'est justement ça qui l'est! Tu ne t'imagines pas la liste des gens qui recherchent une maison sur la ria d'*Étel*. Une propriété comme celle de madame Thaler vaut une fortune! Et toi tu arrives, tu salues la dame une fois, et tu touches le jackpot! Le domaine que tout le monde convoite te tombe dans le bec sans que tu aies eu à lever le petit doigt. Chapeau, Mary!

Je me serais bien passée du compliment. Il ajouta :

— Avoue que ton histoire est difficile à croire. Ça ne m'étonne pas que les gendarmes…

— Tu ne vas pas t'y mettre aussi ! dis-je avec humeur.

— Non, je te crois ! je te crois ! dit-il très vite, mais que comptes-tu faire ?

— Primo, dis-je, savoir si la mort de madame Thaler est accidentelle ou si on l'a un peu aidée à sauter dans la rivière. Secundo, si l'hypothèse du crime se confirme, chercher et arrêter le coupable.

— Normalement, l'enquête est l'apanage de la gendarmerie, dit Mariette.

— Ils vous ont tout de même avisés, dis-je.

— Ouais.

— Est-ce l'usage ?

— Que veux-tu dire ?

— Est-ce que, lorsqu'ils ont une telle affaire sur les bras, ils vous en font part ?

— Ils n'ont pas souvent une telle affaire sur les bras, reconnut Mariette. Ils nous ont avisés parce que ton nom apparaît dans le dossier et qu'ils savent que tu es de la maison.

Et, après un temps de silence, il ajouta :

— Je trouve ça plutôt courtois.

Mariette avait probablement raison mais moi, avec mon mauvais esprit, je penchais pour une autre hypothèse.

— Ils vous ont avisés parce qu'ils pataugent, dis-je. J'ai au moins un avantage sur eux.

— Lequel ?

— Je sais que je n'y suis pour rien. Ça fait une piste de moins à explorer.

— Ouais, redit-il sans paraître convaincu.

Je pensais à un autre atout que je détenais et qui était le dossier que m'avait confié la vieille dame. J'étais persuadée qu'il faudrait peut-être remonter loin dans le temps pour trouver les raisons de la mort de madame Thaler. Je n'étais pas persuadée que les gendarmes fussent en position de chercher dans cette voie. Je demandai :

— Quels rapports entretenez-vous avec la gendarmerie ?

— Des rapports normaux.

Je ne lui demandai pas de préciser ce qu'étaient des rapports normaux. Les relations entre gendarmerie et police sont toujours entachées d'un certain esprit de corps et quoi qu'en dît le commandant Mariette, je sentais en filigrane de sa pensée qu'il ne lui aurait pas déplu de voir les flics damer le pion aux gendarmes. Et, pour cette fois, ça ne m'aurait pas déplu non plus. Je demandai :

— Tu connais l'adjudant-chef Lepaul ?

— Oui.

Il réfléchit et dit :

— C'est un type bien.

— Et Oliveira ?

Mariette pinça les lèvres :

— Plus difficile. Un gars capable, ambitieux, jaloux de ses prérogatives. Si tu le croises sur le terrain, il ne te fera pas de cadeau.

Je fis mon sourire le plus angélique :

— Attitude à laquelle je suis habituée, mon cher. La police n'est pas une affaire de femmes… Je connais la chanson. On me l'a susurrée tant de fois !

Il sourit et j'ajoutai :

— La justice n'a pas de sexe, commandant. Une femme peut réussir où un homme a échoué, et vice-versa.

Mariette parut ravie.

— Tu es bien telle que je l'imaginais. Par où vas-tu commencer?

— Je vais commencer par me trouver un hébergement et ensuite je vais humer le vent.

Il ne me dit rien mais me regarda d'un air curieux, avec un demi-sourire teinté d'ironie, comme s'il me jaugeait, en se demandant comment j'allais m'y prendre. Je fis celle qui ne voit rien et notai l'adresse d'un gîte rural qu'il me recommanda.

*

— Ainsi, dit madame Cocoual, c'est vous qui héritez des *Charmettes*?

Comme j'avais appris du commandant Mariette que la maison de feu madame Thaler répondait à cette bucolique appellation, je ne fus pas prise au dépourvu. Ce qui me surprit, en revanche, c'est que la nouvelle du legs ait déjà transpiré.

Madame Cocoual, propriétaire des gîtes du *Champ des Druides*, telle était la raison commerciale de sa petite industrie - la proximité des alignements de Carnac avait dû inspirer cette appellation - madame Cocoual donc était une accorte personne, souriante et dynamique, qui menait son monde à la baguette.

Son monde était essentiellement composé d'un sexagénaire d'une maigreur squelettique qui tirait sans discontinuer sur une bouffarde courbe lui pendant sur le menton.

Un homme taciturne qui, hors sa présence, appelait sa femme « le général ». Ce général n'avait qu'un soldat dans son armée, et ce soldat était aussi son mari. Elle lui donnait, en l'appelant par son nom de famille, des ordres qu'il ne discutait pas : « Cocoual, fais ceci, Cocoual, fais cela ». Et Cocoual obtempérait en silence.

Ses fonctions consistaient essentiellement à soigner le jardin qui était grand et s'étendait derrière les gîtes - des dépendances de ferme couvertes de chaumes et aménagées pour la location - jusqu'à un menhir qui émergeait de la lande. De la fenêtre de la petite chambre qui m'avait été allouée, j'apercevais un potager fort bien tenu. Tout au fond du terrain il y avait un enclos grillagé à usage de poulailler, et une cabane de planches fermée sur trois côtés où le jardinier entreposait son motoculteur et sa tondeuse.

Quant aux troupes de réserve, elles étaient composées de la maman de madame Cocoual, une personne âgée et impotente que l'on véhiculait dans un fauteuil roulant et qui répondait au doux nom de mamie Jeanne. En fait, c'était Louis, le maigre jardinier, qui se chargeait le plus souvent de la vieille dame. Quand il travaillait au jardin, il poussait le fauteuil roulant près du poulailler et, de loin en loin, tandis qu'il accomplissait ses tâches aratoires, ils échangeaient quelques mots.

— Les nouvelles vont vite, dis-je en souriant à madame Cocoual.

Elle avait passé la soixantaine ; basse sur pattes, ronde de formes, l'œil vif et hardi, bien fendue de gueule comme il se doit, j'avais sous les yeux la commère de village dans toute sa splendeur.

Elle semblait avoir une passion pour le ménage et, plus tard, lorsqu'il m'arriva de repenser à la mère Cocoual, l'image qui me revenait avait toujours un chiffon à la main et un torchon sur l'avant-bras.

Si ses chambres n'étaient pas meublées avec le meilleur goût, - elle manifestait une prédilection pour les couleurs criardes et les harmonies hasardeuses - en revanche, sur le chapitre de la propreté, il n'était pas possible de trouver à redire.

— C'est pas tous les jours qu'on nous tue une de nos plus éminentes résidentes, dit-elle avec une mine plus gourmande qu'indignée.

Je m'étonnai :

— Madame Thaler était une de vos plus éminentes résidentes ?

La mère Cocoual hocha la tête avec conviction, faisant trembler ses bajoues.

— Une femme admirable, vraiment !

Elle paraissait sincère.

— Vous la connaissiez depuis longtemps ?

— Depuis toujours. Je suis née dans cette ferme et sa famille possédait déjà *les Charmettes* avant la guerre, à une époque où les résidences secondaires se comptaient sur les doigts de la main dans cette région.

— Vous avez connu son père également ?

— Le colonel ? Oui, mais pas si bien que ma mère qui a connu toute la famille Marvoyer.

Elle expliqua que, dans sa jeunesse, mamie Jeanne avait servi comme petite bonne chez les Lebœuf qui étaient les parents de madame Marvoyer. Je notai soigneusement l'information dans un coin de ma mémoire, me réservant d'interroger moi-même la vieille dame à ce propos.

— Madame Thaler venait souvent ici ?

— Aux vacances d'été, et puis à Pâques et à la Toussaint.

— La propriété me semble parfaitement entretenue.

— Oui, madame Thaler emploie un couple à l'année, les Kergouriec. Phonse, le mari, entretient le parc et Phine s'occupe du ménage.

Phonse et Phine, de jolis prénoms. Diminutifs probablement d'Alphonse et de Joséphine. Qu'importe, elle avait les moyens, madame Thaler ! Deux employés à plein-temps pour une propriété où elle ne venait que quelques jours par an… J'en fis la remarque à la mère Cocoual qui me répondit que madame Thaler était très à cheval sur l'ordre et la propreté et qu'elle exigeait, qu'elle fût là ou pas, que le grand ménage fût fait de la cave au grenier chaque semaine.

— Vous allez les garder ? me demanda-t-elle.

— Pardon ?

— Phonse et Phine, vous allez les garder ?

Je descendis sur terre. En plus de la maison, j'avais hérité de deux domestiques !

— Euh… je ne sais pas. Tout ça s'est fait si vite…

— Vous pouvez, dit madame Cocoual catégorique. Ce sont des gens bien.

Je hochai la tête pour signifier que je n'en doutais pas. Mais, si dévoués qu'ils fussent, ils ne vivaient pas de l'air du temps. Il fallait chaque mois leur verser un salaire. Je ne me voyais pas avec deux domestiques à mon service !

— Madame Thaler semblait avoir un gros train de vie, dis-je.

La mère Cocoual haussa les épaules comme si j'avais dit une incongruité et laissa tomber avec mépris :

— Peuh ! Elle n'avait même pas de voiture !

Pour elle, le train de vie était lié à la possession d'une bagnole. Je ne discutai pas là-dessus mais son mari fit remarquer qu'elle avait toujours la voiture de son grand-père.

— Pff ! fit son épouse, une vieille bagnole d'avant-guerre ! Et elle ne conduit même pas !

Je supposai que la mère Cocoual était le chauffeur de la famille et qu'il ne lui déplaisait pas de me faire toucher du doigt une supériorité qu'elle avait sur « la femme remarquable ».

Je n'entamai pas de polémique à ce sujet.

— Elle m'a dit qu'elle avait divorcé de son médecin de mari, dis-je.

— Oui, lorsque son fils est mort. Un drame affreux…

— Un accident, je crois ?

Madame Cocoual haussa les épaules.

— Ouais, un accident…

La réticence de madame Cocoual m'intrigua. J'insistai :

— N'est-ce pas à l'école qu'il est mort ?

Elle hocha la tête affirmativement.

— Si.

Visiblement c'était un sujet sur lequel elle ne souhaitait pas s'étendre.

J'insistai encore, posant des questions dont je connaissais les réponses :

— À quelle école était-il ?

— En pension, près du Mans…

Elle ne mentait pas, mais je savais que je n'en tirerais pas plus. Tant pis, ça ne serait pas un problème que d'obtenir l'information par un autre canal.

— Pourquoi l'avait-on mis en pension? C'était un enfant difficile?

Cette fois elle s'exclama:

— Sûrement pas! C'était un gentil petit garçon qui jouait du piano comme personne, qui faisait de très belles aquarelles…

— Ça ne devait pas coller avec l'idée que le colonel se faisait des loisirs qui devaient occuper un enfant mâle de sa lignée.

— Vous pouvez le dire! Il était toujours après lui, à lui apprendre à monter à cheval, à tirer au fusil, à en faire un homme, comme il disait.

En faire un homme…

Quelle phraséologie imbécile! Comme s'il n'y avait pas d'autres façons d'être un homme qu'avec un fusil entre les mains. Ce foutu colonel ne devait pas briller par la largeur d'esprit. Dans la cavalerie il n'y a pas qu'aux chevaux qu'on met des œillères.

Je demandai à madame Cocoual:

— Et sa mère a laissé faire?

— La pauvre Claire, qu'aurait-elle pu dire? Prise entre son père et son mari…

Elle leva le menton d'un air entendu:

— On voit bien que vous ne les avez pas connus.

Heureusement, oui, mais j'en avais pratiqué d'autres, du même acabit, dont je n'avais pas gardé un souvenir impérissable.

— Je m'étonne de son impuissance car vous m'avez dit que Claire Thaler était une femme de caractère. Une femme de caractère n'aurait pas laissé faire ça!

— Oh, fit madame Cocoual, ce caractère ne s'est affirmé que plus tard, lorsque son fils est mort, comme si elle avait attendu ce coup du sort pour se rebeller. Hélas, lorsqu'elle a commencé à ruer dans les brancards, il était trop tard, Bernard n'était plus là. Mais dès lors les deux bonshommes n'ont plus eu la partie aussi belle.

— Elle s'est rebellée?

— Et comment! Elle a claqué la porte et elle est partie. Ils ne pensaient pas qu'elle pût être capable d'en venir là, mais c'est un fait, elle a disparu du jour au lendemain.

Je demandai:

— Et sa mère?

— Sa mère? fit madame Cocoual avec mépris, une chiffe molle.

Elle tempéra son propos:

— Sauf avec les domestiques, elle ne leur passait rien.

Elle soupira:

— Ça aurait été maintenant…

Eh oui, ça aurait été maintenant, elle se serait retrouvée au tribunal des prud'hommes plus souvent qu'à son tour! Mais voilà, c'était autrefois, en des temps où l'esclavage n'était pas encore tout à fait aboli.

— Son mari avait toujours raison, ajouta madame Cocoual. D'ailleurs il était colonel, n'est-ce pas?

Voilà qui expliquait tout. Le colonel avait toujours raison et les femmes étaient venues sur terre pour obéir à leur mari. Je me souvenais d'un autre colonel auquel je m'étais frotté[15] non sans que ça fasse des

_____

15. Voir L'homme aux doigts bleus, *même auteur, même collection.*

étincelles. Est-ce que toutes ces culottes de peau étaient coulées dans le même moule ?

— Elle a rompu avec toute sa famille, je crois.

— Oui. Le colonel était persuadé qu'elle viendrait à résipiscence comme il disait, car elle était passée de la coupe de son père à celle de son mari, n'avait jamais eu à se soucier d'assurer sa pitance. Comme elle ne disposait d'aucune ressource…

Venir à résipiscence ! La dernière fois que j'avais entendu la formule, c'était dans la bouche de sœur Marie-Marthe de Jésus, préfète de discipline chez les maristes où j'étais en pension. Et c'était à moi que le conseil s'adressait. Sombre souvenir !

Madame Cocoual avança la tête et dit d'un air ravi :

— Ils ont été bien déçus, Claire n'est jamais revenue.

Sœur Marie-Marthe elle aussi avait été bien déçue. J'espérais que depuis le purgatoire où elle devait se morfondre, elle pouvait me voir. Rien que pour la scandaliser, je me serais fichue dans la débauche (bien que ma nature ne m'y pousse pas). J'étais curieuse d'apprendre comment Claire s'y était prise :

— Comment a-t-elle fait ?

— Comme tout le monde, elle a travaillé pour gagner sa vie.

J'objectai :

— Mais si elle n'avait pas de métier ?

— Pas de métier peut-être, mais une grande culture. Ici elle passait son temps à lire des bouquins auxquels je ne comprends rien. Mais elle, elle adorait ça. Vous verrez tout ce qu'il y a dans la bibliothèque !

Plus tard, bien plus tard, lorsque son père est mort, Claire est revenue aux *Charmettes*. Elle en était désormais la seule propriétaire et elle a viré avec perte et fracas son frère qui occupait la maison avec sa famille, a réexpédié ses affaires à son ex-mari et s'est installée en maîtresse.

Je redemandai :

— Quel métier a-t-elle exercé ?

— Tout d'abord elle a eu un premier emploi comme correctrice dans une grande maison d'édition à Paris, puis elle est montée en grade jusqu'à devenir directrice littéraire. Mais à la suite d'un désaccord avec la direction générale, elle a quitté son employeur et elle a fondé sa propre maison.

Je regardai madame Cocoual surprise et tout ce que je trouvais à dire fut : « Ah ? »

Décidément, cette Claire Thaler était un drôle de numéro !

— Les *Éditions de la Barre*, dit ma logeuse. Vous avez sûrement entendu parler des *Éditions de la Barre* ?

J'eus une lueur :

— Ce sont elles qui ont édité Renaëgel.

— Voilà ! dit madame Cocoual avec satisfaction.

Je m'en souvenais, en effet. Roman Renaëgel, que les médias, toujours à l'affût de titres affriolants, appelaient le nouveau Proust. Renaëgel qui avait essuyé les refus des grandes maisons parisiennes avant qu'une éditrice débutante lui fasse confiance. Cette éditrice débutante était donc Claire Thaler. Joli coup ! Rapidement, attirés par la notoriété de Renaëgel, d'autres auteurs avaient rejoint les *Éditions de la Barre* qui étaient devenues incontournables dans le paysage littéraire français. Lorsque Claire Thaler avait pris sa retraite, des grands groupes d'édition s'étaient disputés, à coups de millions, l'honneur d'acheter cette prestigieuse maison.

C'était donc de là que venait son aisance financière. Et voilà pourquoi elle pouvait se payer le luxe d'un couple de domestiques pour entretenir *les Charmettes*.

— Vous m'en direz tant! fis-je à mi-voix.

Mais moi qui n'avais aucune attache dans cette région, je me voyais mal continuer à sauvegarder ce temple de la désunion familiale.

Il est urgent, me dis-je, de rencontrer le notaire au sujet de ce fichu testament.

Chapitre 8

L'office notarial de maître Léon était situé au cœur de la vieille ville d'Auray dans une petite rue pleine de charme, pavée de grosses pierres rondies par les ans et bordée de maisons à encorbellements et pans de bois joliment restaurés.

Maître Léon était un quinquagénaire visiblement sportif, qui se tenait bien droit et consultait ses documents sans lunettes. Mais c'était pour frimer. À le voir tenir ses papelards à bout de bras, je devinai qu'une paire de verres de lecture n'aurait pas été du luxe.

Cependant, en d'autres circonstances, j'avais eu à connaître d'autres tabellions qui n'avaient pas l'allant de maître Léon.

— Mademoiselle Lester, dit-il en me regardant comme si j'étais un objet rare.

Je hochai la tête, c'était bien moi.

— Compliments, laissa-t-il tomber. Vous faites un très bel héritage.

Je faillis lui dire que ce n'était pas un exploit, que je n'y étais pour rien, mais je préférai me taire.

Il me fit signe de m'asseoir face à son bureau, ce que je fis tandis qu'il me regardait avec perplexité, semblant se demander, lui aussi, ce que j'avais bien pu faire pour hériter d'une des plus belles propriétés sises sur la ria d'*Étel*.

Après un temps de silence, maître Léon demanda :

— Je suppose que vous êtes là pour les formalités…

— Bien entendu, dis-je. Mais avant, je voudrais bien connaître toutes les clauses de ce testament.

Le beau visage bronzé de maître Léon s'éclaira d'un sourire lénifiant.

— Rassurez-vous, me dit-il, tout est parfaitement régulier.

— Je n'ai aucune raison d'être inquiète, dis-je.

Il me regardait comme le chat regarde la souris :

— Pourtant je vous sens sur vos gardes.

— Je suis sur mes gardes !

— Vous n'avez aucune raison de l'être.

— C'est vous qui le dites. J'hérite d'une dame que je connaissais à peine une superbe propriété. De surcroît, cette dame décède de mort violente quelques jours après avoir testé en ma faveur.

Il sourit plus largement :

— Ne me dites pas que vous vous méfiez !

— Si, dis-je, je me méfie. Ça doit être de la déformation professionnelle.

— Vous êtes dans la police, je crois ?

— En effet, je suis capitaine dans la police nationale.

Il siffla admirativement entre ses dents :

— Eh bien…

Et, avant qu'il n'ait eu le temps de me demander ce qui pouvait pousser une jeune et jolie fille à embrasser ce métier si particulier, je demandai :

— Vous connaissez l'adage : « Cherche à qui le crime profite »? répétant la maxime que l'adjudant Oliveira m'avait déjà servie.

— Mais, bredouilla le notaire, rien ne prouve qu'il y ait eu crime.

— Rien ne prouve le contraire non plus.

Le notaire commençait à me considérer différemment.

— Ces clauses, maître...

— J'y viens, dit-il en ouvrant un dossier.

Il toussota pour s'éclaircir la voix et dit :

— C'est tout simple, madame Claire Thaler est venue ici au lendemain de la Toussaint et elle a exprimé son désir de faire un testament.

Je l'interrompis :

— C'était déjà une de vos clientes ?

— Elle non, mais sa famille. Ses parents étaient déjà clients de mon prédécesseur et, lorsque son père est mort, la succession a été réglée en cette étude.

— Vous n'étiez pas là à l'époque ?

— Si, mais je n'étais que le clerc de maître La Roche.

— Vous souvenez-vous du colonel Marvoyer ?

Il rit, montrant une dentition sans défaut.

— Ma parole, c'est un interrogatoire !

Je haussai les épaules :

— J'aime bien connaître les tenants et les aboutissants d'une affaire.

— Et pour une affaire c'en est une, dit-il jouant sur les mots. Si vous ne souhaitez pas conserver ce legs, j'ai plusieurs clients...

Je le coupai :

— Je ne doute pas que cette propriété soit facile à vendre à bon prix, Maître, mais avant d'en arriver là, je vous redis que je voudrais connaître les termes exacts du testament de Claire Thaler.

Ayant ainsi recadré le tabellion, j'ajoutai :

— Alors, ce colonel Marvoyer ?

— Ah… Marvoyer, dit maître Léon, comment dire, c'était un homme d'une autre époque.

— Mais encore ?

Le notaire parut embarrassé, sa bouche se tordit comme s'il ne savait en quels termes il convenait de décrire feu le colonel. Il laissa tomber, comme à regret :

— Un homme rigide, plein de principes, la tradition, la religion, la patrie…

— Bref, un type complètement décalé, dis-je.

Il s'appropria le terme :

— C'est ça, décalé ! complètement décalé, qui en était resté aux principes d'avant-guerre, et je parle de celle de 14/18 ! Vous comprenez, il servait dans la cavalerie, alors…

Il eut une moue jointe à un geste évasif des mains, comme si cet « alors » expliquait tout. Heureusement que Fortin n'était pas là, il aurait résumé la situation en deux mots : un vieux con, le colonel Marvoyer était un vieux con.

Mais on ne peut pas s'exprimer ainsi dans le silence feutré d'une étude notariale. Maître Léon était, en quelque sorte, gardien d'une certaine tradition. Et cette tradition n'impliquait pas de traiter les clients, même à titre posthume, de « vieux cons ».

— Je crois savoir, dis-je, que les relations entre le

père et la fille étaient assez tendues?

Le notaire s'était appuyé au dossier de son siège de cuir et il avait joint ses mains sur son ventre.

— On peut même dire qu'elles étaient franchement mauvaises, dit-il.

— Voire inexistantes? suggérai-je.

— Voire inexistantes, concéda-t-il avec un sourire entendu.

— Alors, comment se fait-il que *les Charmettes* soient revenues à Claire Thaler?

— Tout simplement parce que le colonel et sa femme n'avaient que l'usufruit de ce bien. Et l'usufruit était au nom de madame. *Les Charmettes* étaient la propriété des Lebœuf, les parents de madame Marvoyer. Monsieur Lebœuf, qui n'avait guère d'affinités avec son gendre, avait légué directement ce bien à sa petite-fille, Claire, en prenant toutefois le soin, par le biais de cet usufruit, d'en laisser l'usage à sa propre fille, ce jusqu'à sa mort.

— Je vois, dis-je. Pensez-vous que s'il en avait eu le pouvoir le colonel Marvoyer aurait déshérité Claire?

— Sans aucun doute, dit le notaire.

Et il ajouta:

— D'ailleurs, il l'a fait. Tous ses biens propres sont allés à son fils Jean-Baptiste.

— Quel était l'état de sa fortune?

— Vous voulez dire…

— Je vous demande si le colonel était riche.

— Non. Il possédait un appartement à Paris - dans lequel son fils habite toujours - et un portefeuille de valeurs en titres et actions.

Il réfléchit et fit la moue.

— C'est tout. Le plus beau fleuron du patrimoine était assurément le domaine des *Charmettes*.

— … qui est revenu à Claire de façon un peu bizarre, non ? Cette clause formulée par le grand-père ne vous a pas surpris ?

À nouveau maître Léon fit la moue.

— En la matière plus rien ne me surprend, mademoiselle. Tester revient souvent à solder des comptes qui n'ont pu être réglés pendant la vie. Sur son lit de mort on peut tout se permettre. Qu'est-ce qu'on a à craindre ?

Je digérai tout ça, puis je demandai :

— Si nous en venions à ce fameux testament ?

Il hocha la tête, et, cette fois, ajusta des lunettes prises dans un tiroir et ouvrit une liasse de feuillets agrafés.

Le mardi 2 novembre 2004, lut-il, *a comparu en mon étude madame Claire Thaler…*

Chers lecteurs, je vous fais grâce de la lecture que fit maître Léon sur un ton monocorde de ce texte en jargon de basoche qui me consacrait propriétaire des *Charmettes*. Il y aurait de quoi vous endormir et, vous le savez bien, ce n'est pas mon but. Je m'efforçai de suivre les dispositions prises par Claire Thaler et, comme l'avait dit le notaire, tout paraissait en parfaite conformité aux usages de la loi.

Il ne pouvait donc y avoir contestation ; j'étais, sans que personne pût s'y opposer, seule et légitime propriétaire d'un magnifique domaine. J'en restais muette, si bien que quand maître Léon eut terminé la lecture du document, un silence s'installa.

Le notaire remit ses lunettes dans son tiroir et dit, après avoir toussoté :

— Hum… vous vous demandez probablement quelles sont les démarches qu'il vous faudra entreprendre ? Ne vous tracassez pas, notre étude est là pour vous guider dans les méandres administratifs qui, pour un profane, ne sont pas toujours simples.

— Ce n'est pas à ça que je pensais, dis-je.

Il parut désorienté :

— Ah ?

— Lorsque madame Thaler est venue vous voir, quelle a été son attitude ?

Le notaire parut encore plus désorienté.

— Que voulez-vous dire ?

— Eh bien, paraissait-elle inquiète, fébrile, sur ses gardes ? Aviez-vous l'impression qu'un danger la menaçait ?

Il répéta, plein d'incompréhension :

— Un danger ! Quel danger ?

Je dus mettre les points sur les i :

— Votre cliente est morte et de mort violente.

Il redit platement :

— Un accident…

Décidément, il y tenait !

— Peut-être, dis-je, mais nous, dans la police, nous avons l'esprit mal tourné et nous voyons le mal partout. Un accident, dites-vous ? Ça se peut. Mais voilà une dame apparemment en bonne santé qui vient chez son notaire faire son testament, et qui décède moins d'une semaine après avoir légué son bien à une parfaite inconnue.

— La parfaite inconnue c'est…

— C'est moi, dis-je. Comme je vous l'ai dit, j'ai vu une fois madame Thaler dans ma vie, et je lui ai téléphoné une autre fois. Alors…

— Alors quoi? demanda le notaire qui paraissait dépassé par les événements. Je vous assure que ce testament est parfaitement valable.

— Je ne doute pas de vos qualités professionnelles, Maître. Mais, étant la principale bénéficiaire de cette mort, je deviens *ipso facto* la principale suspecte.

— Décidément, vous y tenez à ce que ce soit un crime, dit le notaire avec une certaine véhémence.

— Non, Maître, je n'y tiens pas. Mais les gendarmes en charge de l'enquête sauront bientôt s'il y a eu meurtre. Et dès lors, je serai en pole position sur la liste des coupables potentiels.

— Je ne comprends pas, vous êtes de la police!

— Et alors, dis-je, croyez-vous que ça m'innocente automatiquement?

Il en resta sans voix. J'insistai :

— Vous n'avez pas répondu à ma question : madame Thaler semblait-elle inquiète?

Il secoua la tête négativement, agacé. Il ne devait pas être habitué à être questionné de la sorte.

— Non… Ce n'était certes pas une personne expansive, mais plutôt, comment dire, un peu triste, plus que ça même, très triste. Il semblait qu'un vieux fond de chagrin annihilait en elle toute joie de vivre. Cependant, sous ce fond de tristesse, on devinait une âme forte, inflexible, pugnace…

C'est très bien vu, pensais-je. Ce notaire ne manquait pas de psychologie.

— Rien vu d'anormal, donc?

— Rien, je vous assure. Recevoir des testaments est une chose courante dans notre métier. Parfois nous allons chez une personne à l'article de la mort, ce n'est pas particulièrement réjouissant, mais des gens en bonne santé qui viennent à l'étude accomplir cette démarche, c'est plus courant qu'on croit. Tester ne fait pas mourir plus vite.

— Sauf dans le cas de madame Thaler, dis-je.

— Vous pensez que cette démarche et sa mort sont en corrélation?

— Je ne sais pas, je cherche. Je me suis - à mon corps défendant - trouvée impliquée dans cette histoire. Si elle ne m'avait pas désignée comme son héritière, à qui seraient revenus ses biens?

— À son frère, dit-il, encore qu'il soit, lui aussi, à l'article de la mort.

— Et s'il avait trépassé?

— Aux filles de son frère, elles sont deux…

— Vous les connaissez?

— Non. J'ai eu affaire au frère voici quelques années lorsque le colonel est mort. Il était furieux que *les Charmettes* soient revenues à sa sœur. Mais comme le grand-père l'avait formellement désignée comme héritière, il n'y avait pas de contestation possible. Après consultation de son homme de loi, il a renoncé à attaquer le testament mais il m'en a gardé rancune, comme si j'étais la cause de ces dispositions! Il m'a retiré la gestion de ses affaires et les a confiées à un de mes confrères.

— Ainsi vous avez perdu un client, dis-je.

Le notaire eut un demi-sourire.

— Monsieur Jean-Baptiste Marvoyer ne fait pas partie des clients qu'on regrette, dit-il.

J'en conclus que le frère de Claire Thaler ne devait pas être plus sympathique que son colonel de père.

— Ne pensez-vous pas, demandai-je, que lui ou ses filles tenteront de récupérer *les Charmettes*?

Il dut penser que je redoutais de perdre cette belle demeure et me rassura :

— Qu'ils essayent, dit-il d'un ton assuré, qu'ils essayent s'ils ont du temps et de l'argent à perdre. Pour ma part, je suis sûr de mon fait : ce domaine vous appartient le plus légitimement du monde.

— À condition que j'acquitte les frais de succession.

Le notaire leva les mains :

— Bien évidemment !

— Et ils s'élèveront à combien, ces frais ?

— Comme vous n'êtes pas parente de madame Thaler, vous serez taxée au taux maximum. Au moins 50 % de la valeur du bien. Maintenant, il faudra évaluer ce bien et négocier avec les impôts.

Je voyais dans ses yeux qu'il connaissait parfaitement la valeur des *Charmettes* et j'essayai de le pousser dans ses retranchements.

— Ce qui ferait combien à débourser ?

— Trois, peut-être quatre cent mille euros.

Ce chiffre confirmait les estimations d'Amandine. Je dis lentement d'une voix incrédule :

— Ça fait trois cents briques, ça !

— Pas loin, confirma le notaire.

Je le regardai d'un air horrifié :

— Il faudrait que je débourse trois cents briques pour garder cette fichue baraque ?

— Hé ! fit le notaire comme s'il n'en pouvait mais. À moins que ce fût le terme « fichue baraque » qui l'ait choqué. En termes de notaire, ou d'agent immobilier, une telle fichue baraque s'appelait « belle demeure de caractère » ou quelque chose comme ça.

Je lui demandai :

— Savez-vous quel est le salaire mensuel d'un capitaine de police?

Il haussa la tête d'un air d'ignorance.

— Si vous voulez vendre, dit-il, j'ai des clients qui n'hésiteront pas à mettre ce prix.

Et il ajouta, brandissant l'index:

— Même en vendant ça reste une très belle affaire.

Les paroles mêmes d'Amandine!

Tu parles! pensai-je, pour avoir, dans un cimetière, donné un verre d'eau et deux sucres à une vieille dame, je risquais de voir tomber trois cents briques dans mon escarcelle.

Quel est le crétin qui a dit qu'un bienfait n'est jamais perdu?

Le notaire me regardait réfléchir.

— Ah, Maître, demandai-je, combien de temps ai-je pour accepter ce legs?

Il me regarda avec incompréhension.

— Pardon?

— Je vous demande quel est le délai pour dire si j'accepte ce cadeau de madame Thaler. Car il n'est pas obligatoire que j'accepte, n'est-ce pas?

Cette fois, le notaire avait un regard éperdu:

— Vous voulez dire…

— Je veux dire que je pourrais très bien le refuser…

— Oui, mais votre intérêt…

— Mon intérêt, c'est à moi de juger où il se trouve, cher Maître.

Et je pensais: «Et vous n'avez sûrement pas tous les éléments pour apprécier précisément la situation».

Bien sûr, je pensais à l'adjudant Oliveira, à son regard de braise et au plaisir qu'il aurait à me remettre sur le gril. Non, le notaire n'avait pas tous les paramètres en main.

Il eut un geste lénifiant de la main :

— Réfléchissez bien, vous avez le temps !

Je le remerciai et quittai l'étude notariale.

Chapitre 9

Je regagnai le *Champ des Druides* en essayant de mettre de l'ordre dans mes idées. En réalité les événements s'étaient tant précipités que tout était un peu en vrac dans ma tête. Il était temps que je me pose, que je mette un disque de Mozart sur la minichaîne qui ne me quitte pas et que je m'allonge avec un oreiller sous la tête, un autre sous les pieds.

Pour ce qui me concerne, c'est ainsi qu'avancent les choses. Je veux bien courir, mais il faut que je sache vers quoi.

Pour le moment j'avais du tri à faire.

Ma résidence, le *Champ des Druides*, comportait plusieurs appartements aménagés dans des bâtiments autrefois à usage agricole. Les propriétaires et la vieille mère de madame habitaient le corps principal de la ferme, une bâtisse tout en longueur faite de grosses pierres appareillées, jointoyées de mortier jaune et couvertes d'ardoises. Il y avait trois autres bâtiments de moindre importance construits sur le même modèle, séparés les uns des autres et donnant sur une cour sablée.

Sur l'arrière, un grand bâtiment agricole, sorte de hangar à foin dans lequel on était prié de garer sa voiture. Madame Cocoual ne supportait pas que sa belle cour toute bordée d'hortensias et d'auges massives, taillées dans des blocs de pierre, soit transformée en parking.

On pouvait y stationner le temps de décharger les bagages, mais c'était tout.

Pour ma part j'avais hérité d'une maison de poupée qui ne devait guère faire plus de quatre mètres sur six. Au rez-de-chaussée on trouvait une grande cheminée de pierre devant laquelle il y avait un canapé couvert de velours et deux fauteuils, l'autre pignon de la pièce comportait une kitchenette parfaitement aménagée avec une table de bois ciré et quatre chaises paillées.

Un escalier raide comme une échelle de meunier menait à l'étage où se trouvaient la chambre et la salle de bains.

Compte tenu de la dimension des lieux il n'y avait, dans la salle d'eau, qu'une douche tombant dans une baignoire sabot.

La chambre mansardée, éclairée par une fenêtre de toit, était lambrissée de bois clair. Le lit était confortable et, chose pour moi importante, le silence absolu.

Je posai sur la platine un concerto pour piano de Mozart et je m'allongeai sur le lit en ressassant les événements qui m'avaient conduite à cette charmante chambrette ; puis la magie de Mozart l'emporta et je m'endormis sur un nuage symphonique.

Je fus réveillée par le silence. La musique s'était

tue… depuis combien de temps ? Je consultai ma montre : deux heures ! J'avais dormi près de deux heures et je me sentais en pleine forme.

Je descendis dans la cour. Madame Cocoual jaillit de sa maison en s'essuyant les mains à son torchon et s'enquit d'une voix forte :

— Vous avez besoin de quelque chose ?

— Non merci.

— Il y a du thé et du café dans le placard au-dessus de l'évier, cria-t-elle encore. Et le matin j'apporte du pain frais.

Je remerciai une nouvelle fois et rentrai dans la maison. Je chauffai de l'eau dans la bouilloire électrique et, laissant de côté la boîte de thé ordinaire qui était à la disposition des locataires, je mis mon propre sachet de thé à infuser. Parmi les choses qui ne supportent pas la médiocrité, le thé figure en bonne place et je trimballe toujours mes petites provisions personnelles dans mes déplacements.

Je trouvai dans le placard une boîte de galettes bretonnes, je disposai la théière, la tasse et les galettes sur un plateau puis je remontai dans ma chambrette.

Je posai le tout sur la table de nuit et je me calai avec les deux oreillers, le dossier Bosser près de moi.

Voilà, j'étais prête à travailler.

*

Je feuilletai le dossier Bosser, ainsi l'avais-je appelé, dans lequel Claire Thaler avait accumulé les documents recueillis. Madame Thaler avait fait une belle carrière dans l'édition, mais elle aurait tout aussi bien réussi dans la police.

Car c'était bien une enquête de police qu'elle avait menée. Le dossier comportait des coupures de journaux jaunies datant des années 60, des comptes rendus de jugements de tribunal de première instance, puis de cour d'appel, des courriers, de vaines requêtes auprès de témoins qui ne se souvenaient ou qui ne voulaient se souvenir de rien, à des gendarmes que l'âge avait rendus amnésiques, à des magistrats qui devaient se sentir harcelés dans leur retraite paisible par cette femme tenace qui voulait à tout prix ramener au jour une affaire dont les principaux protagonistes étaient morts depuis bientôt un demi-siècle.

Pour réunir tous ces éléments, madame Thaler avait dû faire preuve d'une pugnacité de dogue. Elle avait aussi dû troubler des consciences et provoquer de solides inimitiés.

Est-ce que j'allais hériter de ces inimitiés avec le domaine ? Pensivement, je revins à la personnalité de ce trop fameux Bosser.

Né dans une famille pauvre, il perd sa mère à neuf ans et il est élevé - si on peut dire - par un père brutal et trop souvent sous l'influence de l'alcool qui le retire de l'école dès ses quatorze ans sans même le laisser se présenter au certificat d'études, pour le faire travailler dans sa petite exploitation maraîchère.

Robert Bosser mène une vie misérable, entièrement sous la coupe de son père, jusqu'à ses vingt ans, âge auquel il est appelé sous les drapeaux.

Le service militaire est pour lui une grande chance : il va échapper à la mauvaise influence de son père et voir enfin autre chose du monde que les quatre murs de la ferme familiale. Il est incorporé au Maroc, un autre monde lui apparaît soudain.

Remarqué par ses chefs pour son intelligence, il suit le peloton et devient sergent. Il apprend à conduire et même à piloter les avions légers.

Il gardera, par-delà son temps de service militaire, une véritable passion pour l'aviation et continuera à piloter - à titre civil - à l'aéro-club de Quiberon.

Une honorable carrière militaire s'ouvre devant lui, mais c'est la guerre en Indochine. Ceux qui en sont revenus disent qu'il se passe là-bas des choses affreuses. Bosser est un être complexe : c'est un bon soldat, il sait obéir et il sait commander. Mais c'est aussi un non-violent. Autant dire que la guerre ne le tente pas le moins du monde.

Donc il ne « rempile » pas, et revient à la vie civile son temps de service légal achevé. Mais les mois passés sous les drapeaux ont complètement transformé Robert Bosser. Le grand garçon malingre, timide et gauche s'est développé. La vie en plein air, la discipline militaire, une alimentation de meilleure qualité que celle de la ferme paternelle ont fait de lui un superbe athlète de près d'un mètre quatre-vingt-dix que la pratique quotidienne des poids et haltères et l'entraînement militaire intensif ont musclé comme une statue grecque.

Il a également acquis une aisance qui lui faisait cruellement défaut.

Il revient au pays de Belz et là, il faut qu'il se fasse une situation. Son instruction de sous-officier de réserve comportait une initiation à la comptabilité et à la gestion. C'est vers cette activité qu'il va se tourner. Il prend des cours par correspondance, obtient une attestation de fin d'études plus ou moins bidon, et, sur la foi de ce diplôme qui a grand air et qu'il a fait encadrer, il propose ses services aux commerçants et artisans de la région.

À l'époque, les formalités administratives sont réduites, mais nombre de travailleurs indépendants considèrent le moindre formulaire de l'administration comme une menace. Bosser leur offre ses compétences pour les en prémunir et ils accueillent ses offres de service favorablement.

Le voilà donc pourvu d'une clientèle qu'il visite à vélo car il n'a pas encore les moyens de s'acheter une voiture. Son père étant mort, il habite seul la petite maison de son enfance.

Ce ne sont pourtant pas les occasions de trouver une compagne qui lui manquent. Toutes les femmes du canton sont folles de ce beau gaillard sportif - il continue à pratiquer la musculation et fait aussi de la plongée sous-marine -, mais bizarrement Bosser paraît indifférent à ces avances, au point que de méchantes langues le soupçonnent d'être homosexuel.

Car, s'il ne fréquente pas de femmes, Bosser a un camarade, Vincent Guermeur, fils d'un ostréiculteur de Belz. Vincent possède une moto avec laquelle ils vont souvent au cinéma, à Auray ou à Lorient.

La situation de Bosser s'est donc considérablement améliorée. Il gagne bien sa vie dans un métier plus prestigieux que celui de cultivateur ou d'ouvrier - il s'est fait imprimer des cartes de visite :

Robert Bosser, homme d'affaires.

Un titre ronflant qui, dans la Bretagne rurale des années cinquante, vous pose son homme.

C'est avec cet homme que Claire Marvoyer va se marier. On connaît la suite... Les vues d'Antoinette Magouër sur le beau Robert Bosser qui ne se laisse pas prendre au piège, l'amour bafoué de la tenancière qui se transforme en haine. Les accusations qu'elle porte contre son locataire et enfin ce mystérieux accident qui, après de longues années de souffrance, va coûter la vie à Bosser.

Au *Café de la Cale*, la clientèle a changé. De beaux messieurs de Lorient, d'Auray et même de Vannes viennent volontiers chez Toinette, comme on l'appelle familièrement, pour s'encanailler.

Bosser reste indifférent à cette nouvelle orientation du commerce. Il continue sa vie tranquille en faisant les comptes de ses clients et en continuant ses virées à la ville le samedi soir avec son ami Vincent.

Les affaires devenant prospères, Bosser s'est acheté une voiture, une 4 CV Renault pour visiter la clientèle. Cet achat fait jaser. Comment ce fils de misérable maraîcher a-t-il pu se payer une voiture, à l'époque un luxe inaccessible réservé aux bourgeois?

Indifférent aux ragots, fier de sa promotion sociale, Bosser sillonne le canton au volant de son automobile.

Bosser ignore ou préfère ignorer les machinations de sa propriétaire. Et il reste indifférent au beau sexe jusqu'au moment où, chez un de ses clients entrepreneur en bâtiment, il croise un monsieur venu sur la ria pour les vacances d'été. Ce monsieur est accompagné d'une toute jeune fille qui lui paraît charmante.

Il la regarde, elle le regarde et tout est dit. Jamais coup de foudre n'aura été aussi fulgurant. Pas une parole n'a été échangée hors les salutations d'usage et pourtant...

Le lendemain Bosser revient chez son client et s'enquiert de l'identité du monsieur en question. Il s'agit du colonel Marvoyer qui était accompagné de sa fille Claire. Le colonel est venu demander un devis car il a des travaux à effectuer sur sa propriété des *Charmettes*.

Dès lors on verra fréquemment Bosser autour des *Charmettes*. Claire a un petit canot en bois verni avec lequel, à marée haute, elle fait des promenades à rame sur la ria. Comme par hasard, Bosser va nager autour du canot et les deux jeunes gens font connaissance.

Puis ils se retrouvent dans les bois chaque fois qu'ils le peuvent. Bosser en néglige ses clients et même son copain Vincent Guermeur qui se sent délaissé. Finies les virées le samedi soir à Auray... L'amour est passé par là.

Puis le temps des vacances se termine. Claire va devoir rentrer à Vannes et reprendre le chemin de l'université. Mais Claire reviendra pour les deux mois d'été.

La séparation est douloureuse. Bosser demande à Claire de devenir sa femme. Et Claire accepte immédiatement. Comme on l'a vu, le colonel n'a pas opposé un refus frontal à ce mariage.

Mais le travail de sape, il connaît.

Il lui fait tout d'abord remarquer que la situation de Bosser est précaire, qu'il a une moralité douteuse - il fréquente un bistrot louche, le *Café de la Cale* - et qu'on prétend qu'il aurait fait un enfant à sa secrétaire. S'il n'évoque pas la prétendue homosexualité de Bosser, c'est que ça ne cadrerait pas avec la paternité qu'on cherche à faire endosser au malheureux fiancé de Claire.

D'ailleurs, à cette époque on n'évoque pas ces sujets, surtout devant une jeune fille.

Le colonel laisse entendre que la seule motivation de « l'homme d'affaires » est l'intérêt pour la fortune des Marvoyer.

Et puis, ne vaudrait-il pas mieux qu'elle termine ses études avant de s'engager ?

Enfin, si c'est ce que veut sa fille, il s'inclinera. Mais il l'aura prévenue…

Claire ne retient que le dernier mot paternel : « si c'est ce que sa fille veut, il s'inclinera ».

Les deux amants sont fous de joie. Les bans sont publiés, la date du mariage arrêtée.

On connaît la suite, le déplacement de Bosser à Vannes, le télégramme annonçant ce mystérieux accident, la déception puis la colère de Claire devant cette défection pour elle inexplicable de son fiancé…

Elle s'effondre. Son père souffle un peu sur le feu en lui expliquant qu'elle l'a échappé belle, que ce Bosser n'était qu'un aventurier, un suborneur de jeunes filles de bonne famille… J'imaginai bien la dialectique employée, avec le vocabulaire de l'époque.

Si bien que lorsque, deux jours plus tard, Bosser la rappelle, elle ne le laisse pas placer un mot et lui fait savoir énergiquement qu'elle ne veut plus entendre parler de lui.

Soutenu par le colonel, le docteur Landry attendait son heure.

Je me servis une tasse de thé que je dégustai lentement en grignotant une galette sablée.

Étrange histoire…

Chapitre 10

À la fin de ces vacances, Claire ne retourna pas à l'université poursuivre ses études littéraires. Après une longue période de dépression, par dépit ou par indifférence, elle épousa donc le docteur Philippe Landry.

Pour Bosser, la dégringolade avait commencé. Son accident de voiture n'était pas imaginaire. Sa voiture avait percuté un mur et était partie en tonneaux dans le marais. Bosser, inconscient, avait été conduit à l'hôpital d'Auray par un médecin de campagne, le docteur Dubois, qui passait providentiellement par là. Le malheureux souffrait d'un grave traumatisme crânien.

Bien évidemment, le colonel Marvoyer avait caché ces informations à Claire, ce qui expliquait la vive réaction de la jeune fille envers Bosser. Elle s'en apercevra bien plus tard, lorsqu'elle apprendra la triste mort de son ex-fiancé, et cette révélation transformera l'aversion qu'elle vouait à son père en une haine tenace. D'autant plus tenace qu'elle n'aime pas le mari qu'il lui a donné, ce sinistre docteur Landry, et surtout qu'elle déteste la vie étriquée qu'il lui fait mener. Heureusement, il y a son fils, Bernard.

Pendant ce temps, Antoinette Magouër, furieuse d'être délaissée par Bosser et désireuse d'installer au-dessus du *Café de la Cale* des salons particuliers où ces messieurs pourront avoir des « entretiens privés » avec de jeunes « hôtesses » recrutées au quai des Indes à Lorient, voire au quai de la Fosse à Nantes, essaye d'expulser son comptable du local qu'elle lui a loué.

Seulement Bosser ne souhaite pas s'en aller. Il a la loi pour lui puisqu'il occupe professionnellement les lieux depuis plus de deux ans. Aux termes du bail, Antoinette Magouër devrait donc, pour récupérer les locaux, lui verser une indemnité, ce dont elle ne veut, bien entendu, pas entendre parler.

Alors, pendant qu'il est à l'hôpital, elle porte plainte contre lui, l'accusant de lui avoir soutiré de l'argent - six cent mille francs qu'elle lui avait prêtés - et de ne pas vouloir les lui rendre.

Quelques clients ont reçu des lettres de rappel de l'Urssaf pour des sommes qu'ils ont versées à Bosser mais que celui-ci n'a pas transmises (et pour cause, Bosser est à l'hôpital).

Nouvelles plaintes donc contre Bosser ; la fameuse Suzette Campion, ex-secrétaire, n'arrange pas les choses en faisant courir la rumeur que son patron était coutumier du fait : il garderait l'argent que lui confient ses clients pour solder ses comptes personnels avec le fisc.

Suite à la plainte de la tenancière du *Café de la Cale*, l'affaire arrive devant les tribunaux et, après cinq mois de détention préventive, Bosser est condamné à six mois de prison ferme pour escroquerie.

Lorsqu'il sort de prison, il est méconnaissable : amaigri, souffrant de terribles maux de tête consécutifs à son accident. En quelques semaines, il a tout perdu : sa belle santé, sa belle fiancée, sa réputation et sa clientèle.

Sa vie sentimentale est brisée, Robert Bosser ne se mariera jamais, il ne connaîtra pas d'autre femme.

Quant à Claire, après avoir divorcé du docteur Landry, elle s'était jetée avec l'énergie du désespoir dans son travail, autant par nécessité que pour tâcher d'oublier son bel amour perdu. Et elle vivra dans une complète solitude affective le reste de sa vie.

Sans avoir jamais été amants, les deux amoureux ne s'étaient jamais oubliés.

Je hochai la tête : ben dis donc, quelle histoire !

Bosser, cœur et moral en berne, quitte alors la Bretagne et trouve un emploi de démarcheur dans une compagnie d'assurances à Aix-en-Provence. Son travail donne toute satisfaction à ses employeurs jusqu'au jour où, pour compléter son dossier, il lui faut fournir un extrait de casier judiciaire.

Un gouffre s'ouvre alors sous ses pieds : ses employeurs, apprenant qu'il a été condamné pour escroquerie, le licencient sans préavis et Bosser se retrouve sur le pavé. Désespéré par ce nouveau coup du sort, il tente alors de mettre fin à ses jours en se jetant d'un pont, mais il ne réussit qu'à s'estropier. Il a quarante ans et il est invalide à vie.

Après quelques années de vie végétative, Robert Bosser décède dans l'indifférence générale dans un hôpital psychiatrique de Marseille.

Cependant, peu avant d'être licencié, alors qu'il pense avoir pris un nouveau départ, il a adressé à son ancienne fiancée la lettre suivante :

Chère Claire,

Depuis fort longtemps nous nous sommes perdus de vue et j'aurais beaucoup aimé avoir de tes nouvelles.

Après avoir été victime de vengeance et des méchancetés humaines, je me suis retiré à Aix-en-Provence où j'exerce la profession d'assureur.

Peut-être es-tu seule dans la vie, souvent je pense à toi. Donne-moi de tes nouvelles. Je souhaite que tu sois très heureuse dans la vie. Dans le cas contraire, mon épaule t'attend.

En espérant une réponse, reçois mes plus affectueuses pensées.

Robert.

Cette lettre, adressée aux *Charmettes*, ne sera jamais communiquée à Claire. C'est sa mère, madame Marvoyer, qui l'a ouverte et qui l'a dissimulée. Pourquoi ne l'a-t-elle pas détruite ? Encore un mystère.

À l'époque Claire est mariée, mère d'un petit garçon, et il est hors de question que cet escroc de Bosser revienne semer le trouble dans une famille exemplaire. Exemplaire ? Ça dépend des points de vue ! Ce n'est en tout cas pas celui de Claire qui n'en peut plus de cette vie étouffante à laquelle son père l'a acculée en la poussant à épouser le sinistre docteur Landry.

Claire ne découvrira la lettre que lorsque ses parents seront morts et qu'elle prendra possession de la maison de famille.

Une vague de haine la submerge en découvrant que son père lui a volé sa vie. La haine est un puissant moteur de l'âme humaine. Le plus puissant qui soit, avec l'amour. La petite Claire se transforme alors en enquêtrice opiniâtre et, en dépit des barrages qui lui sont opposés, elle mène une véritable croisade en quête de la vérité.

Et, parmi ces barrages mis à la recherche de la vérité sur l'accident de Robert Bosser, il y a, en premier lieu, ce mur de silence derrière lequel les protagonistes de l'affaire ont clos leurs souvenirs.

Tous ces braves gens avaient jeté Bosser aux oubliettes, c'était comme si son fiancé n'avait jamais existé. Des gens qui avaient été ses amis, ses clients, éludaient quand elle leur parlait de lui.

Les gendarmes n'avaient pas souvenir de l'accident, l'hôpital ne trouvait pas de trace dans ses archives, la justice ne pouvait pas rouvrir ce dossier désormais prescrit.

Dans le cœur de Claire, il n'y aurait jamais prescription mais moi je comprenais qu'une telle affaire vieille de près d'un demi-siècle soit définitivement enterrée.

Restait qu'il y avait maintenant un cadavre de plus, tout frais celui-là, celui de Claire Thaler.

Y avait-il corrélation entre sa mort et cette vieille et obscure affaire d'accident ? J'étais persuadée que si cette dame m'avait donné sa maison en héritage, c'était dans l'espoir que je me pencherais sur son histoire et que j'arriverais à mettre au jour les renseignements qu'elle n'avait pas pu obtenir.

Je remis tous les papiers dans la chemise cartonnée et sortis pour dîner.

Le *Café de la Cale* avait dû s'agrandir depuis le temps où Bosser y avait installé son bureau d'homme d'affaires. Accolé à une rangée de ces maisons de village que les agences touristiques appellent « maisons de pêcheurs » parce qu'elles ont les pieds dans l'eau, il tenait son nom de sa situation, face à une très vieille cale de grosses pierres qui descendait en pente douce vers la ria.

Désormais, sa terrasse était protégée par une véranda et on y servait de la soupe de poisson et des huîtres en toutes saisons ; une ardoise peinte d'une grosse écriture gauche, posée derrière la vitre, l'annonçait aux passants.

La vue sur le pont qui enjambait la ria était imprenable. De la véranda on voyait le courant bouillonner dans l'étrécissement du passage et une barge d'ostréiculture, en poussant son moteur à fond, ne gagnait que péniblement contre la marée.

Deux vieux en tenue de marins - vareuse et casquette - contemplaient la scène d'un air désapprobateur et l'un d'eux laissa tomber :

— Jean-Pierre a encore oublié l'heure. Il aurait intérêt à attendre l'étale de basse mer à Port-Niscop pour regagner ses parcs.

L'autre signifia qu'il était d'accord en hochant la tête silencieusement, d'un air entendu. Mais le Jean-Pierre en question ne semblait pas avoir l'intention d'attendre. À l'arrière de la barge, donnant toute sa puissance, le gros moteur hors-bord grondait, éructait, fumait tandis que son hélice brassait furieusement les eaux vertes qui refluaient vers l'océan, repoussant la barge bleue et noire chargée de poches d'huîtres vers la mer.

Cette débauche d'énergie finit par être récompensée. La barge parvint à passer ce point critique et, aussitôt, elle prit de la vitesse, comme si une mystérieuse main avait coupé le lien invisible qui la retenait comme une ancre. Bénéficiant maintenant du contre-courant qui longeait la côte, elle fila devant le *Café de la Cale*, le moteur au ralenti ; une main sortit de la cabine vitrée en un salut aux clients du bistrot.

— Qu'est-ce que ce sera pour la demoiselle ?

Je tressaillis ; tout au spectacle, je n'avais pas entendu la serveuse arriver.

— Euh… Une soupe de poisson, s'il vous plaît.

Et, en disant ces mots, je m'aperçus que j'avais devant moi la patronne en personne, Antoinette Magouër, ex-plus belle femme du canton.

Je dis « ex » car elle n'avait plus rien de la photo que j'ai vue dans le dossier, où elle étalait ses charmes opulents. Sa chevelure d'un brun roussâtre teinté de blanc aux racines était aussi frisottée que la toison d'un mouton et ses traits affaissés faisaient penser à un modelage à la cire qui aurait été victime de la canicule. Elle portait un pull noir ceinturé d'une lanière dont la dorure s'écaillait et un collant gris qui contenait des chairs informes.

Sa tête, inexorablement tirée par sa lourde poitrine, penchait en avant et sa nuque faisait une bosse étrange, comme si elle avait porté une hotte sur le dos.

— Et avec ça qu'est-ce que vous boirez ?

La voix traînait sur les syllabes tandis que des mains potelées marquées de taches brunes rédigeaient le bon de commande.

— Un demi-pression, s'il vous plaît.

Elle hocha sa grosse tête et dit d'une voix lasse :

— Voilà ! Voilà !

Puis elle repartit dans son arrière-bar en traînant ses pantoufles. Car elle était chaussée de pantoufles écossaises.

D'autres clients arrivèrent, quatre jeunes gens, deux garçons, deux filles, qui paraissaient être des familiers de l'établissement car ils appelèrent immédiatement la patronne par son prénom - Toinette - en la tutoyant, et les filles lui firent la bise. Vint ensuite un couple de jeunes retraités, bien mis, qui voyageaient dans un camping-car stationné près de ma voiture et qui ne connaissaient personne. Ils s'installèrent à la table voisine de la mienne et le monsieur me salua d'un coup de tête discret.

Je lui rendis son salut en souriant. Puis je songeai à cette Toinette, la femme fatale des années soixante. Comme j'avais lu sa date de naissance dans les documents que m'avait légués Claire Thaler, je m'aperçus qu'elle avait soixante-seize ans. Pour autant, elle ne dételait pas et continuait de gérer son commerce. Ce devait être toute sa vie, le jour où elle s'arrêterait, ce serait pour mourir.

J'entendis sa voix traînante appeler :

— Paulin, une soupe, une !

Puis elle s'en fut elle-même tirer la pression qu'elle me destinait à la pompe à bière.

Lorsqu'elle se déplaçait, j'avais l'impression de voir un film au ralenti. Chaque mouvement semblait lui coûter.

Un des jeunes avait mis des pièces dans le juke-box qui brillait de lueurs fluorescentes dans le fond sombre de la salle de café. Une fille lui demanda de monter le son car elle n'entendait pas bien, et elle le fit en regardant les autres clients d'un air provocant qui semblait dire : « Et si ça ne vous plaît pas, c'est pareil, nous sommes ici chez nous ! »

Par bonheur il ne semblait pas possible que chacun règle l'appareil à sa convenance, si bien qu'ils s'en furent s'installer tout près de la machine pour fumer et boire de la bière.

Je regardai le crépuscule tomber sur la ria. À la pointe de Saint-Cado, des sternes, que l'on appelle « skraffics » en Bretagne Sud, jouaient sur l'eau, planant et se laissant tomber comme des pierres sur les poissonnets qu'ils avaient repérés. Sous ces bancs de poisson fourrage, le bar devait être en chasse, mais il n'y avait pas de pêcheurs en vue.

Je revins vers l'intérieur du *Café de la Cale*. C'était donc dans ce bistrot que, selon les écrits de Claire Thaler, les bourgeois de Vannes et d'Auray venaient s'encanailler dans les années soixante ?

Je jetai un coup d'œil circulaire sur le comptoir. La décoration datait en effet de cette époque et n'avait jamais été refaite : bar de lamifié en faux bois, éclairage tamisé, alcôves aux banquettes de velours cramoisi plus que râpé, propices aux confidences amoureuses…

Se poursuivaient-elles à l'étage ces confidences ? Était-ce pour sa fidèle clientèle que Toinette avait voulu récupérer les chambres qu'elle louait alors à Bosser, ou simplement pour l'embêter ? Qui répondrait à ces questions désormais ? Toinette ? Je pouvais toujours essayer.

Heureusement que la véranda, où on servait les

repas, était moins glauque que la salle du bar. Elle avait été construite bien plus tard, peut-être lorsque les charmes de Toinette avaient commencé à se flétrir et qu'il avait fallu envisager une reconversion.

Reconversion toute trouvée dans la soupe de poisson. Et il était vrai qu'elle était particulièrement bien servie, cette soupe de poisson.

Dans le petit chaudron de fonte noire que Toinette posa devant moi en disant : « voilà, voilà », avec un enjouement de façade, des morceaux de poissons, des langoustines nageaient dans un bouillon couleur rouille ; les croûtons frottés d'ail et le gruyère râpé étaient servis à part dans de petites coupelles en faïence de Quimper naïvement décorées de paysans et de paysannes.

L'odeur me mit l'eau à la bouche et j'attaquai mon plat d'un doigt gaillard. Car les langoustines se décortiquent sans cérémonie, avec les doigts ; il en est de même pour les moules à la chair jaune et goûteuse qui avaient participé à l'élaboration du bouillon.

Quand les moules sont de cette qualité, quand le poisson et les langoustines sont pêchés du jour, ce qui était le cas, et que la bière est fraîche et mousseuse, ce mets populaire vaut bien des préparations plus élaborées, croyez-m'en !

Je me régalai donc en regardant le soir tomber sur la ria. C'était maintenant l'étale de basse mer. Le courant ne se faisait plus sentir ; goélands et mouettes, repus, somnolaient sur des roches émergées. Heure sereine et mélancolique. Le ciel, gris et mauve, avec des nuances de rose, arborait des couleurs de deuil.

Les voitures avaient allumé leurs feux et on les voyait filer sur le pont suspendu dont le gris se confondait avec le ciel.

— Vous voudrez un café ?

Toinette était arrivée dans mon dos et, toute à mes pensées, je ne l'avais pas entendue venir.

— Non merci, madame.

Et, montrant les carapaces et les coquilles vides qui restaient dans l'assiette, j'ajoutai :

— C'était très bon.

— Oui, n'est-ce pas, me dit-elle de sa voix traînante, un peu geignarde, ce sont des moules de bouchot n'est-ce pas, et puis des poissons du jour.

Je devais m'apercevoir rapidement que ce « n'est-ce pas » était un tic de langage qui revenait à tout propos dans la conversation avec ce « voilà ! voilà ! » qui jaillissait automatiquement chaque fois qu'elle posait un plat ou une bouteille sur une table.

— Elles étaient parfaitement cuites en tout cas. Mes compliments au cuisinier.

Toinette hocha sa grosse tête et ses lèvres minces ébauchèrent un sourire mielleux.

— Ah, voilà, voilà, c'est mon neveu, n'est-ce pas. Depuis le temps qu'il les prépare, il a l'habitude n'est-ce pas.

— Si je comprends bien, dis-je, c'est une entreprise familiale.

Le ton se fit plus geignard :

— On est obligés n'est-ce pas, avec toutes les charges on ne peut pas prendre de personnel pour nous aider.

Elle me regardait avec toute la tristesse du monde dans ses yeux de cocker malheureux sans que

128

j'éprouve un seul instant l'envie de compatir. Puis elle me demanda :

— Vous êtes de passage ?

Et, avant que j'aie pu répondre, je vis passer une lueur rusée dans ses yeux larmoyants.

— C'est vous… dit-elle.

Je la regardai, interrogative. Moi quoi ?

— C'est vous qui avez hérité des *Charmettes* ?

Vous savez que ça ne m'arrive pas souvent, mais cette fois, j'en restai sans voix : comment avait-elle su ?

Je demandai :

— Qui vous a dit ça ?

Elle me regarda en plissant les yeux, comme si ça allait de soi et me dit d'un air entendu :

— Vous pensez bien que dans un pays comme ici tout se sait !

Effectivement, le téléphone arabe paraissait être de la gnognotte auprès de l'internet des menhirs !

Chapitre 11

Délaissant ses autres clients, Antoinette Magouër, appuyée sur son plateau posé sur la tranche, me dévisageait avec une insistance gênante. Elle finit par demander avec une désinvolture qui confinait au sans-gêne :

— Vous allez venir habiter là ?

Je haussai les épaules d'un air d'ignorance.

— Je ne sais pas.

— C'est une grande maison n'est-ce pas, dit-elle d'un air désapprobateur. Pour une jeune femme seule. Vous êtes seule ?

Elle n'attendait pas les réponses et poursuivait son monologue logorrhéique en jetant de droite et de gauche des regards furtifs, comme si elle était en train de révéler des informations classées secret défense.

— …On s'était toujours demandé à qui irait ce bien lorsque Claire disparaîtrait. Vous êtes de la famille ? Une des filles de Philippe sans doute… Jeanne peut-être ? Mais non, vous êtes trop jeune…

Sa petite-fille alors! Oui, c'est ça, vous êtes sa petite-fille! Comment va votre mère? C'est bien Jeanne, n'est-ce pas?

C'était dur d'en placer une!

— Je ne suis pas la petite-fille de monsieur Marvoyer, dis-je pendant qu'elle reprenait son souffle. Je ne fais même pas partie de la famille.

— Ah… fit Antoinette, et elle en resta la bouche ouverte de stupéfaction.

Elle reprit de l'air et demanda:

— Mais alors, comment?

— Je n'en sais rien, fis-je, mi-agacée, mi-amusée. Ça m'est tombé dessus comme ça.

Et j'eus un mouvement de la main évoquant la feuille morte emportée par le vent.

La stupéfaction avait coupé - momentanément - son incontinence verbale. J'en profitai:

— Vous semblez bien connaître la famille.

— Oh, protesta-t-elle, ici tout le monde se connaît. Et les Marvoyer étaient là depuis si long-temps… Mais on se connaît comme ça, n'est-ce pas.

Comme on dit au pays du rugby, je la sentais sur le reculoir. Ce serait difficile d'obtenir des précisions. Je fis mine d'abonder dans son sens:

— On se connaît sans se connaître, quoi!

La formule parut la réjouir:

— C'est ça, on se connaît comme qui dirait sans se connaître!

Et elle ajouta:

— Vous pensez bien, des gens comme ça… un colonel…

Elle en avait plein la bouche de ce colonel. Je demandai:

— Vous le connaissiez?

— Qui ça?

— Eh bien, le colonel Marvoyer!

— Comme ça. Je le voyais passer…

— Il n'était pas client chez vous?

Elle hocha la tête, plissant la bouche de vilaine manière.

— Non!

Là au moins elle ne mentait pas.

— Et son beau-fils?

Elle répétait bêtement:

— Son beau-fils?

— Oui, Philippe Landry. Il y a trois minutes vous l'appeliez par son prénom. Ne me dites pas que vous ne le connaissiez pas!

Elle laissa tomber, à regret:

— Il venait, parfois…

Là encore, elle ne mentait pas.

— Et Claire?

— Jamais!

Elle avait répondu trop vite.

— Elle n'est jamais venue chez vous?

Elle redit avec une sorte de rage:

— Jamais!

Là elle mentait, cette bonne Toinette. Claire n'était probablement pas venue chez elle en tant que cliente, mais bien plus tard, elle l'avait questionnée au sujet de l'accident survenu à Robert Bosser. Dans ses notes, Claire mentionnait ses visites, elle était passée à deux reprises - j'aurais même pu lui dire à quelle date - et à chaque fois Toinette lui avait menti effrontément et l'avait rembarrée grossièrement.

— Et Robert Bosser, vous le connaissiez?

Ma question lui fit un tel effet qu'elle en lâcha son plateau qui tomba sur le carrelage du sol à grand fracas.

— Qui ça ?

Elle esquissa péniblement un geste pour se baisser, autant pour ramasser son plateau que pour cacher son trouble.

— Robert Bosser, articulai-je.

Derrière le bar je vis apparaître un visage de Pierrot lunaire, une large face blême aux yeux écarquillés. Paulin, sans doute, qui venait voir ce qui avait causé ce fracas. Je ramassai vivement le plateau et le posai sur la table pour lui éviter d'avoir à le relever.

— Merci, bredouilla-t-elle.

Puis elle secoua sa grosse tête et affirma contre toute évidence :

— Je ne connais personne de ce nom-là !

Et elle ajouta, pour couper court à la conversation :

— Ça fait douze euros cinquante avec la bière.

Je fouillai ma poche et elle ajouta :

— On prend aussi les cartes bancaires.

— Et cette carte-là, vous la prenez ?

Je lui avais mis sous le nez ma carte de police. Elle pâlit.

— La police ? Vous êtes de la police ?

— On dirait, n'est-ce pas.

Elle ne comprit pas l'ironie contenue dans ce « n'est-ce pas », comprima ses gros seins mous de ses deux poings serrés et geignit :

— Mais qu'est-ce que j'ai fait ?

— Vous refusez de répondre aux questions d'un enquêteur assermenté, dis-je.

— Moi ? fit-elle indignée, en jetant un regard autour d'elle, comme pour chercher du secours. Mais je vous ai répondu, ma foi !

Elle me regardait comme si j'étais le diable.

— Partiellement, dis-je.

Cette fois elle fit celle qui ne comprend pas.

— Partiellement ?

— Parfaitement. Vous ne dites que ce que vous voulez dire et ce n'est pas ce que j'attends. Alors, voilà ce qu'on va faire, je vais vous donner une deuxième chance : je repose mes questions et vous y répondez franchement, sans chercher à mentir, sinon…

Elle me regardait, complètement terrorisée à présent. Je repris :

— Sinon je vous convoque au commissariat de Vannes et vous aurez à répondre à mon chef, qui est beaucoup moins gentil que moi.

Elle sembla se ratatiner sur elle-même.

— Reprenons, dis-je : Connaissiez-vous Robert Bosser ?

Elle haussa les épaules évasivement et répondit, boudeuse :

— J'vous ai dit…

— Oui, vous m'avez dit : comme ça. Pas plus que ça ?

Elle ne répondit pas, elle fixait le bout de ses charentaises qui n'avaient pourtant rien d'attrayant.

Elle m'agaçait tout en me faisant pitié. Je m'exclamai :

— Allez donc ! Robert Bosser a été votre locataire.

Elle se redressa lentement et pointa son majeur vers son sternum d'un air indigné :

— À moi ?

Je ne la quittai pas des yeux :

— Oui, madame Magouër, à vous. Je peux même vous dire qu'il avait loué une pièce à usage de bureau au-dessus de ce bar.

— À ma mère, alors, dit-elle avec mauvaise foi.

— Non madame Magouër. À l'époque votre mère s'était déjà retirée et vous avait laissé son commerce. C'est bien à vous que Robert Bosser avait loué ce local.

Antoinette Magouër jouait les imbéciles en prenant un air finaud.

— Et qu'est-ce que vous dites qu'il faisait ?

— Officiellement il se disait homme d'affaires. Il s'occupait de la comptabilité des commerçants et je pense même que vous avez été sa cliente.

La mémoire parut lui revenir tout soudain et elle dit avec mépris :

— Ah, ce Bosser-là ?

On eût dit qu'elle évoquait une chose particulièrement insignifiante.

— Vous en connaissez d'autres ?

À nouveau elle éluda :

— Vous savez, dans le commerce, la clientèle, ça va ça vient.

— C'est ça, ça va ça vient ! Mais ce Bosser-là, comme vous dites, faisait votre comptabilité, il avait son bureau là au-dessus. Du pouce je montrai le plafond. Vous deviez donc le connaître mieux que « comme ça » !

Elle parut reprendre du poil de la bête et laissa tomber avec un mouvement désinvolte de la main par-dessus l'épaule :

— Il est mort depuis longtemps !

— Je le sais bien, qu'il est mort, dis-je. Mais comment est-il mort ?

— On m'a dit qu'il était devenu fou, qu'il est mort dans un asile d'aliénés à Marseille.

— C'est vrai. Qui vous a dit ça ?

Elle prit la mouche :

— Qui… Qui… Qui… Est-ce que je sais ? Il y a plus de vingt ans de ça !

— Soit, il y a plus de vingt ans et vous ne vous en souvenez plus. Mais vous vous souvenez certainement de l'accident qui a entraîné sa ruine.

À nouveau elle jouait les amnésiques.

— L'accident ?

Elle fut sauvée par le gong, en l'occurrence le monsieur qui m'avait souri et qui faisait tinter une bouteille du dos de son couteau pour attirer son attention.

— L'addition s'il vous plaît !

Toinette me regarda, semblant me demander la permission d'aller à sa caisse.

— Faites, dis-je, mais n'oubliez pas de revenir.

Elle partit en traînant la semelle de ses pantoufles encore plus misérablement que tout à l'heure. Le visage en pleine lune de Paulin reparut derrière le bar, je vis ses lèvres minces remuer. Il devait demander à sa tante ce qui la retenait à ma table. Il y eut un court conciliabule pendant lequel je fus la cible d'œillades assassines. Puis Toinette revint encaisser et j'entendis le grignotement de la machine à cartes bancaires.

Le monsieur et la dame se levèrent et partirent non sans nous jeter un regard curieux. Notre conversation avait peut-être fait plus d'éclats que je le pensais. Toinette vint poser l'appareil derrière son bar et je la vis se jeter un verre en hypocrite. Elle devait avoir besoin de se redonner du cœur au ventre.

Lorsqu'elle revint traînant la patte avec l'allégresse d'un condamné marchant à l'échafaud, son haleine empestait le rhum.

— Alors, cet accident? demandai-je.

— Ben... c'était un accident, quoi. La voiture de Bosser est sortie de la route et il a été transporté à l'hôpital. Il n'avait rien de grave.

— Un traumatisme crânien, tout de même.

— Mais pas de fracture, précisa-t-elle.

Pour quelqu'un qui, l'instant d'avant, ne se souvenait même pas du nom de Bosser, le détail ne manquait pas de piquant.

— Tout le monde ici savait donc que Bosser avait eu un accident?

Antoinette Magouër leva de nouveau ses épaules comme si elles portaient toute la misère du monde.

— Évidemment!

— Comment se fait-il alors qu'on l'ait caché à Claire Marvoyer?

— Le colonel avait interdit qu'on en parle.

— Et pourquoi?

— Parce que Claire devait se marier avec Bosser et qu'il ne voulait pas de ce mariage.

Bon, ça corroborait tout ce que je savais.

— Mais quand Claire est venue, des années plus tard, vous demander des renseignements à ce sujet, pourquoi ne les lui avez-vous pas donnés?

Toinette, baissant la tête, ne répondit pas.

— À cette époque, dis-je, le colonel était mort, sa femme était morte, Bosser était mort... Seule Claire survivait. Alors, pourquoi ne pas lui dire la vérité?

Sa réponse me stupéfia :

— Pour ne pas lui faire de chagrin.

— Pardon ? demandai-je, ai-je bien entendu ?

— Ben oui, dit-elle d'un air vertueux, cette petite s'était entichée de Bosser et Bosser n'était pas un type recommandable, n'est-ce pas ?

Elle essayait de prendre un air vertueux, ce qui, quand on connaissait son passé, ne manquait pas de sel. Elle ajouta, avec véhémence :

— Il a été condamné, il a fait de la prison… C'était un petit escroc, il a roulé les commerçants qui lui avaient fait confiance, il m'a emprunté six cent mille francs qu'il ne m'a jamais rendus…

— Et il en est mort, dis-je. Mais, à l'époque où Claire Thaler est venue vous poser la question, elle savait tout ça ! Et, à l'époque, la petite Claire, comme vous dites, avait passé les cinquante ans.

Toinette me considérait, les bras croisés, comme drapée dans sa dignité. Elle ne daigna pas me répondre.

— Vous prêtiez de l'argent à l'époque, m'a-t-on dit.

Toinette eut un geste évasif de la main :

— Oh, juste comme ça, pour rendre service.

J'ironisai :

— Pour rendre service à des taux usuraires, quel altruisme !

— Je n'ai obligé personne à accepter, jeta-t-elle hargneuse. Ceux qui venaient ici pleurer pour avoir trois sous n'avaient qu'à demander à leur banque !

— Ouais, dis-je, sauf que la banque refusait ces crédits.

— Et pourquoi qu'elle les refusait, à votre avis ?

demanda Toinette qui, dopée par le rhum, avait retrouvé un peu de combativité. Pourquoi, dites-moi ?

Et comme je ne répondais rien elle précisa :

— Parce que c'étaient des crédits à risques, mademoiselle de la police. Des matelots qui risquaient de ne pas revenir de mer, des agents d'affaires qui risquaient la faillite…

Je l'arrêtai avant qu'elle ne parvienne à se faire passer pour une bienfaitrice de l'humanité.

— Vous y trouviez bien votre compte !

— Eux aussi ! fit-elle. Et tout le monde était content.

Tout le monde ? Voire !

— D'ailleurs, ajouta-t-elle, j'ai perdu six cent mille francs avec ce maudit Bosser, six cent mille francs que je lui avais prêtés et qu'il ne m'a pas rendus… sans compter les loyers qu'il ne m'a pas payés !

— Vous y avez survécu, dis-je, pas lui.

— Comme si j'étais pour quelque chose dans sa mort, gronda-t-elle.

Et, après réflexion, elle jeta, agressive :

— D'ailleurs, qu'est-ce que vous venez remuer toute cette merde, ça fait trente et des années que Bosser a quitté la région. Même s'il y avait eu crime, depuis le temps il y a « prescription ».

Je la corrigeai :

— Il y aurait prescription s'il n'y avait pas un fait nouveau.

— Quel fait nouveau ? fit-elle soudain inquiète.

— Eh bien, la mort de Claire Marvoyer, encore appelée Claire Thaler ou Claire Landry, comme vous voudrez.

— Mais… C'est un accident, balbutia Toinette.

Je répondis en me levant :

— Vous êtes bien informée, à ce que je vois. Qui vous l'a dit ?

— Eh bien… mais tout le monde… Qu'est-ce ça pourrait être d'autre ?

— On aurait pu l'aider à avoir cet accident, madame Magouër. Auquel cas, ce serait un crime.

— Oh ! fit-elle en mettant sa main devant sa bouche, à croire que j'avais lâché une incongruité. Un crime ?

— On ne peut pas ne pas l'envisager.

Elle restait me regarder d'un air stupide, bouche bée. Franchement, ce spectacle n'avait rien de ragoûtant et la patronne du *Café de la Cale* commençait à me fatiguer.

Je posai un billet et quelques pièces sur la table. Toinette eut un mouvement pour refuser l'argent :

— Laissez…

Je la regardai dans les yeux et lui dis, glaciale :

— Il n'en est pas question, madame Magouër.

Je ramassai mon porte-cartes et me levai :

— Mais nous saurons bientôt de quoi il retourne. Cette fois ce ne sera pas comme lors de l'accident de Bosser. Je ne suis pas Claire Thaler, une dame qui agit en solitaire pour essayer de découvrir une vérité que tout le monde s'applique à cacher et qui n'est investie d'aucune autorité. Je suis le capitaine Lester, et j'enquête, sur ordre de ma hiérarchie de la police nationale. Et la police a des moyens que vous ne soupçonnez pas. Elle peut perquisitionner chez vous, elle peut vous mettre sur écoute, elle peut vous coller entre les pattes de la brigade financière qui vous enverra ses polyvalents…

Je la vis pâlir : C'était sûr, cette dernière menace - toute gratuite, mais elle ne le savait pas - était celle qui portait le plus.

— Vous auriez tort d'essayer de me cacher quelque chose, madame Magouër, soyez assurée que ça se retournerait inévitablement contre vous.

À présent, elle me regardait, atterrée. J'en rajoutai une couche :

— Nous nous reverrons, madame Magouër. Je suis sûre que vous avez encore beaucoup de choses à m'apprendre.

Je la plantai devant ma table, les bras ballants, la bouche toujours béante, et je sortis. L'air était doux, des lumières brillaient sur les bords de la ria.

J'inspirai longuement, avec délice, une odeur de mer. C'était une vraie nuit de Bretagne, avec un vent d'ouest qui soufflait en rafales, tout chargé des embruns de la barre qui grondait là-bas, vers l'estuaire. De gros nuages d'encre couraient dans le ciel, couvrant et découvrant la lune et les étoiles.

Claire Thaler pouvait-elle me voir, de là où elle était ? Je l'espérais, car j'étais sûre qu'elle aurait apprécié mon petit numéro.

Je rejoignis ma voiture et, avant de mettre le contact, il me sembla voir une étoile plus grosse, plus brillante que les autres, qui paraissait clignoter.

Avec un sourire complice, je lui fis un clin d'œil avant qu'elle ne disparaisse derrière un nuage funèbre.

Chapitre 12

La nuit était maintenant complètement tombée. Sur le parking, près du *Café de la Cale*, il ne restait plus que deux voitures.

Je m'étais garée dans une petite rue d'où je voyais l'intérieur du bistrot. Les quatre jeunes qui buvaient de la bière près du juke-box étaient sortis les derniers.

Ils étaient montés dans une vieille Ford rouge que quelques accessoires aussi inutiles que voyants, ajoutés sur le bord du coffre et sur les ailes, tentaient de faire passer pour une voiture de rallye.

Aussitôt, ils avaient fait rugir la sono puis le moteur avant d'opérer un démarrage sauvage qui laisserait des traces de gomme sur le bitume. J'avais encore entendu le moteur malmené monter en régime et les pneus crier lorsqu'ils abordèrent à fond de train la courbe qui menait à la voie express. J'espérais, pour eux, que les gendarmes arrêteraient cette équipée sauvage avant qu'elle ne se termine au talus.

Deux ombres, celles de Toinette et de son neveu, s'affairaient derrière les vitres de la véranda à remettre les tables en ordre. Puis l'obscurité se fit et l'établissement ne fut plus éclairé que par les blocs de sécurité qui jetaient sur les tables désertées une lumière glauque.

Pourquoi étais-je restée là? Une intuition... J'avais semé le trouble dans l'esprit de Toinette et j'étais curieuse de voir quelle serait sa réaction. Peut-être irait-elle tout simplement se coucher, auquel cas ma veille aurait été inutile. Mais bah, j'étais confortablement installée dans la Twingo, écoutant béatement les *Noces de Figaro*. Comme tour de garde il y avait pire. Si elle avait à en référer à quelqu'un, il lui suffisait de téléphoner. Dans ce cas, j'aurais veillé pour rien.

Comme je lui avais laissé entendre que son téléphone pouvait être sur écoute, il était possible qu'elle se déplace. Il me resterait alors à la suivre pour savoir auprès de qui elle irait chercher conseil.

Mais pourquoi en aurait-elle référé à quelqu'un? Si elle était maligne, elle userait de la force d'inertie : je n'ai rien vu, rien entendu, je ne sais rien. C'était ce qu'elle avait fait avec Claire Thaler. Mais voilà, Claire Thaler ne lui avait pas mis une carte de police sous le nez. Et je n'aurais pas risqué grand-chose à parier qu'Antoinette Magouër avait quelque peccadille sur la conscience.

Mon raisonnement était plus qu'aléatoire et ma démarche pour le moins tirée par les cheveux. Mais un seul cheveu, c'est mieux que rien. Et s'il n'y a que ça à quoi se raccrocher, on n'a pas intérêt à le lâcher.

Finalement, mon analyse ne devait pas être trop minable puisque la porte du café grinça et qu'une silhouette emmitouflée dans un châle mauve sortit et se dirigea vers une camionnette Citroën garée sur la petite place.

La place, devant le *Café de la Cale*, n'était éclairée que par deux néons anémiques dont l'un clignotait comme s'il allait s'éteindre sans tarder. Les fenêtres des maisons voisines étaient sombres, seules deux d'entre elles laissaient passer l'éclairage blafard et tressautant de la télévision.

Je reconnus Antoinette Magouër à sa démarche difficile. Elle jetait à l'entour des regards suspicieux comme un conspirateur de mélodrame. Mais, hors un chien famélique qui flairait les poubelles du restaurant, il n'y avait personne.

Personne hors moi. Mais, comme j'avais incliné mon dossier en position couchette pour attendre plus confortablement, elle ne pouvait pas me voir.

Les ressorts de la Citroën s'affaissèrent sous le poids d'Antoinette, et elle dut s'y prendre à trois fois avant de démarrer le moteur. Puis, en tressautant, la fourgonnette prit la route d'Erdeven.

Heureusement qu'elle ne conduisait pas avec la vigueur agressive de ses derniers clients. La fourgonnette allait d'un train de sénateur en faisant un petit bond chaque fois que la conductrice passait une vitesse.

Je démarrai à mon tour en laissant Antoinette Magouër prendre une centaine de mètres d'avance et je la suivis. Nous roulâmes sur une route étroite où les maisons s'espaçaient. Puis il n'y eut que de la lande. Aux croisées des chemins, des croix de pierre montaient la garde. Des grandes, des petites, des trapues, des écornées… On était bien en terre de chouannerie.

La fourgonnette s'arrêta enfin devant une maison solitaire posée sur la lande. Il s'agissait d'une construction des années trente comportant un rez-de-chaussée et un étage, construite en moellons et séparée de la route par un jardin clos d'un muret de pierres sèches. La lune l'éclairait d'une clarté blafarde ; Antoinette Magouër sortit péniblement de sa voiture, poussa une barrière rustique et pénétra dans le jardin. Une allée cimentée, bordée de fruitiers en espalier envahis par des herbes folles, menait à la porte d'entrée protégée par une marquise vitrée.

Ça sentait la maison abandonnée. Pourtant une lueur jaunâtre éclairait faiblement les vitres à l'étage.

Je dépassai la Citroën et m'arrêtai dans le premier chemin de traverse. Puis je revins à pied en me dissimulant dans l'ombre des haies.

Une chouette hulula et l'endroit était si lugubre que je me sentis soudain couverte de chair de poule, m'attendant à voir le fantôme d'un paysan barbu et chevelu vêtu de peaux de bique sortir de la lande la fourche à la main.

On était sur une terre où les blancs et les bleus, royalistes contre républicains, s'étaient allégrement étripés deux siècles plus tôt et il me semblait que le pays tout entier était encore hanté par les âmes en peine des victimes de cette abominable guerre civile.

Toinette resserra son châle sur elle et scruta craintivement les ténèbres, écoutant le vent gémir lugubrement dans la haute ramure des grands pins.

Puis elle tira à nouveau la sonnette avec impatience et j'entendis une clochette grêle et incongrue tinter dans le silence de la nuit. Elle dut s'y prendre à plusieurs reprises, insister avant qu'une autre lumière ne s'allume à l'étage ; une fenêtre grinça et une voix aiguë jeta, exaspérée :

— Qu'est-ce que c'est ? Vous allez me foutre le camp, bande de petits voyous !

Toinette leva la tête vers la fenêtre et dit en étouffant sa voix :

— Monsieur Guiriec !

— Qui est là ? demanda la silhouette à la fenêtre d'une voix qui trahissait la crainte.

Elle redit, un peu plus fort :

— Monsieur Guiriec !

La silhouette se pencha et redemanda :

— Qui est là ?

Cette fois on avait parlé plus fort et j'avais senti, en plus de l'anxiété, de l'impatience dans la voix qui tombait de la fenêtre.

Antoinette Magouër leva son visage bouffi vers l'étage et j'eus l'impression de revoir, à l'envers, la scène du balcon dans *Roméo et Juliette* par des acteurs du troisième âge.

Elle chuchota si fort que je l'entendis :

— Toinette !

— Toinette ! fit une voix aussi intriguée qu'inquiète, mais qu'est-ce que tu fais là ? Qu'est-ce qui se passe ?

— Il faut que je vous parle !

— À cette heure ?

— C'est urgent !

Je notai que si Toinette vouvoyait le sieur Guiriec, celui-ci la tutoyait avec beaucoup de familiarité.

J'entendis le bonhomme grommeler, puis la fenêtre se ferma et une lumière s'alluma au rez-de-chaussée. La porte d'entrée s'ouvrit, laissa passer la visiteuse et se referma sur elle.

Dommage, j'aurais aimé suivre la conversation.

Mais pour une première journée, ce n'était pas mal.

Je me dissimulai dans l'ombre d'un thuya à une vingtaine de mètres de la maison et j'attendis quelques minutes. Le vent était un peu tombé mais de petites rafales faisaient bruire la ramure, la chouette hulula une nouvelle fois et je me sentis une nouvelle fois dans la peau d'un soldat républicain, le « bleu » attendant dans l'obscurité le coup de fourche ou le coup de fusil de ces irréductibles chouans. Chair de poule de nouveau pour Mary Lester. Les nues ténébreuses continuaient de courir devant la lune et je me trouvais alors dans les plus sombres des ténèbres.

Puis la porte d'entrée grinça de nouveau et je vis la silhouette épaisse de Toinette réapparaître, suivie d'une autre silhouette, en veste d'intérieur celle-là, qui se découpait en ombre chinoise sur un vestibule parcimonieusement éclairé.

Bien que chuchotées, je perçus les dernières paroles du vieil homme dans le silence de la nuit. C'étaient des ordres plus que des recommandations, énoncés d'une voix qui se voulait énergique mais qui ne pouvait cacher un accent de panique :

— Ne t'en fais pas… Ne réponds pas… Et surtout, ne reviens jamais ici ! Jamais ! Tu m'entends, jamais ! Je te l'ai déjà dit !

— Oui mais… fit Toinette.

— Il n'y a pas de mais ! coupa son interlocuteur. Es-tu sûre qu'on ne t'a pas suivie ?

— Qui voulez-vous qui me suive ? bougonna Toinette.

— Eh bien, cette femme flic !

Toinette balaya le jardin obscur du regard.

— Vous voyez bien qu'il n'y a personne!

Une tête chenue, méfiante, scruta longuement la nuit profonde et maugréa:

— On ne voit personne, mais ça ne veut pas dire qu'il n'y a personne! En tout cas, je ne veux plus te voir ici! redit-il impérieusement une dernière fois avant de claquer sa porte. Dans le silence de la nuit, j'entendis des verrous jouer dans leur gâche.

Toinette regagna sa voiture de sa démarche cahotante. Je l'entendais bougonner, grommeler, sans comprendre ce qu'elle disait. Elle s'introduisit en soufflant dans le véhicule, effectua un demi-tour laborieux en faisant grincer ses vitesses et, à petite allure, la voiture s'éloigna. Le calme revint, les lumières s'éteignirent dans la maison du nommé Guiriec.

Néanmoins, j'attendis quelques minutes sous mon thuya avant de me faufiler discrètement jusqu'à ma voiture. Je pris alors la direction du *Champ des Druides* où tout le monde dormait.

Je ne tardai pas à en faire autant.

*

Je me réveillai d'excellente humeur et je descendis au rez-de-chaussée. Madame Cocoual était une hôtesse attentionnée; sur la table elle avait déposé, sans que je l'entende, deux croissants tout frais et une ficelle craquante. Il y avait aussi un mot, écrit sur une feuille arrachée à un carnet à spirales:

« Le beurre est au frigo. »

C'était une petite motte de beurre salé au sel de Guérande.

Je me fis un café et me régalai d'un succulent petit déjeuner devant la cheminée sans feu, en songeant à tout ce que j'avais appris la veille et en me demandant qui pouvait être ce Guiriec auprès de qui Toinette allait chercher conseil en pleine nuit. J'eus un flash. Bon Dieu, j'avais vu ce nom dans les dossiers de madame Thaler. Je remontai dans ma chambre et je feuilletai les documents. Effectivement, il y avait bien un Guiriec, Ludovic Guiriec, et devinez quoi ! Ce Guiriec n'était autre que le juge qui avait condamné Bosser à une peine de prison ferme pour escroquerie !

S'agissait-il du même homme ?

*

Lorsque je sortis, il était onze heures. Le temps était gris et doux. Louis, la pipe pendant toujours sur le menton, poussait le fauteuil roulant de sa belle-mère vers le jardin.

Je les suivis et je le vis installer la vieille dame près de son appentis. Puis, armé d'une bêche, il entreprit de retourner un petit carré en friche. Je m'approchai et les saluai. La vieille dame avait un châle de laine noire sur les épaules et un plaid sur les genoux.

— Vous n'avez pas froid ? lui demandai-je.

— Ça va, me dit-elle. Alors, cette maison ?

Décidément, on ne devait parler que de ça dans le bourg !

— Je ne l'ai pas encore visitée, dis-je.

— Vous n'êtes pas curieuse, me fit-elle remarquer.

— Si, lui dis-je, mais vous qui la connaissez bien, vous allez me raconter comment elle est.

Et j'ajoutai avec un grand sourire :

— Comme ça, je ne serai pas effrayée…

— Il n'y a pas de quoi être effrayée, dit la vieille dame. Impressionnée, peut-être, mais pas effrayée.

— Vous avez bien connu cette famille Marvoyer, je crois.

— Oui, j'ai travaillé aux *Charmettes* à l'époque du grand-père, je veux dire du père de madame Marvoyer, monsieur Lebœuf. C'est vous dire…

Elle secouait la main près de son visage, pour évoquer les calendes grecques, ou plutôt le tas d'années qui s'étaient écoulées depuis ce temps-là.

— Alors?

— Alors? Rien. C'est une maison de bourgeois.

— C'est-à-dire?

— Une maison austère, prétentieuse, sans chaleur, une maison qui allait bien avec les gens qui l'habitaient alors.

Elle haussa les épaules d'un air entendu :

— Une belle maison à la mode de l'époque, quoi. Monsieur Lebœuf, père de madame, était négociant à Vannes. Un homme entreprenant, un peu armateur, un peu industriel. Il avait une usine de conserves à Quiberon et il faisait l'avitaillement de navires. À l'époque, avec tous les bateaux de pêche qu'il y avait dans la région, il y avait de quoi faire !

— Il a donc laissé une belle fortune derrière lui.

— Ça, on peut le dire. Mais son imbécile de gendre…

— Vous voulez parler du colonel Marvoyer?

— Et de qui voulez-vous que ce soit? Son imbécile de gendre avait besoin de beaucoup d'argent pour tenir son rang, comme il disait.

— Si bien que le grand-père, craignant de voir

son gendre dilapider l'héritage de ses petits-enfants, a légué directement *les Charmettes* à Claire.

— Voilà. Et il a bien fait, sans ça, le colonel l'aurait bazardé comme le reste.

— Et le frère, qu'est-ce qu'il a eu?

— Rien! dit la vieille dame catégoriquement. Il avait pris le parti de son père contre son grand-père, alors le vieux a dit qu'ils n'avaient qu'à se débrouiller ensemble.

— Ça a dû faire enrager le colonel.

— Vous pouvez le dire! Quand je pense…

Elle ne termina pas sa phrase. Je l'encourageai.

— Oui?

— Quand je pense que ce sale type n'a pas voulu que Claire se marie avec l'homme qu'elle aimait au prétexte que c'était un coureur de dot… Comme coureur de dot il se posait un peu là, ce Marvoyer! Heureusement que monsieur Lebœuf a réussi à sauver *les Charmettes* en la léguant directement à sa petite-fille, sans quoi… Il avait les dents longues, le colonel car, de vous à moi, je peux vous dire qu'il était considérable, cet héritage!

— C'est sans doute pour ça qu'il a marié sa fille avec un homme qui avait l'âge d'être son père.

— La pauvre petite, s'apitoya la vieille dame, a-t-elle été déçue!

— Vous avez connu son mari?

Elle haussa les épaules avec mépris:

— Landry? Et comment que je l'ai connu! Un péteux prétentieux, bon à mettre dans le même sac que Marvoyer. D'ailleurs, vous savez ce qu'on dit, « qui s'assemble, se ressemble! »

— Ils se ressemblaient?

— Physiquement non. Je veux simplement dire qu'ils étaient coulés dans le même moule.

— Je vois, dis-je.

Contrairement à l'effet qu'il produisait sur ma chère Amandine Trépon, le prestige de l'uniforme n'avait pas pris sur mamie Jeanne.

Louis avait ouvert la porte du poulailler et la basse-cour s'affairait dans ses jambes pendant qu'il retournait la terre, arrachant ici un lombric tronçonné par l'outil, là une larve qui, avant d'être découverte, attendait paisiblement le printemps.

— Et Bosser, vous l'avez connu ?

Mamie Jeanne eut un geste évasif.

— J'en ai entendu parler. Son père ne valait pas grand-chose, ivrogne, querelleur, plus ardent à aller voir les femmes de mauvaise vie qu'à se mettre au travail…

J'admirai le vocabulaire au passage. Il marquait l'âge de mamie Jeanne mieux encore que ses rides.

— Il y en avait, ici, des femmes de mauvaise vie ?

— Humph ! fit la vieille dame avec de la malice dans ses yeux bleus, n'y en a-t-il pas partout ?

Je hasardai :

— Au *Café de la Cale* ?

— Je vois ce que vous voulez dire, fit-elle amusée, mais le père Bosser était mort lorsque le *Café de la Cale* a connu son heure de gloire. Non, il allait plutôt voir les filles à matelots au quai des Indes à Lorient.

— Quand vous parlez d'heure de gloire, je suppose que vous évoquez l'époque où Toinette a repris l'établissement ?

Elle se moqua :

— Vous l'appelez déjà Toinette ?

Puis elle pouffa :

— Ce n'est pas du temps de la mère Magouër que je parle, bien entendu.

— Et ce Bosser, pour en revenir à lui ?

— Je ne sais que vous dire, fit-elle, je ne voudrais pas dire du mal d'un mort (tiens, elle ne faisait que ça !) mais il a tout de même été en prison pour escroquerie. Est-ce qu'on condamne les gens à de la prison sans motif ?

Visiblement, la bonne dame avait une confiance inébranlable dans la justice de son pays.

— C'était, paraît-il, un très bel homme.

— Pour ça oui, et sympathique.

Puis elle ajouta :

— N'est-ce pas le propre des escrocs d'être sympathiques et d'inspirer confiance ?

Je tentais de plaider pour l'homme d'affaires :

— Il s'était tout de même fait une belle situation à la force du poignet.

Mais elle restait inébranlable quant à la culpabilité de Bosser :

— Quand on emprunte de l'argent et qu'on ne le rend pas, c'est pas difficile de devenir riche.

— À votre avis, a-t-il été l'amant de Toinette ?

Elle me regarda, surprise :

— Ma foi, vous avez de ces questions ! Comment le saurais-je ?

— Il y a sûrement des bruits qui ont couru.

— Ah ça, des bruits qui courent, ce n'est pas ce qui manque par ici ! Mais moi je n'ai pas été tenir la chandelle, alors…

Comme saint Thomas, mamie Jeanne ne croyait que ce qu'elle voyait.

— Et son copain ?

— Quel copain ?

— Vincent Guermeur.

Louis Cocoual qui venait chercher un râteau s'arrêta et laissa tomber :

— Vincent Guermeur ?

Je me tournai vers lui, il me considérait, la bêche à la main, débarrassant l'outil de la terre qui s'était collée au fer avec un morceau d'ardoise avant de la poser contre le mur.

— Vous le connaissiez, vous, monsieur Cocoual ?

— Oui, dit-il. Je le connais même toujours.

Et il ajouta, à l'intention de mamie Jeanne :

— C'est chez lui que j'achète mes huîtres.

Il corrigea immédiatement son propos.

— Enfin, chez son fils car c'est le fils qui a repris l'affaire à présent. Mais Vincent est toujours là pour donner un coup de main.

Voilà qui ne manquait pas d'intérêt. Je me fis indiquer l'endroit où je pourrais rencontrer ce Vincent Guermeur et je laissai mamie Jeanne et son gendre en tête à tête.

Chapitre 13

Sur la laisse de haute mer[16], un vieil homme aux cheveux blancs passait au goudron un canot à fond plat qui n'était plus de première jeunesse. Pour rendre ce vernis épais plus facile à étaler, il le faisait chauffer dans une boîte de conserve posée sur deux pierres entre lesquelles rougeoyait un feu de bois flotté.

Je m'arrêtai à quelques pas de lui, humant avec bonheur les effluves du coaltar mêlés aux senteurs âcres de la vasière à marée basse et de la fumée émise par cet âtre improvisé. On a les madeleines qu'on peut. Il n'avait pas fallu plus d'une bouffée pour que mon enfance ressurgisse d'un seul coup. L'homme s'arrêta le pinceau en l'air, me considéra et demanda :

— Ça pue, n'est-ce pas ?

— Ça pue ? m'exclamai-je, il n'y a pas deux odeurs que j'aime comme celle-là !

Il me regarda, surpris :

— C'est bien la première fois que j'entends ça dans la bouche d'une jeune femme.

---

16. Lisière de la plage jusqu'où monte la plus haute marée.

L'eau montait lentement sur la grève en poussant des goémons secs, des branches mortes, des carapaces de petits crabes morts, des coquilles vides qui flottaient comme de précaires embarcations.

— Quand j'étais petite, lui dis-je, j'allais aider mon grand-père à coaltarer son canot. Et je m'en mettais partout. Ma grand-mère ne connaissait qu'une recette pour diluer le goudron, du beurre, en général du beurre rance, le frais on le mangeait.

Le vieil homme se mit à rire.

— Alors vous êtes une vraie?

— Une vraie quoi?

— Une vraie fille de la côte!

— Et comment, j'ai presque été élevée sur un sardinier!

— Où ça? demanda-t-il curieux.

— À Douarnenez.

— Ah… Douarnenez, fit-il d'un air entendu.

Puis il demanda:

— Vous êtes en vacances?

— En quelque sorte. Je suis venue hériter…

— C'est vous!

Du coup il abandonna sa ténébreuse besogne et remit son gros pinceau dans le pot de coaltar qu'il écarta de la chaleur du feu en le prenant par une anse en fil de fer.

— C'est vous qui héritez des *Charmettes*?

— En effet.

— Eh bien, bravo! C'est une belle propriété.

Pour une belle propriété, c'était une belle propriété. Un peu anachronique, certes, et nécessitant une domesticité abondante hors de mes goûts et de mes moyens. Qu'allais-je bien pouvoir en faire?

À tout prendre, je l'aurais bien échangée contre cette cabane d'ostréiculteur faite de planches à clin passées au coaltar. Ça m'aurait bien mieux convenu que cette maison d'où sourdait une odeur de bourgeoisie rancie.

Une barge s'approchait de la grève, son moteur à l'extrême ralenti. Elle vint s'échouer en douceur sur le sable roux et son pilote sauta à terre, tirant un orin qu'il vint amarrer à un tronc d'arbre à demi mort.

— Mon fils, dit le vieil homme.

Le pont de la barge était couvert de sortes de poches d'épais treillage plastique toutes dégoulinantes d'eau.

— Il est allé récupérer des huîtres sur les parcs pour les mettre dans les bassins d'affinage, expliqua-t-il. Noël approche…

Puis, me regardant, il demanda :

— Au fait, vous êtes peut-être venue chercher des huîtres?

Il ne perdait pas le sens des affaires, le papy!

— Je n'étais pas venue pour ça, dis-je, mais si je peux acheter une douzaine ou deux…

— Pas de problème, dit-il jovial. Suivez-moi.

Il m'entraîna vers la cabane qui lui servait de chantier et vous ne pouvez pas savoir comme ça sentait bon dans cette vaste bâtisse de planches couverte de tôle ondulée! Une odeur d'huître, jointe à celle de la mer, du goémon qui séchait, de bois déroulé des bourriches à la senteur un peu surette… Quand je mourrai, je voudrais bien qu'on m'enterre dans une cabane d'ostréiculteur. Il y en a qui préfèrent la cave où il y a du bon vin, comme dit la chanson, eh bien moi je vous laisse tous les grands crus du monde pour une douzaine de belons bien charnues avec du pain bis et du beurre salé au sel de Guérande (et un petit verre de sauvignon, tout de même!).

Le fils du patron me salua. Il s'appelait Maurice et, quand il me serra la main, j'eus l'impression d'empoigner une râpe à bois. Maurice avait la main rude et il ne devait pas faire bon se trouver sur la trajectoire d'une baffe dispensée par un tel battoir. C'était un quinquagénaire solide qui portait des cuissardes dont la partie haute était repliée sur ses cuisses, ce qui lui faisait des sortes de bottes de mousquetaire.

Son père lui expliqua que j'étais la nouvelle propriétaire des *Charmettes* et dès lors il me considéra avec une attention soutenue. Comme j'étais envoyée par Louis Cocoual et que je voulais acheter des huîtres, il s'employa à en ouvrir quelques-unes pour me les faire goûter.

Déguster des huîtres comme ça, sur le parc, c'est le pied! Les deux hommes riaient du plaisir que je manifestais. J'en mangeai six de chaque, des creuses puis des plates, et, devant mon enthousiasme, ils décidèrent qu'il était temps d'arroser ça au muscadet. Quand son père eut religieusement versé le vin blanc, Maurice Guermeur porta un toast de bienvenue :

— À la nouvelle propriétaire des *Charmettes*!

Puis, se rassombrissant, il ajouta :

— Qu'importe, c'est à mon copain Bernard que cette maison aurait dû revenir.

Je sentis mon attention, qui s'était relâchée, s'aiguiser d'un seul coup :

— Bernard? Vous voulez parler de Bernard Landry, le fils de Claire Thaler?

— Ben oui, dit Maurice Guermeur en regardant le fond de son verre d'un air soudain morose. De qui voulez-vous que ce soit?

— Vous connaissiez Bernard Landry?

Les deux hommes me regardaient, semblant se demander pourquoi j'avais mis tant de véhémence dans ma demande.

— Il n'y a rien d'étonnant à ça, dit le père. Enfants, ils étaient inséparables.

Il se tourna vers son fils:

— Vous aviez le même âge, non?

Maurice hocha la tête, sans quitter son verre des yeux:

— À quelques jours près…

— Savez-vous de quoi il est mort?

— Il s'est suicidé, dit Maurice Guermeur. Il avait quatorze ans et il s'est suicidé.

J'en restais interdite. Voilà donc la raison de la réticence de madame Cocoual. La première question qui me vint à l'esprit fut:

— Ici? Aux *Charmettes*?

— Non, dit Maurice. Il aimait beaucoup cette maison, il n'aurait jamais voulu en partir.

— Alors c'est dans son…

Il termina ma phrase:

— Dans son école, oui, au prytanée militaire de La Flèche.

Je m'exclamai:

— Son père l'avait mis au prytanée militaire?

— Oui. Il s'exaspérait de voir son fils faire de la musique, de la peinture… Ce n'étaient pas des occupations suffisamment viriles pour un garçon. Or Bernard n'a pas supporté cette vie militaire qui lui était imposée. Un matin il s'est jeté par la fenêtre du dortoir, au troisième étage.

— Mais c'est criminel !

Je m'aperçus que, sous le coup de l'indignation, j'avais crié. Et je songeais que, moi aussi, on m'avait mise en pension chez les sœurs. Mais moi je n'étais pas une enfant docile. Je jouais du piano, certes, mais pas à la poupée comme doivent le faire les petites filles modèles et j'étais plus experte dans le maniement du lance-pierre que dans celui du tricotin.

Question de nature. Me suicider ? Jamais cette idée ne m'avait effleurée. J'aurais plutôt fichu le feu au pensionnat ! Et, si quelques bonnes sœurs de ma connaissance avaient rôti dans l'incendie, ça ne m'aurait pas empêchée de dormir, ah ça non !

Heureusement qu'on m'en avait retirée à temps !

Je regardai l'ostréiculteur, sa gaieté avait fait place à une profonde tristesse qui se lisait sur son visage.

— Je vois que cette mort vous a affecté.

— Plus que vous le croyez, et, quarante ans après, quand j'y pense, j'enrage encore.

Il montra Vincent Guermeur du pouce :

— Vous pouvez demander au père, un soir j'ai voulu aller leur régler leur compte, à ces trois salauds.

Je tiquai :

— Trois ?

Il me regarda et m'expliqua :

— Ben oui, le docteur Landry en première ligne, mais aussi le colonel Marvoyer et son crétin de fils, Jean-Baptiste. Pas un pour racheter l'autre, dans cette famille.

— Je l'ai arrêté à temps, dit Vincent Guermeur, il avait pris mon fusil de chasse et voulait faire justice, comme il disait.

Il s'esclaffa douloureusement :

— Faire justice! Comme si la justice était de ce monde!

— Ça m'aurait bien soulagé, dit Maurice avec rancune.

— Ouais, et ça t'aurait conduit en taule pour trente ans, dit son père. Peut-être même qu'on t'aurait coupé la tête, à l'époque, ça se faisait. Tu aurais gâché ta vie, la mienne, ta mère serait morte de chagrin et, pour autant, ça n'aurait pas fait revenir ton copain.

Puis il ajouta avec une âpre satisfaction:

— Maintenant ils sont morts, ces salauds.

— Le docteur Landry est mort? demandai-je.

Ce fut Maurice Guermeur qui dit d'un ton maussade:

— Oui, il y a une dizaine d'années…

— Quant à Jean-Baptiste Marvoyer, il vaudrait mieux qu'il ait passé l'arme à gauche lui aussi. Il a eu une attaque cérébrale et il est complètement paralysé, ajouta son père.

Je me tournai vers Guermeur père:

— Pouvez-vous me parler de Robert Bosser?

De saisissement le vieil homme lâcha son verre qui tomba sur le ciment du sol. C'était un gros verre en Pyrex comme il y en avait au réfectoire quand j'étais en pension. Il rebondit comme une balle à trois ou quatre reprises avant d'exploser en menus morceaux.

Décidément ce nom faisait de l'effet! Après le plateau de Toinette, c'était le vieux Guermeur qui en lâchait son verre.

Il répéta:

— Robert Bosser, qui vous a parlé de Robert Bosser?

J'éludai :

— Qu'importe… Je sais qu'il a été votre ami.

Il concéda :

— C'est vrai, Robert et moi avons été copains comme ça !

Il tendit les mains avec ses deux index solidement accrochés l'un à l'autre.

— Les deux doigts de la main, dit-il.

Son regard se perdit dans les méandres de sa jeunesse. Je dis :

— Il est mort tragiquement, lui aussi.

Vincent Guermeur hocha la tête péniblement :

— Il n'a pas eu de chance…

Puis il me regarda :

— Mais pourquoi vous penchez-vous sur ces vieilles histoires ?

Il balança sa main par-dessus sa tête comme pour évacuer le passé :

— Tous ces gens sont morts, personne ne les fera revenir.

— Certes, mais il arrive que les événements du passé éclairent ceux d'aujourd'hui.

Il paraissait en douter.

— Qu'est-ce que ça pourrait éclairer ? demanda-t-il sur la défensive.

— La mort de Claire Thaler, par exemple.

— Mais… C'est un accident, dirent le père et le fils dans un ensemble presque parfait.

Je fis la moue et hochai la tête d'un air dubitatif :

— Peut-être, peut-être pas…

À présent ils me regardaient avec méfiance :

— Mais qui êtes-vous, à la fin ? demanda Maurice.

Je sortis ma carte :

— Capitaine Lester, police nationale.

Les deux hommes échangèrent un regard lourd de stupeur et le père demanda presque timidement :

— Vous êtes vraiment capitaine ?

— Tout ce qu'il y a de plus « vraiment », monsieur Guermeur.

Le regard du fils allait de son père à moi :

— Alors, cette histoire d'héritage, c'est du bidon ?

— Que non ! dis-je. Je vais même vous faire une confidence : pour les gendarmes, je tiens un très bon rang dans la liste des suspects.

Ils se regardèrent avec stupéfaction avant de s'exclamer :

— Vous ? Un flic ?

— La proportion de meurtriers chez les flics doit être équivalente à celle des autres corps sociaux, dis-je en pensant qu'elle était même probablement supérieure. Cependant, il y a une chose dont je suis sûre, c'est que je n'ai jamais touché un cheveu de madame Thaler.

Je les regardai alternativement :

— Vous saisissez ce que ça implique ?

Ils se regardèrent sans répondre.

— Ça implique que je ne vais pas perdre mon temps à courir une fausse piste.

— Il y en a d'autres ? demanda Maurice.

— D'autres pistes ? Évidemment. Puisque ce n'est pas moi, c'est quelqu'un d'autre, obligatoirement.

Les deux hommes se regardèrent d'un air ennuyé. Il y aurait donc un meurtrier dans leur entourage ? Quelqu'un qu'ils connaissaient car ici tout le monde se connaissait, quelqu'un capable de fomenter le meurtre d'une vieille dame. Voilà qui donnait à réfléchir !

— Pourquoi vous soupçonnent-ils? demanda l'ancien ostréiculteur.

— Parce que j'hérite, monsieur Guermeur, madame Thaler m'a fait la mauvaise blague de me léguer sa baraque.

Je le vis tiquer: des mauvaises blagues comme ça, il voulait bien qu'on lui en fasse tous les jours, Vincent Guermeur! Quant à qualifier *les Charmettes* de baraque… C'était tout de même une des plus belles propriétés de la ria. Il paraissait se dire: « Elle est gonflée, la fliquette! » D'abord, à quel titre héritait-elle? Je lus la question dans ses yeux et je dis:

— Je n'en sais rien.

Il tressaillit:

— Pardon?

— Vous vous demandez à quel titre je suis l'héritière des *Charmettes*, alors je vous réponds: je n'en sais rien.

Et c'était vrai, même si j'avais une petite idée sur la question. Il protesta:

— Je n'ai rien dit!

— Non, dis-je, mais vous l'avez pensé tellement fort que j'ai entendu.

À nouveau le père et le fils se regardèrent, comme s'ils avaient une sorcière devant eux. Ils en restaient sans voix. J'ajoutai, sur le ton de la confidence:

— Je ne suis ni de près ni de loin apparentée aux Marvoyer.

Et je pensai en moi-même: Dieu merci! Ce que je savais de cette famille ne me donnait pas envie de m'en réclamer.

— Mais vous les connaissiez bien! protesta l'ancien ostréiculteur.

Je souris :

— Même pas, monsieur Guermeur.

Évidemment, ils ne pouvaient pas comprendre. J'y allai donc une nouvelle fois de l'histoire de ma rencontre avec Claire Thaler au cimetière de Douarnenez.

C'est fou ce qu'il faut se répéter au cours d'une enquête !

Quand j'eus fini, tout ce que Maurice trouva à dire fut :

— Ça alors !

Désormais il allait croire aux contes de fée. Son père, en hochant la tête d'un air de dire « ce n'est pas possible ! », était allé chercher un autre verre pour remplacer celui qui s'était brisé. Il en avait profité pour ramener aussi une autre bouteille qu'il déboucha en silence. Des histoires pareilles, ça donne soif !

Il versa le vin à la ronde sans que je songe à protester. C'était mon deuxième verre et si je continuais à ce train, j'allais devoir rentrer au *Champ des Druides* à pied.

Je demandai :

— Claire Thaler a-t-elle réussi à savoir ce qui était arrivé à Robert Bosser en cette fameuse nuit du 11 au 12 avril 1959 ?

Chapitre 14

C'était la question qui fâche, celle qui jette un froid. Les deux hommes se regardèrent, ennuyés. Finalement, le père leva les yeux vers moi et me demanda d'un air infiniment las :

— Si je comprends bien, vous prenez la suite de madame Thaler et vous allez continuer à harceler tout le monde de questions auxquelles on ne peut pas répondre.

— On ne peut pas ou on ne veut pas ? demandai-je.

Et comme ils restaient muets, j'ajoutai :

— Je ne harcèle personne, monsieur Guermeur. Je suis un officier de police et je suis payée pour enquêter sur ce qui est peut-être un meurtre.

— Vous parlez du décès de madame Thaler, dit Guermeur père.

— En effet.

— Mais vous n'êtes pas payée, comme vous dites, pour enquêter sur l'accident de Robert Bosser.

— Non. L'institution judiciaire a oublié Robert Bosser depuis longtemps. Cependant, j'ai tout lieu de penser que la mort de Claire Thaler pourrait trouver son origine dans l'enquête qu'elle menait sur la mort de son fiancé.

— Pff! fit Guermeur en haussant les épaules.

Il me regardait comme si je venais de proférer une énormité.

— Car elle menait une enquête, Claire Thaler.

— Si on veut, dit Guermeur. En réalité, elle emmerdait tout le monde avec ses questions.

— Si vous y aviez répondu de bonne grâce, peut-être aurait-elle cessé de vous emmerder, comme vous dites.

— On lui a dit ce qu'on savait, fit Guermeur d'un ton las. On ne pouvait pas inventer, tout de même?

— Tss! Tss! Tss! fis-je entre mes dents. Je n'en suis pas sûre, monsieur Guermeur. Ces questions, quand madame Thaler les posait, vous aviez beau jeu de ne pas y répondre ou de répondre à côté. Qu'est-ce que vous risquiez? De fâcher une vieille dame qui d'ailleurs n'était pas dupe de vos réponses évasives - lorsque vous répondiez. Maintenant les données ne sont plus les mêmes: vous avez affaire à la police et si vous ne me répondez pas, vous aurez affaire à la justice…

Les deux hommes se regardaient par en dessous, faisant tourner leurs verres entre leurs gros doigts. La police, la justice… Des institutions que les honnêtes gens redoutent. Bien plus que les malfrats chevronnés, assurément. Je poursuivis:

— Si vous avez connaissance d'éléments suscep-tibles de faire avancer l'enquête et que vous refusez d'en parler, vous pourrez être poursuivis pour entrave à l'action de la justice.

Je pris une gorgée de vin blanc histoire de les laisser réfléchir à tout ça et j'ajoutai :

— Ça change tout!

Les deux hommes burent à leur tour et le père Guermeur grommela :

— Tout quoi? Je ne vois pas ce qu'une histoire vieille de quarante ans et plus…

Je le coupai de nouveau :

— Vous ne voyez peut-être pas, monsieur Guermeur, mais moi je vois. Or, je vous le rappelle, c'est moi qui mène cette enquête.

Le fils posa son verre sur la table de bois. Notre conversation paraissait ne plus l'intéresser.

— Excusez-moi, dit-il, j'ai à faire.

Il s'éloigna vers le fond du local sans que je cherche à le retenir. Après tout, c'était le père qui m'intéressait au premier chef, pas le fils. Mon regard revint sur le vieil homme :

— Vous n'êtes pas curieux de savoir ce qui est arrivé à votre copain? N'alliez-vous pas tous les samedis soir ensemble au cinéma à Auray ou à Lorient?

Il me fixait, semblant se demander d'où je tenais toutes ces informations. J'en rajoutai :

— Au début vous y alliez sur votre motocyclette, puis Bosser a acheté une 4 CV…

— En effet, dit l'ancien ostréiculteur, et c'est même à partir du moment où il a eu cette voiture que nos rapports se sont espacés.

— Vous vous êtes fâchés?

— Non, fit-il avec une moue, mais Robert a rencontré cette fille…

— Claire Marvoyer?

— C'est ça, et à partir de ce moment, ça a été comme si je n'existais plus.

Je sentis le dépit qui habitait encore le vieil homme. Il en voulait encore à son copain de l'avoir délaissé pour une femme. Enfin, une femme, c'était vite dit ! Claire Marvoyer était presque une gamine ! Quand on a la trentaine, une jeune fille de dix-huit ans est une gamine n'est-ce pas ? Et ce sacré Bosser qui, rien qu'en claquant des doigts aurait pu avoir Toinette, la plus belle fille du canton, une chaude luronne que tous les mâles convoitaient, s'amourachait de cette oie blanche ! Pendant des mois Guermeur avait trimballé Bosser sur sa motocyclette, et quand l'autre avait pu acheter une voiture, il avait laissé tomber son copain comme une chaussette sale.

— Il était amoureux, dis-je.

— Ça... fit-il en levant les yeux au ciel, on peut le dire. Il était mordu, et bien mordu.

— Que pensiez-vous de Claire Marvoyer, je veux dire à cette époque ?

— C'était une Marvoyer, dit-il, comme si ça expliquait tout.

Je le poussai dans ses retranchements :

— Mais encore ?

Il haussa les épaules une nouvelle fois :

— Ce n'était pas notre monde.

Je demandai :

— Ça veut dire quoi ?

C'était une question dont je connaissais la réponse. Lorsque j'avais rencontré Lilian Rimbermin, son père, maître Rimbermin, s'était bien arrangé pour me faire comprendre que je n'étais pas de son monde. Une femme flic fréquenter le fils du bâtonnier du tribunal de Rennes! Fi donc! Il avait expédié le garçon vite fait de l'autre côté de l'Atlantique, comme si j'étais contagieuse. Non, je n'étais pas du même monde que maître Rimbermin, j'arrêtais les malfaiteurs, lui les défendait. Et ça paye bien plus de défendre les truands que de les arrêter. En plus, on ne risque pas de prendre une balle ou un mauvais coup. Je me dis que je n'avais peut-être pas choisi la bonne voie. C'est une réflexion que je me fais de temps en temps, et pourtant plus ça va, plus je m'aperçois que ce foutu métier me colle à la peau au point qu'il m'est impossible d'envisager de faire autre chose.

— Quand on est fils d'ouvrier agricole, ajouta Vincent Guermeur, on ne s'éprend pas de la fille d'un colonel!

C'était proféré comme une évidence, une notion de simple bon sens que Bosser n'avait pas intégrée. Mais voilà, Bosser était amoureux et l'objet de sa flamme répondait à son désir. Alors…

— L'amour est aveugle, dis-je.

— Ça, c'est sûr… dit le vieux d'un air de le déplorer.

— Bosser s'était pourtant fait une belle situation…

Vincent Guermeur haussa les épaules d'un air de dire : « À d'autres! »

— Vous n'avez pas l'air d'y croire.

— Quand on voit comment ça s'est terminé!

Il y avait de l'amertume dans sa voix.

— Et comment cela s'est-il terminé, monsieur Guermeur?

— Vous le savez bien, fit le vieux avec humeur, Bosser a roulé tout le monde. Il a tapé dans la caisse des gens dont il était censé protéger les intérêts, il a fait de la taule et puis…

Il eut un geste triste et résigné de la main.

— Et puis il est mort, dis-je.

Il hocha la tête affirmativement. Je repris :

— Tandis que s'il avait épousé Toinette, il aurait eu dans sa corbeille de mariage une gentille petite affaire de café-restaurant au bord de l'eau… Ses vieux copains seraient venus boire le coup chez lui, il serait peut-être mort d'une cirrhose du foie, mais plus tard, bien plus tard. En bref, l'ordre des choses respecté, il se serait évité bien des ennuis.

Encore une évidence. Guermeur hocha une nouvelle fois sa tête chenue en signe d'approbation. Puis, pour se donner contenance, il prit la bouteille de muscadet, tendit le goulot dans ma direction en un geste d'invitation, et, après que j'eus refusé, remplit son verre.

Son fils s'affairait dans une sorte de cabane en planches construite au fond de l'atelier qui faisait office de bureau. Toute la paroi qui donnait sur les tables sur lesquelles on triait les huîtres était vitrée et je le voyais au téléphone, prenant des notes tout en jetant des regards furtifs dans notre direction.

À qui téléphonait-il ? Je devais me faire des idées. Il prenait probablement des commandes.

— Vous saviez que Bosser avait eu un accident ? demandai-je.

— Mais tout le monde le savait, fit Guermeur.

— Tout le monde, sauf la principale intéressée, Claire Marvoyer.

— Son père ne voulait pas qu'on en parle, alors on n'en a pas parlé.

Il réfléchit et jeta :

— D'ailleurs, comment aurait-on pu la prévenir ? Elle ne sortait guère des *Charmettes* et je n'allais pas lui téléphoner.

— Et pourquoi ?

— Parce que…

Ça lui semblait tellement évident qu'il ne savait comment l'exprimer.

— Parce qu'on ne téléphonait pas chez le colonel comme ça ! dit-il enfin. D'ailleurs, Bosser m'avait dit que lorsqu'il appelait aux *Charmettes*, c'était toujours la mère qui répondait. Et pas question de causer à la demoiselle !

Je lisais dans ses yeux fuyants qu'il n'avait d'ailleurs jamais eu l'intention de prévenir Claire. Son copain avait eu un accident, il n'en était pas mort, Dieu merci, mais son mariage était rompu. Dieu merci aussi, la fille repartirait à Vannes avec ses parents, et son copain lui reviendrait. La 4 CV réparée, on reprendrait les virées comme au bon vieux temps, lorsque Claire Marvoyer n'était pas encore venue troubler leur belle camaraderie.

Je m'arrêtai soudain : que venais-je de penser ? « La 4 CV réparée… »

— Dites-moi, monsieur Guermeur, qu'est devenue la voiture de Bosser après l'accident ?

— Ce qu'elle est devenue ?

Ma question semblait le plonger dans la stupeur.

— Je ne sais pas… Je suppose que le garagiste l'a remorquée et puis…

Il réfléchit, me regarda et redit :

— Je ne sais pas !

— Qui était garagiste ici à cette époque ?

Cette fois il répondit spontanément :

— Le vieux Berrou. Il était concessionnaire Renault.

— Il vit toujours ?

— Non, il avait l'âge d'être mon père. Il est mort depuis longtemps.

— Qui lui a succédé ?

— Son fils, Jean-Louis.

Puis il ajouta :

— Mais il est en retraite maintenant. On est de la classe.

— Vous le connaissez ?

Je lus dans ses yeux que c'était une question stupide. Comment ignorer un type avec lequel on a fait son service militaire ?

— Tout le monde se connaît ici.

— Je veux dire, vous étiez amis ?

La main qui tenait le verre oscilla de droite à gauche. Heureusement que Guermeur venait de le vider.

— Comme ça…

— Il vit toujours ?

— Oui, je le vois de temps en temps, il vient boire le coup au *Bar de la Criée*, à Étel.

— Vous n'allez pas au *Café de la Cale* ?

Il secoua la tête négativement et je ne lui demandai pas les raisons qui le faisaient éviter cet établissement.

— Où habite-t-il, ce Berrou ?

— Où était son garage, au lotissement des Goélands, près de la plage de Kerhillio à Erdeven.

Je lui souris.

— Merci, monsieur Guermeur.

Il parut surpris que l'interrogatoire s'interrompe de la sorte.

— Y'a pas de quoi, fit-il.

Il me compta deux douzaines de belles huîtres plates, celles que je préfère, en me mettant treize à la douzaine, comme on le fait pour un ami ou un bon client, et je dus insister pour les payer car le père Guermeur voulait me les offrir.

Le vieil ostréiculteur les emballa avec dextérité dans un petit panier carré en bois déroulé et, avant de cercler le couvercle, il couvrit les coquillages d'une poignée de goémon qui sentait bon la marée basse.

Je refusai aussi le « petit coup pour la route » qu'il me proposait et je rejoignis la Twingo.

Vers l'estuaire, un pâle soleil jetait ses derniers feux. Je regardai ma montre : dix-huit heures. J'avais le temps d'aller jusqu'à Erdeven interviewer l'ex-garagiste.

Chapitre 15

Monsieur Berrou résidait près d'un lotissement où les maisons, construites sur le même modèle, étaient toutes revêtues du même enduit jaunâtre.

Au lieu de l'appeler « rue des Albatros », (qui ne semblaient pas pulluler dans le ciel), il aurait été plus réaliste de la nommer « rue des Maisons jaunes ».

Seules les peintures des fenêtres et des huisseries permettaient de les distinguer l'une de l'autre.

La maison de l'ancien garagiste devait dater des années trente et avait été rajoutée sur ce qui avait dû être un garage de réparation automobile. L'artisan avait d'abord bâti un hangar, puis il lui avait donné un étage pour se faire une habitation.

Sur le trottoir, devant la maison, deux ronds creux dans le ciment marquaient l'emplacement de pompes à essence disparues et on accédait toujours au logis par ce qui avait été le magasin de l'établissement.

Je sonnai à la porte et un septuagénaire vint m'ouvrir. De taille moyenne, il se tenait un peu voûté en avançant la tête pour me regarder par-dessus des lunettes de myope qu'il portait sur le bout du nez.

— Qu'est-ce que c'est?

Il paraissait plus surpris qu'inquiet, paraissant se demander ce que je voulais lui vendre.

— Monsieur Berrou?

— Lui-même…

Son crâne poli brillait sous la lampe de l'entrée mais bizarrement la couronne de cheveux qui lui restait était d'un noir de jais, au point que je me demandai s'il ne se faisait pas une teinture. Pourtant la coquetterie ne paraissait pas être son souci principal. Il portait, sur une chemise de toile écrue, une cotte bleue de mécanicien qui paraissait sortir du pressing.

Je lui tendis la main :

— Bonjour, monsieur Berrou, je m'appelle Mary Lester… Vous ne me connaissez pas…

Il fit non de la tête en plissant les lèvres d'un air perplexe.

— Je suis la personne qui hérite des *Charmettes*…

Il parut se réveiller :

— Ah… *Les Charmettes*! C'est donc vous…

Il me considéra des pieds à la tête et se retourna vers l'ombre du couloir pour jeter :

— Louise! Louise! Viens donc, c'est la demoiselle qui a hérité des *Charmettes*!

J'entendis un bruit de chaussons traînant sur le carrelage du sol et une grande femme maigre apparut, la main sur le cœur, comme pour maîtriser une trop forte émotion. Elle avait un long visage chevalin constellé de verrues d'où jaillissaient des poils raides qu'elle devait couper une fois par semaine. Elle me considéra du haut en bas et fit :

— Ah…

Puis ils s'effacèrent simultanément et dirent avec un bel ensemble :

— Mais entrez donc !

Sur la droite, il y avait une grande pièce qui avait dû être autrefois le magasin où madame faisait les factures et encaissait les ventes d'essence. On avait conservé les étagères métalliques sur lesquelles devaient s'entasser les courroies, bougies, ampoules de rechange et autres accessoires automobiles. Maintenant ces étagères étaient pleines de petits pots contenant une invraisemblable collection de cactus.

— La passion de mon mari, dit madame Berrou en voyant que je regardais cette serre d'un genre particulier avec surprise.

— Ainsi vous cultivez les cactus ? demandai-je à l'ex-garagiste.

— Oui, dit-il fièrement, j'en ai plus de cinq cents espèces différentes.

Je faillis dire : « sans compter celles qui ornent le visage de madame », mais je me retins et je pinçai la bouche pour qu'on ne voie pas que j'avais une folle envie d'éclater de rire. Sans les comprendre, j'ai toujours admiré les collectionneurs pour leur obstination opiniâtre à rechercher et à accumuler des objets qui, à mon sens, seraient bien mieux dans des poubelles que sur des étagères. On n'a jamais réussi à m'intéresser aux collections de timbres - hors la qualité graphique et esthétique de certaines vignettes - et les accumulations de vieilles pièces de monnaie, étiquettes de camembert ou papillons desséchés me laissent de marbre.

Les papillons sont faits pour voler, les épingler dans des cadres n'a pas de sens. Quant à la collection de cactus, ces plantes hostiles, pleines d'épines, j'aimais mieux qu'elle soit chez Berrou que chez moi.

Ces amateurs sont redoutables : lorsqu'ils ont enfourché leur dada, ils deviennent rapidement casse-pieds et pratiquement inarrêtables. J'en connais chez qui ça tourne à l'obsession et qui n'ont de cesse de vouloir vous convaincre de l'extraordinaire valeur de leurs ramassis et de l'intérêt de leurs recherches.

Je sentais qu'avec le père Berrou je n'allais pas y couper. Il me fit entrer dans son antre et entreprit de me nommer tel ou tel cactus qui ne fleurissait qu'une nuit tous les dix ans, de tel autre qui avait des fleurs tellement minuscules qu'il fallait un microscope pour les apercevoir. Vous parlez d'une affaire !

J'évacuai les cactus pour aller droit au but :

— Monsieur Berrou, dis-je, je sors de chez votre ami Guermeur, et c'est lui qui m'a parlé de vous.

— Guermeur, fit-il surpris en posant avec précaution un pot grand comme un verre à apéritif dans lequel deux boules couvertes d'une sorte de moisissure feutrée prospéraient.

— Il est en fleur, dit-il en couvant tendrement le pot du regard.

— Enchantée de le savoir, dis-je caustique.

Et je revins à mes moutons.

— Guermeur est bien de vos amis, non ?

— On est de la classe, finit par dire le jardinier des cactées.

— C'est ce qu'il m'a dit.

J'eus l'impression que le peu de cas que je portais à ses boules épineuses le blessait. Mais je n'en avais rien à faire. Je poursuivis :

— Monsieur Berrou, non seulement je suis l'héritière de Claire Thaler, que vous connaissez mieux sous le nom de Claire Marvoyer, mais je suis aussi capitaine de police et, à ce titre, chargée d'enquêter sur sa mort.

Il me regarda d'un air incrédule et je dus sortir ma carte pour qu'il consente à me croire.

Il bredouilla :

— Claire Marvoyer ? Mais elle est morte accidentellement, non ?

Je ne me mouillai pas :

— Peut-être, dis-je. Ce qui est sûr, c'est qu'elle est morte de mort violente ; en pareil cas, une enquête s'impose.

Il recula jusqu'à l'ancien bureau du garage, à présent reclassé en table à rempoter ses pelotes à épines, s'assit sur un siège de bureau en moleskine grise toute crevassée et chassa d'un revers de main une traînée de terre sèche qui maculait la plaque de tôle laquée, devant lui. Puis il me montra une chaise sur laquelle je me posai. Madame Berrou avait disparu pour aller surveiller sa soupe qui « était sur le feu ».

— Une enquête, dit l'ex-garagiste, pourquoi chez moi ?

Je le rassurai :

— Parce que j'interroge tout le monde, monsieur Berrou. Rassurez-vous, je ne vous soupçonne pas !

Il se détendit.

— En fait, dis-je, je voulais vous interroger sur des faits qui se sont passés voici bientôt un demi-siècle.

Il répéta avec stupéfaction :

— Un demi-siècle ?

— Oui. En fait, je voudrais que vous me parliez de Robert Bosser...

L'ex-garagiste émit une sorte de gémissement douloureux et heureusement qu'il ne tenait pas une de ses précieuses plantes à épines, il aurait été bien capable de la laisser choir sur ses cuisses, avec les dommages collatéraux que ça aurait pu occasionner dans ses parties nobles.

— Non! Ne venez pas me dire que vous allez continuer comme Claire Marvoyer!

Je le corrigeai:

— Vous voulez dire Claire Thaler…

Il balaya l'objection de la main. Pour lui, la petite Claire était toujours une fille Marvoyer.

— Et que faisait-elle, Claire Marvoyer?

Il eut un geste las. (Berrou avait les mains extrêmement volubiles et s'exprimait beaucoup par gestes.)

— Toujours à questionner tout le monde! Pff! Elle avait du temps à perdre!

— Elle questionnait tout le monde à propos de Robert Bosser?

— Eh oui! Soi-disant elle était amoureuse de Bosser…

— Pourquoi soi-disant? Vous n'y croyiez pas?

Nouveau geste vers le plafond. Au train où il allait, il ne tarderait pas à gifler un cactus et là…

— Mais si! Toutes les filles étaient amoureuses de Bosser!

— Il devait être jalousé alors.

Il expédia sa main vers le plafond et haussa les épaules:

— Bof… Il s'en foutait des filles, Bosser!

— Mais pas de Claire?

Cette fois il ricana:

— Faut croire puisqu'elle devait même se marier avec lui! Et puis il y a eu une embrouille: Bosser a eu un accident, il a fallu reporter la date de la cérémonie, et, finalement, le mariage a été annulé.

— Vous le connaissiez bien, Bosser?

— Bien sûr, ici tout le monde se connaît.

Je me fis l'avocat du diable:

— Il n'avait pas une très bonne réputation, paraît-il.

— Comme vous l'avez dit, il était jalousé…

— Jalousé? Pourquoi? À cause des femmes?

— Pas seulement. Il n'était pas comme les autres gars d'ici.

— Qu'entendez-vous par là?

L'ex-garagiste parut embarrassé:

— Vous savez, dans le milieu des années cinquante, les distractions étaient rares dans le Morbihan. Il y avait les bals, le samedi soir, et puis…

Il fit le geste de porter un verre à ses lèvres. Je traduisis:

— Ça picolait dur.

Il acquiesça de la tête, puis il serra les poings comme un boxeur qui se met en garde. Je dus de nouveau traduire.

— Après, il y avait des bagarres?

— Et comment! Des bagarres sanglantes. Les paras venaient de Vannes, les marins de Lorient pour nous piquer nos filles. Alors forcément…

— Et parmi ces filles, il y avait la Toinette.

— Ah oui, dit-il avec de la nostalgie dans la voix, une belle gonzesse, je peux vous le dire. On a du mal à le croire quand on la voit maintenant, mais c'était quelque chose!

— Et les gars se battaient pour elle?

— Oui. Et garce comme elle l'était, elle adorait ça.

— Mais Bosser, lui, ne se battait pas.

Il fit non de la tête et ajouta:

— Il n'allait pas au bal, il ne picolait pas, et la Toinette, il n'en avait rien à faire.

Puis il ajouta:

— Pas plus que des autres filles, d'ailleurs. Il était tout le temps avec Vincent Guermeur, si bien qu'on a dit un moment qu'ils étaient pédés.

— Il ne s'intéressait pas aux filles, jusqu'à ce qu'il rencontre Claire Marvoyer.

— Ouais!

— Et du coup il a laissé tomber son copain Guermeur.

— Ben oui.

— Et alors, qu'a fait Guermeur?

— Il s'est trouvé d'autres copains, il est venu au bal avec les autres, et puis « il a marié » la fille Pradic, Bernadette.

La tournure de phrase me fit sourire.

— Ce que je ne comprends pas, dis-je, c'est pourquoi Bosser n'était pas apprécié par les autres jeunes. Il n'allait pas au bal soulever vos copines, lui.

— Non, mais quand on se cognait avec les paras ou les marins, on aurait bien aimé l'avoir à nos côtés. C'était un drôle de costaud, vous savez. Les filles étaient toutes prêtes à tomber dans ses bras, mais il n'en faisait pas cas. Et tout cet amour inutilisé s'est transformé en haine. Quand il a été poursuivi par la justice, personne ne s'est levé pour le défendre.

— Même pas vous?

— Pourquoi l'aurais-je fait ? demanda-t-il d'un air de défi. Bosser jouait les seigneurs avec moi. Il ne me regardait même pas. Je lui préparais sa voiture et il me jetait cinquante centimes comme à un domestique. Il ne se prenait pas pour de la petite bière, Bosser ! Sous prétexte qu'il avait fait son service dans l'aviation et qu'il savait - soi-disant - piloter des avions.

Il eut un geste dubitatif de la main :

— C'est ce qu'il disait, personne n'a été vérifier !

— Mais il savait réellement piloter, dis-je, il avait obtenu son brevet de pilote civil en 1958 et je peux même vous dire qu'il fréquentait l'aérodrome de Quiberon.

— Tss ! fit Berrou avec mépris. À l'époque il y avait juste deux coucous sur une sorte de champ à vaches mal tondu. Et on appelait ça un aéroport !

Sa mauvaise foi commençait à m'agacer.

— N'empêche qu'il savait piloter.

— Et alors ? dit Berrou, pour ce que ça pouvait lui servir ici…

— Ça lui servait, monsieur Berrou. Ça ne lui servait peut-être qu'à se faire plaisir, mais il allait régulièrement voler à l'aéroport de Quiberon. Son instructeur, le chef pilote Legallu, affirme qu'il était très doué…

— Ouais, marmonna Berrou. Il se faisait plaisir, mais c'était pas Mermoz, hein !

Je sentis que le garagiste, à cette époque, était lui aussi jaloux des succès de Bosser. Et ça s'expliquait.

— Je sens que vous n'étiez pas de ses amis.

— Non, dit-il franchement. J'avais quatre ans de moins que lui, et son affaire de comptabilité marchait déjà bien. Moi, je n'étais qu'un misérable apprenti mécano qui se faisait botter le cul par son père trois fois par jour.

Ah! Le papa Berrou éduquait son garçon à la dure. À soixante-dix ans passés, le fiston en gardait encore de la rancœur. Mieux valait passer à autre chose.

— Parlons-en, de cette voiture, dis-je, c'est votre père qui la lui avait vendue?

— Oui. Le père était agent Renault et Bosser s'occupait de sa comptabilité. Comme il en avait assez de visiter ses clients à vélo, il avait demandé au père de lui trouver une bonne occase.

— Ce que votre père a fait.

— Ouais. Il la lui avait même vendue à crédit : quatre échéances. Mais Bosser s'est planté avant même de payer la dernière.

— Donc il a également lésé votre père?

Berrou haussa les épaules :

— Mais là, ce n'était pas de sa faute.

— Parce que pour les autres c'était sa faute?

Nouveau haussement d'épaules :

— Faut croire. Il a été condamné pour ça, non?

Je ne répondis pas.

— On m'a dit que c'était votre père qui avait été chargé d'enlever la voiture après l'accident.

— Oui, je m'en souviens bien puisque c'est moi qui suis allé la récupérer. J'ai pris le Dodge - à l'époque c'était la dépanneuse, un half-track laissé par les Américains après la guerre - et j'ai sorti la 4 CV du marais.

— Racontez-moi ça!

— Ben, elle était sur le toit. On ne voyait que les roues qui dépassaient.

— Et Bosser?

184

— Il avait eu de la chance, il avait été éjecté sans quoi il aurait été tué sur le coup. Vous voyez, on dit la ceinture de sécurité… Eh bien si Bosser en avait mis une, il serait mort noyé dans sa voiture. Il avait été sonné, il avait reçu un sacré choc sur le crâne mais le froid de l'eau l'a réveillé. Il a réussi à se hisser jusqu'à la route et c'est le docteur Dubois qui faisait ses visites qui l'a trouvé, saignant comme un bœuf, sans connaissance. Aussitôt il l'a embarqué dans sa voiture et l'a transporté à l'hôpital d'Auray. Après il a appelé les gendarmes qui nous ont prévenus et le père m'a envoyé récupérer la bagnole.

Finalement, j'avais de la chance. Près de cinquante ans après l'accident de Bosser, je retrouvais un témoin de première main qui était tout disposé à collaborer.

— Quel est votre sentiment sur cet accident ?

— Mon sentiment ?

— Oui, vous avez été sur les lieux, vous vous intéressiez aux voitures puisque c'était votre métier, vous devez bien avoir une idée sur les circonstances de cet accident.

Berrou leva les épaules et laissa tomber :

— J'y ai jamais rien compris. À cet endroit la route fait une courbe et elle longe le marais. Elle n'est pas très fréquentée et autant vous dire qu'à cette époque, elle l'était encore bien moins que maintenant.

— L'accident s'est produit de nuit ?

— Probablement, la commande des phares était en position allumée.

— On n'a jamais su ce que faisait Bosser sur cette route ?

Berrou me regarda comme si j'avais perdu la boule. Que fait-on sur une route? On roule! Quant à savoir où il voulait aller, quarante ans après, la bonne plaisanterie! Les gendarmes avaient conclu à un accident et les gendarmes ont toujours raison.

Je vis son front se plisser.

— Pourtant… dit-il.

Je fus immédiatement sur mes gardes.

— Pourtant quoi, monsieur Berrou?

— Pourtant l'aile gauche et la portière avaient été enfoncées comme si…

— Comme si quoi?

— Comme si une autre voiture l'avait heurtée.

— Vous êtes sûr?

Il haussa les épaules. Évidemment qu'il était sûr.

— C'est moi-même qui ai réparé la 4 CV.

— Mais ce choc pouvait dater de plusieurs jours, dis-je.

— Non, dit Berrou, Bosser était passé prendre de l'essence le matin même au garage et la voiture était intacte.

Je digérai l'information, puis je demandai:

— Et ensuite, qu'est devenue cette voiture?

— Comme je viens de vous le dire, je l'ai réparée…

Il avait l'air embarrassé. Sans doute, en l'absence d'héritiers, il avait fait main basse sur le véhicule. Il n'y a pas de petits profits.

— Et vous l'avez revendue, dis-je.

— Non, dit-il, je l'ai gardée.

— Vous l'avez gardée!

— Oui, elle était en si triste état que les gendarmes nous ont conseillé de la mettre à la casse. Mais moi je la voulais, cette voiture. Alors le père m'a laissé faire. Je l'ai remise en état moi-même - presque un an de boulot, tous les dimanches. Mais quand j'ai eu fini, elle était comme neuve.

Il me regarda comme si j'allais l'engueuler :

— Vous savez, elle était un peu à nous, Bosser devait encore son dernier versement au père…

Il s'agissait bien de ça !

— Et ensuite, qu'est-elle devenue, cette fameuse 4 CV ?

— Ben, dit Berrou en baissant la tête, elle est là.

Je ne réalisai pas tout de suite ce que l'ex-garagiste venait de dire et, quand je m'en rendis compte je m'exclamai :

— Vous voulez dire que vous détenez toujours la 4 CV de Bosser ?

Si je l'avais accusé de camoufler une demi-tonne de cocaïne, il n'aurait pas eu l'air plus impressionné.

— Oui, fit-il d'une toute petite voix.

Je n'en revenais pas.

— Où ça ? demandai-je.

Berrou montra du pouce une porte métallique dans son dos.

— Là, dans le garage.

Chapitre 16

Jean-Louis Berrou n'avait pas que les cactus comme passion. Je m'étais imaginé que la grande bâtisse de briques couverte d'Éverite contenait un fatras de pièces hétéroclites, de vieilles voitures dormant sous la poussière, de souvenirs de son ancien métier, de machines obsolètes enveloppées de toiles d'araignées conservées on ne sait trop pourquoi et que ses héritiers auraient un jour à vider. Eh bien ! je m'étais trompée.

J'eus l'impression d'entrer dans une cathédrale moderne dédiée au culte du moteur à piston. Des murs, peints d'un blanc immaculé, l'entre-poutres isolée par des plaques d'aluminium brillantes, la charpente métallique rivetée, laquée d'un rouge éclatant ; on eût dit que l'entreprise de peinture venait de passer la veille.

Pas la moindre trace de cambouis sur le sol de ciment peint en beige sable, aussi brillant que s'il venait d'être ciré. Dans le coin atelier, des dizaines de clés chromées luisaient, rangées par ordre de taille au-dessus d'un établi aussi net qu'une table d'opération.

Sur des cales de bois, une voiture, ou plutôt un fantôme de voiture au squelette rouillé, aux portières trouées par la corrosion, sans roues, sans vitres, sans la moindre trace de peinture.

Qu'espérait-il tirer de cet amas de rouille ?

— Je vous présente Rosalie, dit Berrou fièrement. Coach Citroën 15 CV 1934. Un modèle introuvable.

Son enthousiasme faisait plaisir à voir. Quiconque d'autre qu'un fêlé comme lui aurait couru chercher un camion grue pour expulser ce tas de ferraille hors de son beau garage. Pourtant Berrou avait pour l'épave le regard de Chimène.

— Vous l'avez récupérée sur le *Titanic* ? demandai-je.

— Non, dit Berrou insensible à l'ironie. Dans une ferme. C'était la voiture d'un châtelain qui l'avait camouflée sous des meules de foin pour qu'elle ne soit pas réquisitionnée par l'occupant pendant la guerre. Et puis le châtelain est mort, son fermier a été tué à la guerre et la voiture, oubliée, est restée soixante ans sous son tas de foin pourri. C'est quand la ferme a été vendue que le nouveau propriétaire l'a découverte. Il me l'a donnée, fit-il d'un air extasié, vous vous rendez compte, il me l'a donnée !

Joli cadeau, pensai-je. Je demandai :

— Que comptez-vous en faire ?

Il jeta sur moi un regard à la fois surpris et indigné.

— Mais la restaurer, la restaurer comme les autres !

Il poussa une porte et actionna un interrupteur. Rangées au cordeau, une impressionnante armada de vieilles voitures remplissait l'immense garage. Vieilles par l'âge, car à les voir ainsi briller de mille feux sous les rampes lumineuses que Berrou avait allumées, on se serait cru au salon de l'auto en 1950.

J'en restai le souffle coupé.

Berrou ne disait mot, jouissant de ma stupeur.

— Ça alors! dis-je enfin.

Toute une rangée était consacrée à la production Renault à travers les âges, depuis la NN à cul pointu jusqu'à la Dauphine et la R 8 Gordini avec ses bandes blanches. Il y avait aussi des Citroën, de la traction à la SM en passant par la DS 19, des Peugeot et une splendide décapotable crème et bordeaux qui paraissait être le clou de la collection.

— Cabriolet Talbot-Lago, dit laconiquement Berrou en me voyant fixer mon attention sur cette voiture d'exception.

Je me retournai :

— Tout ça c'est à vous ?

Il hocha la tête :

— Oui. Une vie de passion automobile… Et vous voyez cette Talbot-Lago ? Eh bien, quand je l'ai eue, elle était en plus mauvais état que la Rosalie!

— Plus mauvais état, protestai-je, ça ne se peut pas!

— Si, mademoiselle, ça se peut, affirma Berrou.

— Comment faites-vous pour avoir les pièces ?

— Il y a des bourses d'échange et, quand je ne les trouve pas, je les fabrique. J'ai les fiches techniques d'usine. Ces voitures étaient faites avec un outillage assez simple. J'ai un tour - il me montrait une curieuse machine luisante d'huile -, avec ça et le tour de main, on peut tout faire.

Je voulais bien le croire, mais quelle compétence et surtout quelle patience ça devait exiger !

Il me montra une 4 CV gris clair.

— Ma passion a commencé par celle-là…

Je demandai :

— C'est la voiture de Robert Bosser ?

— Oui.

Il ajouta :

— C'est cette voiture qui a été à l'origine de mon envie de conserver et de restaurer des voitures appelées à disparaître.

Il sourit :

— Je ne peux pas dire que ça m'a coûté cher à l'achat. Le plus souvent, c'étaient des bagnoles à bout de souffle que l'on reprenait pour vendre une voiture neuve. Le père les envoyait à la casse. Moi, j'ai réussi à en sauver en les planquant dans les granges à droite et à gauche. Puis, quand le père est mort, j'ai commencé à les retaper. Le dimanche le plus souvent, au grand désespoir de ma femme qui aurait préféré aller se promener. Et puis, lorsqu'on découvrait une épave comme celle de la Rosalie, les malins rigolaient : « envoyez-la à Berrou, il va la remettre à neuf ». Ils pouvaient bien se moquer, maintenant il y en a pour des sous dans ce hangar !

Il leva les épaules :

— Mais ce n'est pas l'argent qui m'intéresse, c'est de redonner vie à ces merveilles.

D'un geste presque affectueux, il chassa de la manche une poussière invisible sur l'aile de la 4 CV. Je m'approchai de ce qui était en quelque sorte l'ancêtre de ma Twingo. Je posai ma main sur son petit nez camard. Il n'y avait pas trace de poussière.

Je demandai à Berrou :

— C'est vous qui faites le ménage ?

— Je fais tout ici, dit-il, ma femme n'y entre jamais.

— Et vous continuez vos restaurations ?

— Vous avez vu la Rosalie ?

Je hochai la tête.

— Il y en a d'autres en attente chez des particuliers.

D'un geste large il embrassa l'atelier.

— J'ai tout conservé : le pont hydraulique, le local à peinture, j'ai même racheté des machines à coudre à un sellier qui arrêtait son activité, pour refaire les sièges et piquer des cuirs, des moleskines ou des velours épais. Je suis mieux équipé que lorsque j'étais en activité, et, comme je travaille seul, je n'ai plus de salopards de grouillots pour mettre le bazar dans le garage.

J'ouvris la portière de la 4 CV après avoir demandé :

— Je peux ?

Berrou souriait, ravi de voir que j'appréciais son travail. L'intérieur de la petite voiture sentait le neuf. À un demi-siècle de l'accident et après un pareil lifting, il n'y avait évidemment plus rien à trouver.

Je m'installai au volant, je fis coulisser la vitre et je demandai à Berrou :

— Elle marche ?

— Évidemment, dit-il.

— Vous les sortez quelquefois ?

— Bien sûr ! Il y a des rallyes de vieilles voitures et parfois les chaînes de télé ou des réalisateurs de films me les louent pour des tournages.

— Vous savez ce qui me plairait, monsieur Berrou ? demandai-je…

Il me regarda avec l'air de quelqu'un que plus rien

ne peut surprendre. Je terminai ma phrase :

— ...c'est que vous m'emmeniez dans cette voiture sur les lieux de l'accident.

Il me regarda, perplexe, paraissant se demander ce que ça cachait.

— Pourquoi pas ? dit-il enfin.

Il m'interrogea du regard :

— Demain ?

Je consultai ma montre, il était dix-neuf heures trente. Je n'allais tout de même pas faire manquer son programme télé à cet homme obligeant.

— Demain ça m'irait très bien, acquiesçai-je. Dix heures ? Ce n'est pas trop tôt ?

— Non, pas du tout.

Je sortis de la voiture et claquai la portière. Puis je regardai la partie arrière.

— Vous m'avez dit que l'aile arrière et la portière avaient été endommagées ?

— Oui, mais j'ai tout réparé, on ne voit plus rien.

Je me rendais bien compte qu'on ne voyait rien. S'il cherchait un satisfecit pour l'excellence de son travail, je voulais bien le lui décerner.

— En effet. Beau boulot, monsieur Berrou !

— Tout ça a été redressé au marteau, expliqua-t-il, maintenant pour la moindre éraflure on change la portière, mais à l'époque il fallait remettre tout en forme à la main.

— Quand vous l'avez remise en forme, comme vous dites, vous avez dû vous apercevoir de ce qui avait provoqué le dommage.

— Que voulez-vous dire ?

— Eh bien, s'il avait heurté un arbre ou un mur, vous vous en seriez aperçu.

— Bien entendu. Mais un choc de cette nature ne peut pas avoir été causé par un obstacle immobile comme un arbre ou un mur.

Il ajouta prudemment :

— Du moins je ne l'ai jamais vu. Et des voitures accidentées, j'en ai eu plus que mon compte.

Il ajouta, après réflexion :

— Non, cette voiture-là avait été heurtée par une autre voiture.

— Vous êtes sûr ?

— Oui, il y avait des traces de peinture noire sur le gris clair de la carrosserie.

Et il précisa :

— Car elle a gardé sa couleur d'origine.

Je m'étonnai :

— Ça n'a pas troublé les gendarmes ?

Berrou fit un geste d'ignorance.

— Je ne sais pas.

Et il ajouta :

— Sans doute que non. Ils ont fait leur rapport comme si Bosser était sorti de la route tout seul.

— Mais après, ils ont tout de même dû l'interroger ?

— Probablement, dit Berrou, mais Bosser est resté quelque temps dans le coma et ensuite il avait des trous de mémoire. Alors, pour savoir ce qui s'était passé…

Et puis, pensais-je, ça t'arrangeait bien, mon vieux Berrou ! (Qui n'était encore, à l'époque que le jeune Berrou, d'ailleurs.)

Plutôt que d'emprunter subrepticement la dépanneuse du garage pour aller au bal, il avait vu le moyen de se procurer une conduite intérieure à bon

194

compte. Enfin, à bon compte, façon de parler! Au prix de dizaines d'heures de boulot tout de même.

Qui sait s'il n'avait pas tremblé à la pensée que, Bosser se rétablissant, il vienne quelque jour réclamer sa voiture?

Encore une question qui resterait sans réponse.

Je regagnai le *Champ des Druides*, mon panier d'huîtres sous le bras. Il me restait suffisamment de pain et de beurre du petit déjeuner pour faire un somptueux dîner.

Il y a de bons moments dans la vie. Ce repas d'huîtres en écoutant Mozart en était un et je mesurai ma chance. Les flics qu'on voit à la télévision dînent le plus souvent d'un mauvais sandwich ou d'une pizza vénéneuse dans une voiture déglinguée puant le tabac en surveillant un quartier pourri.

Ça m'était arrivé, bien sûr, à moi aussi; raison de plus pour savourer, même en solitaire, ce souper de gala.

Lorsque je me réveillai, le lendemain, j'avais de nouveau - par la grâce de ma bonne hôtesse - des croissants et une baguette sur ma table, et cette fois madame Cocoual avait poussé le zèle jusqu'à faire le café qui était au chaud dans son pot de verre.

Allons, la journée s'annonçait sous les meilleurs auspices. Il y a comme ça des matins où le ciel est tout bleu, où on se réjouit à la perspective d'une belle journée, et soudain un vilain nuage noir apparaît et tout est gâché.

C'était la réflexion que je me fis en voyant la camionnette des gendarmes s'arrêter devant ma porte. Les duettistes Lepaul et Oliveira en descendirent.

Chapitre 17

J'ouvris ma porte avant qu'ils ne frappent et lançai cordialement :

— Bonjour messieurs, vous voilà bien matinaux ! Si vous voulez vous donner la peine d'entrer, je viens de faire du café.

Mon enjouement, un peu forcé je dois le dire, ne parut pas les impressionner.

— Nous ne sommes pas venus pour boire du café, dit Oliveira sèchement.

Toujours aussi gracieux, celui-là. J'eus envie de lui dire : « allons, détendez-vous, mon vieux », mais je ne suis pas sûre qu'il aurait apprécié. Il arborait son air le plus service service. Je lui assénai mon plus beau sourire à bout portant.

— J'ai aussi de la tisane…

Il me jeta un regard furieux tandis que l'adjudant-chef Lepaul réprimait un sourire.

— Pour ma part, dit ce dernier, j'accepterais volontiers un petit café.

Bon, le patron était dans de meilleures dispositions que l'arpète. On allait pouvoir avancer. Les deux gendarmes entrèrent et Lepaul s'assit tandis que son acolyte restait debout près de la porte, les pouces passés dans la ceinture de son pantalon, dans une attitude qui désapprouvait ouvertement la position de son chef et qui me disait : « essaye un peu de te sauver, ma petite ».

Comme je n'éprouvais pas le besoin immédiat d'aller prendre l'air, comme je n'avais aucune raison de me sauver, je l'ignorai. Je servis une tasse de café à l'adjudant-chef et m'en resservis une également.

Puis je m'assis face à lui :

— Alors, adjudant-chef ?

Il prit un sucre, touilla le café et me répondit sur le même ton :

— Alors, capitaine Lester…

Il me regarda en souriant et ajouta :

— On m'a laissé entendre que vous seriez chargée d'enquêter sur la mort de Claire Thaler ?

— Vous avez bien entendu, dis-je après avoir avalé une gorgée de café.

Puis j'ajoutai :

— J'espère que vous n'y voyez pas d'inconvénient ?

— Pas le moindre, dit-il, sauf que…

— Sauf que quoi ?

— Sauf qu'il n'est pas d'usage qu'un suspect soit chargé d'une enquête dans laquelle il est impliqué.

C'était Oliveira qui, d'une voix aigre mais fort intelligible, venait de ciseler cette phrase impérissable. Je me retournai vers lui et demandai doucement :

— Pourquoi dites-vous un suspect, monsieur Oliveira ? Il faut être précis, je suis une femme, il aurait fallu dire « une suspecte ».

Il émit un méchant petit rire :

— Pas la peine de finasser !

Puis il grommela quelque chose de désobligeant sur les méthodes de la police « qui l'étonneraient toujours ».

— Vous avez de la chance, lui dis-je en le fixant droit dans les yeux.

Il ricana :

— De la chance ? La chance de vous rencontrer, peut-être ? Quelle modestie !

Il commençait sérieusement à me courir, celui-là.

— Je ne vous parle pas de ça. Mais il n'y a pas un an, le colonel Raymond m'a proposé d'entrer dans la gendarmerie. Vous connaissez le colonel Raymond ?

Il hocha la tête, mal à l'aise. Raymond était une des huiles de la gendarmerie dans la région Bretagne.[17]

— Si j'avais accepté, poursuivis-je, je serais à l'heure actuelle sous votre uniforme avec un grade supérieur au vôtre. Et je n'aurais pas changé mes méthodes auxquelles vous auriez dû vous adapter, mon cher Oliveira. Maintenant, décontractez-vous et souriez, vous n'en serez que plus efficace et vous donnerez une image plus gratifiante de la gendarmerie.

Au lieu de se décontracter, il claqua les talons et se figea dans un garde-à-vous qui aurait fait le bonheur du colonel Marvoyer, menton en avant, l'œil fixé sur la ligne bleue des Vosges (ou quelque autre endroit de ce genre) il jeta :

— Adjudant-chef, je demande la permission de me retirer.

Lepaul fit un geste de la tête en soupirant et Oliveira sortit.

---

17. *Voir* Le renard des grèves, Tome 2, *même auteur, même collection.*

— Si l'adjudant-chef se sent en danger, il vous appellera, dis-je.

Lepaul me regarda avec agacement.

— Vous ne devriez pas l'asticoter comme ça, dit-il réprobateur, l'adjudant Oliveira est un excellent élément.

— Un peu borné peut-être ? suggérai-je.

Il éluda :

— Personne n'est parfait. Pour en revenir à notre affaire, rien ne prouve que madame Thaler ait été assassinée.

— Et rien ne prouve le contraire non plus, dis-je.

— Franchement, vous croyez toujours à la thèse de l'assassinat ? demanda Lepaul.

— Je ne crois rien, répondis-je prudemment, je cherche.

Il insista :

— Vous n'avez pas d'a priori ?

Je mis mes coudes sur la table et j'appuyai mon menton dans mes mains jointes.

— Pas d'a priori, adjudant-chef, juste une certitude.

— Ah, laquelle ? demanda Lepaul.

— La certitude que madame Thaler s'était rendue odieuse à une partie de la population en posant et reposant des questions sur son ancien fiancé, Robert Bosser.

— Odieuse ? redit Lepaul, vous n'exagérez pas un peu ? C'était une vieille personne, peut-être radotait-elle un peu, c'était de son âge. Mais si on se met à assassiner toutes les vieilles personnes qui radotent dans ce pays, ça va être le carnage !

Puis il s'esclaffa :

— Son ancien fiancé! Il y a plus d'un demi-siècle de ça. Entre-temps elle s'est mariée, elle a eu des enfants...

— Un enfant...

Il répéta:

— Un enfant et...

Je lui coupai la parole:

— Madame Thaler n'était pas si vieille, et elle ne radotait pas! Croyez-moi, c'était une personne qui avait toute sa tête. Une personne de cœur aussi.

Il ironisa:

— Vous dites ça parce qu'elle vous a légué sa maison?

— Ne soyez pas stupide, adjudant-chef! Quoi que vous pensiez, j'ignorais tout des dispositions testamentaires de madame Thaler. Et pour clore ce chapitre, sachez que je ne suis pas plus satisfaite que ça de cet héritage.

Lepaul me regarda d'un air de dire: « À d'autres, ma petite! »

— Alors, me dit-il, qu'auriez-vous souhaité?

— Ce que j'aurais souhaité? C'est que madame Thaler continue à vivre, qu'elle continue à venir aux *Charmettes*, et qu'elle continue cette enquête sur la mort de son ex-fiancé...

Lepaul ricana:

— Elle avait bien du temps à perdre!

— Eh oui, Lepaul, elle avait du temps à perdre. C'est même tout ce qui lui restait à perdre, du temps...

Je le regardai de nouveau:

— Au fait, pourquoi êtes-vous ici ce matin?

— Je suis venu vous dire que, pour nous, madame

Thaler est morte accidentellement.

— Ce sont vos conclusions ?

— Oui, et monsieur le juge d'instruction est d'accord. Le dossier est refermé.

Il me regarda d'un air finaud :

— À moins que vous n'ayez des éléments nouveaux ?

Je ricanai intérieurement, c'étaient plutôt des éléments anciens qui me laissaient à penser que cet accident pourrait ne pas être aussi accidentel qu'il y semblait. Mais ça, je ne pouvais pas le lui dire.

— Qu'allez-vous faire ? demanda l'adjudant-chef, rompant le silence qui s'était installé.

Mine de rien, en dépit d'une assurance affichée, je le sentais sur ses gardes. On avait dû lui dire pis que pendre du capitaine Lester.

— Je pense que vous avez raison, dis-je, ça ne peut être qu'un accident.

Ma réponse le surprit et je le vis se détendre.

— Certes, poursuivis-je, madame Thaler en a probablement agacé plus d'un avec ses questions, mais comme vous le disiez, si on se met à exterminer tous les casse-pieds de la terre… Pour ma part…

Il redevint soudain attentif.

— Pour ma part, je pense que je vais rester ici encore deux ou trois jours, et puis je rendrai mes conclusions à mon chef.

L'adjudant-chef se leva ; il paraissait satisfait. Je lisais dans ses pensées : « Toi, ma petite, tu veux te payer quelques jours de vacances aux frais de la princesse… À ta place, peut-être que j'en aurais fait autant. Mais c'est une affaire où la gendarmerie n'a pas à mettre le nez ».

— Merci pour le café, dit-il en me tendant la main.

Je l'accompagnai jusqu'à la porte. Au volant de la voiture bleue, Oliveira attendait, réprimant son impatience en tambourinant des doigts sur le volant. Il me balança un regard noir.

Je regardai ma montre : il me restait un quart d'heure pour me rendre à mon rendez-vous.

*

Le moteur de la 4 CV démarra au quart de tour. Berrou l'avait-il préchauffé pour m'impressionner ? C'était possible. Il pressa une télécommande et le volet de fer qui fermait le garage-musée s'enroula avec un bruit d'engrenages bien graissés.

Lorsque nous fûmes sortis, le volet se rabaissa automatiquement. Pour tenir dans ce genre de véhicule, mieux valait ne pas être grand. Mes genoux touchaient presque le tableau de bord mais Jean-Louis Berrou paraissait tout à fait à son aise.

Il me regardait de biais. Peut-être ma présence lui rappelait-elle les petites amies qu'il avait promenées dans ce véhicule. *Souvenirs, souvenirs…* C'est ce que chantait Johnny, non ?

La suspension de la petite voiture ne nous laissait ignorer aucune des aspérités de la route et son moteur, qui tournait rond, résonnait dans l'habitacle de tôle au point qu'il fallait élever la voix pour converser.

— Elle a combien de kilomètres ? demandai-je.

Berrou fit la moue :

— Plus près de deux cent mille que de cent ; à

vrai dire je n'en sais rien. Mais le moteur, lui, n'a certainement pas cinq mille kilomètres. Je l'ai récupéré sur une voiture neuve accidentée…

Rien ne se perdait avec le petit père Berrou. Avec son moteur presque neuf, la petite bagnole cahotait allègrement sur un chemin de campagne.

— Où allons-nous? demandai-je.

— À Locoal-Mendon, dit-il, c'est là qu'a eu lieu l'accident.

Une pancarte indiquait la direction du golf de Saint-Laurent; çà et là, l'armée pétrifiée des pierres debout, gardiens impassibles de la vieille Armorique, parés de leurs dorures de lichen, émergeait de la lande, dans son inébranlable ordre de bataille.

Le ciel bas et gris se trouait, laissant apparaître dans les effilochures de belles bandes d'azur.

Perché sur un gros tracteur rouge, un paysan labourait son champ suivi de près par une volée de goélands qui s'abattait sur le sillon à peine ouvert.

En Bretagne, que ce soit le marin qui trace son sillon dans la mer ou le paysan qui le creuse en son champ, le peuple des goélands est là, insatiable nettoyeur des laissés pour compte de l'homme.

De sa cabine l'homme reconnut la 4 CV et adressa un signe de la main à Berrou qui lui répondit.

— Fanch Portal, dit Berrou, il me garde deux voitures dans sa grange.

— Vous n'avez plus de place? demandai-je.

— Si, mais je fais les restaurations les unes après les autres.

Je compris qu'il ne lâcherait sa chère Rosalie que lorsqu'elle aurait retrouvé l'éclat du neuf. Vu son état actuel, ça ne serait pas pour tout de suite. Mais le temps ne semblait pas faire défaut à l'ex-garagiste. À preuve, il adorait rouler à soixante à l'heure dans ses tacots quand il aurait pu - et pour beaucoup moins cher - se payer une bagnole moderne comme tout le monde.

Comme s'il lisait dans mes pensées, il se mit à rire :

— Avec tout ça, dit-il, les gendarmes auront du mal à me trouver en excès de vitesse !

C'était sûr, on frôlait le soixante à l'heure dans les descentes. Avant d'arriver à Locoal-Mendon, il tourna à gauche et évita l'agglomération en empruntant une voie étroite où deux voitures devaient avoir du mal à se croiser. Je lus sur une pancarte : « Chemin de Cadoudal ».

— Où mène cette route ? demandai-je.

— Nulle part, dit Berrou. Locoal est dans une sorte de presqu'île et il n'y a que ce chemin pour y arriver.

— Cadoudal est véritablement passé par ici ? demandai-je.

— On le dit… Et c'est probable car les Chouans étaient en nombre dans la région. Il y a, au cimetière de Locoal, la tombe d'un certain J.-M. Emery, dit Hermely, chef des courriers dans l'armée de Cadoudal. Ces courriers risquaient leur peau en faisant passer les informations au général des Chouans car, lorsqu'ils en prenaient un, les bleus ne lui faisaient pas de cadeau. Dans le meilleur des cas, l'indigène était collé à l'arbre le plus proche et les bleus ne perdaient pas douze balles quand six suffisaient.

J'essayai d'ironiser :

— Vous appelez ça le meilleur des cas ?

— Oui, car ils pouvaient également se faire couper

en petits morceaux. Pour les faire parler, tous les moyens étaient bons. Et, têtus comme des Bretons, ils ne parlaient généralement pas. L'agonie pouvait durer assez longtemps.

— Quelle horreur! m'exclamai-je en fronçant le nez.

— Les Chouans n'étaient pas plus tendres, dit Berrou, croyez-moi, les Républicains n'avaient pas la partie belle pour débusquer les blancs dans ces marais qu'ils connaissaient comme leur poche.

Et il ajouta, comme si ça expliquait tout:

— C'était la guerre…

Il avait raison, mais ça n'enlevait pas une once d'horreur à ces comportements. Il ajouta:

— Il y a des centaines, peut-être des milliers de bleus qui dorment dans les tourbières, sans avoir vu venir le coup de fourche qui les a expédiés dans l'autre monde. Maintenant, ça s'est passé voici deux siècles…

Il me regarda par en dessous, semblant se demander si je n'allais pas aussi enquêter sur le chef des Chouans. Puis il arrêta la voiture dans une entrée de chemin.

— Voilà, dit-il.

J'ouvris la portière et sortis. L'air embaumait un parfum composite fait de l'odeur âcre de la mer mêlée à celle de la terre grasse qu'à deux champs de là le camarade de Berrou retournait de ses huit socs d'acier.

La route surplombait une zone humide que les grandes marées devaient recouvrir. On devinait des chenaux secrets où le flot sourdait insidieusement sous une végétation vert sombre couverte çà et là de goémons flottés.

Un muret de pierres sèches à peine haut d'un demi-mètre, effondré par endroits, longeait la route.

Berrou s'était planté devant une brèche plus longue que les autres.

— C'est par ce trou que la 4 CV a passé, dit-il.

Je m'approchai. La route surplombait le marais d'environ deux mètres.

— Bosser aura percuté le mur et la voiture sera partie en tonneaux, dit Berrou. Comme je vous l'ai dit, dans le choc la portière s'est ouverte et il a été éjecté. La marée était haute, il s'est retrouvé dans l'eau froide, ce qui l'a réveillé et qui l'a sauvé.

Je demandai :

— Il a pu reprendre pied sur la route sans aide ?

— Faut croire, dit Berrou, c'est là que le docteur Dubois l'a retrouvé, sans connaissance. En tout cas, personne n'est venu se vanter de l'avoir sorti de l'eau.

— Un vrai miracle que ce docteur soit passé là si opportunément, dis-je.

Berrou opina du chef.

— Où est-ce que ça mène ? demandai-je en montrant le chemin où Berrou avait arrêté la 4 CV.

— Au manoir de *Neizkaouenn*, dit Berrou.

Neizkaouenn, en breton, le nid de la chouette. Chouette… Chouan… Décidément, on était sur une terre marquée par l'histoire. Je demandai à Berrou :

— C'est une propriété privée ?

— Extrêmement privée, il y a un garde à l'année et il ne fait pas bon franchir les limites, même pour aller aux champignons. Les propriétaires n'y viennent que quinze jours par an.

— Vous les connaissiez ?

Berrou secoua la tête négativement.

— Non. Ce sont des gens de Paris, je crois.

Voilà qui était bien vague. Je montrai le chemin qui continuait.

— Et ce chemin, où mène-t-il?

— À la pointe de la presqu'île.

Il ajouta :

— Comme je vous l'ai dit, nous sommes dans une presqu'île.

— De sorte que… dis-je à mi-voix.

Berrou me regardait interrogativement.

— De sorte qu'il faut impérativement repasser par ce chemin pour sortir de la presqu'île… repris-je.

— Ça, c'est sûr, dit Berrou, il n'y a pas d'autre moyen.

Je le regardai :

— Dites-moi, monsieur Berrou, il n'y a pas beaucoup de circulation sur cette route.

— Vous voyez bien, fit Berrou.

En effet, nous n'avions, jusque-là, croisé aucune voiture.

— Je suppose, poursuivis-je, qu'à l'époque où Bosser a eu son accident il y en avait encore moins que maintenant.

— Il y avait moins de voitures, c'est sûr, dit Berrou, mais il y avait plus de monde.

Je fronçai les sourcils :

— Comment ça?

— Eh bien, les fermes étaient alors habitées par des familles nombreuses. Il y a un demi-siècle, tout le monde travaillait la terre, par ici. Toutes ces maisons restaurées que vous avez vues vides étaient alors peuplées et parfois surpeuplées. Et ce toute l'année !

Je réfléchis.

— Ce qui veut dire que le passage d'une voiture la nuit était un événement.

— Peut-être pas, mais sauf cas de nécessité personne ne se déplaçait la nuit.

— Bien, dis-je, supposons alors que quelqu'un de malintentionné donne rendez-vous à Bosser à la pointe…

Berrou me regardait comme si j'étais la pythie en train de rendre un oracle. Il souffla :

— Oui…

— Il s'embusque là, dans ce chemin avec sa voiture…

L'ex-garagiste était toujours pendu à mes lèvres.

— Il voit la voiture de Bosser passer. Bosser s'arrête à la pointe, personne ne vient. Au bout d'un moment, il comprend qu'on lui a fait une mauvaise blague et il fait demi-tour.

Le garagiste ne disait mot. Ça ne pouvait pas être autrement.

— Et là, dis-je, il a tout le temps de voir Bosser revenir. Quand la 4 CV arrive à sa hauteur, il la percute par l'arrière et l'envoie valser dans le marais.

Je frappai ma main gauche de mon poing droit en disant :

— Bang ! vous savez, comme dans les autos tamponneuses.

La bouche de Berrou formait un « oh ! » muet et horrifié.

J'ajoutai :

— Et forcément, comme aux autos tamponneuses, la voiture tamponnée part en toupie et floc ! dans le marais !

Mon chauffeur n'arrivait plus à refermer sa bouche. Je lui demandai :

— Dans les jours qui ont suivi, vous n'avez pas eu à réparer une voiture endommagée à l'avant ?

Il secoua la tête négativement.

— Mais qui, souffla-t-il enfin, qui aurait pu faire ça ?

— Ça, mon vieux Berrou, dis-je familièrement en remontant dans la 4 CV, c'est toute la question.

Chapitre 18

Phonse et Phine Kergouriec étaient inquiets, ça se voyait. Phonse, un solide sexagénaire un peu rondouillard, tournicotait sa casquette de velours usée entre ses doigts épais en me regardant à la dérobée. Joséphine, dite Phine, sa moitié, debout à ses côtés, s'efforçait d'arborer un sourire crispé mais ses mains qui se croisaient et se décroisaient dénonçaient son anxiété. Ils se trouvaient soudain plongés dans un cas de figure qu'ils n'avaient jamais dû imaginer : comme des ouvriers qui voient arriver un nouveau patron en se demandant de quoi demain sera fait.

Le nouveau patron c'était moi, Mary Lester, une gamine qui n'avait pas trente ans et à laquelle ils allaient désormais devoir obéir. Quant à leur lieu de travail, c'était cette bâtisse prétentieuse et austère campée au fond de son parc, qui dominait la ria de toute sa dérisoire majesté.

Je demandai :

— Il y a longtemps que vous travaillez pour la famille Marvoyer ?

Les époux se regardaient furtivement, en se demandant qui allait répondre. Ce fut Phine qui s'y colla :

— J'y suis venue j'avais pas quinze ans et j'en aurai tantôt soixante.

Elle baissa la tête et ajouta dans un murmure :

— Ma mère était déjà au service de monsieur Lebœuf…

— Elle a commencé toute jeune elle aussi, dis-je.

Elle acquiesça en hochant la tête avec empressement.

— Oui. À quatorze ans. On l'avait demandée pour garder les enfants du colonel.

— Jean-Baptiste et Claire, dis-je.

— Oui. Et puis elle est restée comme cuisinière.

— Et vous ?

— Moi, je gardais les petites filles de Jean-Baptiste, puis le garçon de Claire.

Entre-temps Alphonse avait été embauché comme jardinier…

Elle me regarda de nouveau par en dessous d'un air de dire : « ce qui devait arriver est arrivé… ». Je conclus :

— Alors vous vous êtes mariés.

Ils hochèrent la tête ensemble. Je n'avais pas encore entendu la voix d'Alphonse.

— Vous travaillez ici à l'année, monsieur Kergouriec ?

Il hocha la tête affirmativement.

— Quelles sont vos fonctions ?

— Le parc, dit-il d'une voix étranglée, et puis le jardin potager, le verger…

Et sa femme ajouta :

— C'est qu'il y a à faire, vous savez. Madame Claire voulait toujours que tout soit impeccable.

Je regardai autour de moi d'un air approbateur et constatai :

— C'est impeccable.

Les époux échangèrent un regard furtif, comme si cette reconnaissance de la qualité de leur travail était d'une importance capitale.

— Vous parlez du potager, dis-je, mais si j'en juge par sa dimension, il y a là de quoi nourrir un régiment. Que faisiez-vous des légumes en surplus ?

— Eh bien, on en mangeait, dit Phine après un nouvel échange de regards avec son mari.

— Et le reste, vous le vendiez ?

— Non ! dirent-ils en chœur.

Et Phine précisa :

— Madame Claire voulait qu'on les donne aux Restaurants du Cœur.

Et elle ajouta :

— Elle a toujours voulu qu'on entretienne la propriété comme au temps de son grand-père. Mais pour lors, en comptant les domestiques, il y avait une vingtaine de bouches à nourrir en été. Maintenant…

Eh oui, maintenant il n'y avait plus personne à nourrir puisque la propriétaire, madame Claire comme ils disaient, avait quitté cette vallée de larmes.

— Vous désirez peut-être faire le tour du propriétaire ? demanda Phine d'une voix hésitante.

La formule me colla instantanément la chair de poule. Le tour du propriétaire ? C'était de moi qu'on parlait ?

— Non, merci, dis-je précipitamment.

Je sentis tout ce que ce refus formulé trop brutale-

212

ment pouvait avoir de désobligeant et j'ajoutai :

— Plus tard... Je prendrai le temps... Je vous préviendrai avant de venir... Vous avez le téléphone ?

Phine se méprit, pensant que je souhaitais l'utiliser, et se tourna vers l'entrée de la maison :

— Oui, à l'intérieur...

Je la détrompai :

— Je voudrais simplement le numéro.

— Ah...

Elle me le donna et précisa :

— Il y a aussi un poste dans la maison de garde.

Car les Kergouriec habitaient la maison de garde. C'était une bâtisse de pierre de belle allure avec une toiture à quatre pans couverts d'ardoises, campée en bord de route, près de la grande grille de fer qui commandait l'allée sablée.

Je compris alors les raisons de l'angoisse de ces braves gens. Ils menaient, dans cette propriété où la maîtresse des lieux ne séjournait pas un mois dans l'année, une existence paisible. Ils avaient un toit, un emploi pas trop fatigant et pas de patron sur le dos. Ils se nourrissaient sur le domaine et s'il prenait au père Phonse l'envie de vendre quelques légumes de-ci de-là pour se faire un peu d'argent de poche, voire de se livrer à un troc avantageux, personne n'était en mesure de le contrôler et d'y trouver à redire.

Patatras ! Voilà que leur univers s'écroulait. Une nouvelle propriétaire arrivait et il se pouvait bien qu'elle les licencie, ou encore qu'elle vende *les Charmettes* à un patron bien plus exigeant.

À soixante balais, voir son avenir hypothéqué si soudainement, il y avait bien de quoi se faire des cheveux !

213

— Que va-t-il se passer ? demanda Joséphine d'une toute petite voix.

La question m'embarrassait. Du diable si j'étais en mesure de lui répondre !

— Se passer ? dis-je.

— Oui, fit-elle, que comptez-vous faire ? Nous garder ?

Visiblement, elle n'y croyait pas. D'ailleurs, elle ajouta d'une voix geignarde :

— Qu'est-ce qu'on va devenir ?

— Il faudra d'abord connaître exactement les circonstances de la mort de madame Thaler, dis-je prudemment. Et pour ça, nous devons avoir une conversation.

Bien entendu, les époux Kergouriec savaient quelle était ma fonction. Ils échangèrent un regard plein d'anxiété, semblant se demander s'ils n'allaient pas être mis en cause dans cette sinistre affaire.

Phine fit un pas vers l'entrée de la grande bâtisse mais il me vint à l'idée que ces braves gens seraient moins intimidés s'ils se trouvaient sur un terrain plus familier.

— Si vous le voulez bien, allons plutôt chez vous, dis-je.

Nous marchâmes en silence jusqu'à la maison de garde. Le sable blanc de l'allée crissait sous les semelles de mes mocassins et sous les sabots de bois des époux Kergouriec. La maison, trapue, ramassée sur elle-même, était blottie sous un hêtre de belle taille dont les feuilles commençaient juste à se teinter de roux. À terre, de gros pigeons peu farouches se gavaient de faines. Ils s'envolèrent lourdement à notre approche.

— Vous n'êtes pas chasseur? demandai-je à Phonse.

Il secoua la tête négativement et Phine précisa:

— Madame Claire interdisait de tirer sur les animaux.

Un vieux chien, sorte de griffon dont le pelage roux avait blanchi, nous regardait approcher en remuant la queue. Il avait des yeux d'un bleu tout délavé et quand je tendis la main pour le caresser, il me lécha d'une langue râpeuse.

— C'est Fred, dit madame Kergouriec.

— Bonjour Fred, dis-je.

Et, comme le chien restait couché, je remarquai:

— Il a l'air bien vieux.

— Si c'était un homme, il serait centenaire, dit Phine. Madame Claire l'avait recueilli sur la route où il errait. Ses maîtres, des touristes probablement, l'avaient abandonné. Comme il n'avait pas de nom, elle l'a appelé Fred.

Banale et triste histoire. Mais en ce qui concernait le vieux Fred, il ne semblait pas avoir perdu à changer de maîtres.

Un filet de fumée bleutée sortait du carré de cheminée. Phonse poussa de l'épaule la porte de bois massif qui s'ouvrit en grinçant, et je me trouvai de plain-pied dans une grande pièce au plafond bas qui servait tout à la fois de cuisine, de salle à manger et de vestibule.

Quelques souches se consumaient dans l'âtre, projetant de temps en temps une myriade d'étincelles dans le manteau de la cheminée et, à l'autre extrémité de la pièce, une antique cuisinière à charbon entretenait dans la maison une douce chaleur.

Phonse ôta sa veste de velours côtelé et l'accrocha à une patère fixée dans la porte. Il apparut en chemise écossaise ouverte d'où dépassait une épaisse toison grise. L'air sentait le feu de bois et la soupe au chou.

— Voulez-vous un peu de café ? demanda Phine.

J'acceptai et elle posa trois tasses de son plus beau service sur la grande table de bois ciré. Puis elle s'appliqua à verser le café qui était resté au chaud dans une haute cafetière de tôle émaillée sur un coin de la cuisinière.

Ce n'était pas ce breuvage qui allait m'empêcher de dormir, j'en avais goûté du plus fort au petit déjeuner chez les bonnes sœurs lorsque j'étais en pension.

Je regardai autour de moi, les murs blanchis à la chaux, la vieille armoire, le mobilier rustique et je constatai :

— Vous êtes bien ici !

— Oui, dit Phine en s'asseyant comme si, tout soudain, les jambes lui manquaient.

Son mari ne disait rien. Il tournait machinalement une bouffarde éteinte entre ses doigts.

— Vous pouvez fumer, monsieur Kergouriec, dis-je, la fumée ne me gêne pas.

Sa femme le regarda d'un air de reproche et il remit sa pipe en poche. Phine expliqua :

— Madame Claire ne supportait pas l'odeur du tabac.

J'eus envie de leur dire que là où elle était maintenant, plus rien ne la dérangerait, mais je m'abstins. L'ombre de Claire Thaler planait toujours sur *les Charmettes* et il faudrait quelque temps pour que les deux domestiques oublient cette présence occulte mais omniprésente.

— Elle venait souvent ici? demandai-je.

— Vous voulez dire ici, dans la maison de garde? Je hochai la tête affirmativement.

— Non. Elle n'y venait jamais. Lorsqu'elle avait besoin de nous, elle nous appelait au manoir.

Je notai que, pour ces deux-là, la grande maison était « le manoir ».

— Est-ce que madame Thaler recevait beaucoup de visites?

— Au début, oui, dit Phine, lorsqu'elle avait sa maison d'édition elle invitait souvent des écrivains, des connaissances de Paris. Et puis après il n'est plus venu personne.

— Après, vous voulez dire quand elle a vendu son affaire?

— Oui.

— Et elle, elle en faisait, des visites?

— Probablement.

— Comment ça, probablement?

— Elle ne nous disait pas où elle allait, n'est-ce pas!

— Mais vous le saviez.

Personne ne répondant, j'ajoutai :

— Vous le saviez car tout se sait ici. Comment madame Thaler se déplaçait-elle?

— Avec la voiture, dit-elle.

— La voiture? Je croyais qu'elle ne conduisait pas!

— Elle ne conduisait pas mais elle avait un chauffeur.

— Qui ça?

— Monsieur Nicolas.

— Et que fait-il maintenant, ce monsieur Nicolas?

— Il est taxi, à Belz.

Je ne comprenais pas bien.

— Donc elle commandait un taxi pour se déplacer.

Phine regardait son mari d'un air de l'aider à m'expliquer, mais Phonse ne semblait pas disposé à le faire.

— Elle appelait monsieur Nicolas, dit-elle enfin, mais il laissait son taxi dans la cour et il conduisait la voiture de Madame.

Je me souvins de ce que m'avait dit madame Cocoual.

— Ah, la voiture du grand-père Lebœuf?

Ils hochèrent la tête en cadence.

— Où est-elle, cette voiture?

Phine indiqua une porte cochère sur l'arrière de la maison:

— Dans le garage. Vous voulez la voir?

— Plus tard, dis-je.

Et j'ajoutais:

— Eh bien, voilà qui est intéressant!

Je me tournai vers Phonse:

— Vous entreteniez également la voiture?

Il hocha la tête et consentit enfin à parler d'une voix basse, comme s'il se confessait:

— Je vérifie que la batterie est bien chargée et je la fais tourner toutes les semaines.

— Donc elle est en bon état?

Il hocha la tête avec conviction:

— Oh oui!

— Mais vous, monsieur Kergouriec, vous savez conduire?

Phonse hocha sa grosse tête:

— Voui…

— Alors, pourquoi madame Thaler n'avait-elle pas recours à vos services pour la conduire?

— J'ai une mauvaise vue, dit Phonse, je ne peux pas conduire de nuit.

— Madame Thaler sortait souvent de nuit?

Ils se regardèrent, comme pour se consulter avant de livrer un secret et Phine laissa tomber:

— Oui, parfois…

Ils levèrent sur moi des yeux pleins d'inquiétude et d'interrogations. Je les sentais vraiment stressés.

— Ne vous en faites pas, dis-je, eu égard aux services que vous avez rendus à madame Thaler, je veillerai à ce que vos intérêts soient préservés.

D'accord, la phrase était vague, un peu creuse même. Mais que pouvais-je dire de plus?

En tout cas, elle eut l'air de les rasséréner et ils me serrèrent la main avec effusion lorsque je m'en fus.

Chapitre 19

Je trouvai monsieur Nicolas en train de bichonner son taxi devant sa maison. C'était un quinquagénaire rondouillard dont la femme tenait une sorte de bazar où l'on vendait un peu de tout, depuis l'article de pêche - cannes, moulinets, haveneaux - jusqu'aux objets souvenirs et les inévitables cartes postales présentées sur un tourniquet.

J'arrêtai la Twingo juste derrière sa 406 Peugeot bleu métallisé et m'approchai alors qu'il enroulait le fil de son aspirateur.

— Monsieur Nicolas?

Surpris, il se retourna vivement et me considéra avec curiosité.

— Oui?

— Je souhaiterais vous parler.

Il me regarda avec perplexité, puis se tourna vers le magasin de son épouse d'un air coupable. Je sortis discrètement ma carte:

— Police.

Il parut effaré, au bord de la panique.

— La police? Mais…

Je le rassurai :

— Ne vous inquiétez pas, ça concerne une enquête au sujet d'une de vos clientes.

Il souffla :

— Madame Thaler?

— Exactement.

Il parut soulagé. Puis il prit conscience qu'il avait toujours son aspirateur en main et il demanda :

— Permettez?

Je hochai la tête et il s'empressa d'aller déposer l'appareil dans le magasin. Pour autant, il ne me proposa pas d'entrer. Il revint immédiatement, frottant ses mains l'une contre l'autre comme s'il venait de réussir une affaire particulièrement fructueuse. Je n'allais pas l'interroger sur le trottoir. Je demandai en montrant le taxi :

— Vous êtes libre?

À nouveau il parut surpris et fit oui de la tête.

— Alors, allons-y!

Je m'installai sur la banquette avant où, après un instant d'hésitation, il me rejoignit. Puis il mit le contact et lança le Diesel.

— Où ça? demanda-t-il.

— Où vous voudrez, dis-je. Je ne vais tout de même pas vous interroger en pleine rue.

Il proposa :

— Étel?

— Va pour Étel, dis-je. Vous y conduisiez souvent madame Thaler?

Il éluda :

— Oh, je la conduisais un peu partout.

Et il ajouta, en me regardant de biais :

— C'était une bonne cliente. Parfois elle me disait : Eugène, allons faire un tour.

Il me regarda de nouveau de la même manière et précisa, pour le cas où je n'aurais pas compris :

— Je m'appelle Eugène.

Encore un à qui on avait dû dire du mal de l'intelligence des flics. Je ne relevai pas.

— Et c'était quoi, ce tour ?

— Bof, dit Eugène, ça ne nous menait pas loin : Étel, Erdeven, Ploemel, Locoal… On ne sortait guère des alentours de la ria. D'ailleurs, avec sa carriole…

— Vous conduisiez sa voiture.

— Oui, elle y tenait.

— Elle ne conduisait pas ?

Le taxi eut une moue d'ignorance

— Je ne sais pas.

— C'est une très vieille voiture, je crois.

— Ouais, une Delahaye de 1936 qui serait mieux à sa place dans un musée que sur la route.

— Elle est en mauvais état ?

— Non ! À vrai dire, elle est comme neuve. Je suis sûr qu'elle a moins de kilomètres que mon taxi.

— Vous plaisantez ? demandai-je incrédule.

— Pas du tout ! Le grand-père de madame Thaler, monsieur Lebœuf, l'avait achetée avant la guerre. Il s'en servait pour venir de Vannes aux *Charmettes*. Et puis pendant la guerre elle n'a pas roulé. Comme bien d'autres bagnoles, elle était sur cale, cachée derrière des bottes de paille. Sans ça, elle aurait été réquisitionnée par les Allemands. Après la guerre, le vieux monsieur est mort et son gendre a acheté une traction avant Citroën. C'était à la mode, alors.

— Et il n'a pas vendu la Delahaye ?

— Il ne pouvait pas, elle appartenait à sa fille.

— Ah, fis-je, le fameux legs du grand-père !

— Oui, et il a fait casser ce testament, dit Eugène.
Monsieur Lebœuf léguait à Claire *les Charmettes* et
tout ce qu'elles contenaient.

— Dont la voiture !

— Exactement !

— Et la voiture est restée au garage pendant tout
ce temps ?

— Oui, recouverte par une housse. Et quand
madame Thaler a repris la maison, elle a fait remettre
la voiture en état.

— Par monsieur Berrou, garagiste, dis-je.

Monsieur Nicolas hocha la tête affirmativement.

— Oui.

— Et ensuite vous promeniez madame Thaler
dans sa voiture.

— Exactement.

— Vous vous arrêtiez ?

— Parfois, mais le plus souvent on roulait lentement. Quand il faisait beau, elle ouvrait la vitre et
elle me disait : « Pas si vite, Eugène ». Mais moi j'étais
bien obligé d'avancer, derrière ça klaxonnait ! Elle me
disait : « Laissez passer, laissez passer ! » comme si ça
l'amusait.

— Et vous n'alliez jamais plus loin ?

— Si, la dernière fois que je l'ai vue, je l'ai
conduite à Vannes.

— Chez le notaire.

— C'est ça, fit Eugène, chez le notaire.

Il eut soudain l'air de réaliser quelque chose et,
soudain, toute timidité oubliée, il me regarda carré-
ment sous le nez :

— Dites donc, fit-il, c'est ce jour-là qu'elle vous a légué… C'est à vous?

Je répondis en détachant les syllabes:

— Madame Thaler m'a légué *les Charmettes*, en effet. Désormais le manoir m'appartient.

Il hocha la tête comme quelqu'un qui n'en revient pas:

— Ben ça, c'était votre jour de chance, on peut le dire!

Je lui laissai la responsabilité de cette assertion.

Et il ajouta, en hochant la tête:

— *Les Charmettes*, tout de même!

Visiblement cette fichue baraque avait marqué les populations locales et les supputations sur ce qu'il en adviendrait à la mort de Claire Thaler avaient dû aller bon train. Et en plus, il y avait cette bagnole dont je me demandais bien pourquoi le père Berrou ne m'avait pas parlé.

Je demandai:

— Monsieur Nicolas, pourquoi cette maison fait-elle si forte impression sur les habitants de la région?

Il réfléchit et dit en se grattant l'oreille:

— Ben… C'est quand même un bien beau domaine! Et puis c'était un des premiers dans la région. Le manoir a été construit à une époque où le département était extrêmement pauvre. Alors, voir une si belle demeure s'édifier dans un pays où il fallait travailler comme un diable pour gagner trois sous, ça a marqué, forcément.

— Vous avez connu Robert Bosser?

— Non, j'étais tout petit quand il est mort, mais par la suite qu'est-ce qu'on m'en a parlé!

— Qui ça, « on »?

— Eh bien, tout le monde. On ne parlait que de ça, au village. Pensez, un fils de pauvre maraîcher qui allait épouser la fille des *Charmettes*! Comme dans un conte de fées!

Conte de fées? On n'était tout de même pas à Monaco. J'espérais qu'il n'avait pas dit ça à Claire Thaler!

— Et alors, on l'enviait?

— Forcément, on l'enviait. C'était un beau brin de fille, Claire Marvoyer. Et puis on supposait qu'il y avait du fric, beaucoup de fric, dans la famille de la fiancée.

Il haussa les épaules:

— Tout ça s'est écroulé d'un coup…

— Madame Claire Thaler vous en parlait?

— Non, mais lorsqu'elle me demandait de la conduire ici ou là, je savais qu'il s'agissait encore de cette vieille affaire.

Je lançai un coup de sonde au hasard:

— Chez le juge Guiriec, par exemple?

Eugène Nicolas fut si surpris que son taxi fit une embardée. Il manqua d'emboutir un camion qui venait en face, et le chauffeur de celui-ci lui jeta par son carreau ouvert une épithète malsonnante. Mon chauffeur me regarda avec rancune, comme si j'étais une sorcière:

— Comment vous savez ça, vous?

— Eh, monsieur Nicolas, je suis de la police, ne l'oubliez pas. Je sais tout, ou presque, sur cette affaire. Combien de fois avez-vous conduit madame Thaler chez le juge Guiriec?

— À chaque fois qu'on sortait, on s'y arrêtait, dit le taxi.

— Elle était reçue par le juge?

— Une fois au début, et puis ensuite il n'ouvrait plus sa porte.

— Mais elle continuait d'y sonner?

— Non. Elle me demandait de klaxonner, et elle attendait dans la Delahaye en regardant la maison derrière la vitre de la portière. Elle me demandait de klaxonner trois fois, trois coups longs. L'avertisseur de la Delahaye est facilement reconnaissable. Il ne ressemble en rien aux avertisseurs des voitures d'aujourd'hui. Était-ce un signal entre eux? Je n'en sais rien. Toujours est-il que, dans la maison, une face pâle regardait aussi la voiture derrière la fenêtre. Je vous jure que c'était impressionnant. Des fois, j'en avais la chair de poule.

— Vous alliez aussi chez Denise Campion.

Ce n'était pas une question. Eugène Nicolas, regardant la route droit devant lui, hocha la tête.

— Oui…

— Et chez Antoinette Magouër…

Je vis ses mains blanchir sur le volant tant il le serrait.

— Oui…

— Toujours avec la Delahaye?

— Oui.

— Et elle vous demandait encore de klaxonner…

Le taxi hocha la tête affirmativement.

— Que se passait-il alors?

— On apercevait le visage de Toinette et de son neveu derrière les vitres.

— Et vous attendiez?

Il hocha la tête de nouveau.

— Ça devait vous paraître long…

— Oh oui alors! dit Eugène avec conviction.

Lui, c'était un homme simple. Pas un esprit tordu. Toutes ces magouilles, il désapprouvait, mais madame Thaler était une rente pour lui! Il n'y avait rien à refuser à une cliente comme ça.

— Chez qui alliez-vous encore?

— Chez Vincent Guermeur, chez Jean-Louis Berrou…

Et il précisa:

— Mais là on n'y est allé qu'une fois ou deux. Et puis là on ne klaxonnait pas. Elle sonnait à la porte et elle devait rester discuter je ne sais pas de quoi…

Moi je le savais bien, de qui ils discutaient! C'est pour ça que l'ex-garagiste et l'ex-ostréiculteur m'avaient paru excédés lorsque j'avais évoqué Claire Thaler et ses questions. Je me souvenais de Berrou s'exclamant: « Non! vous n'allez pas faire comme madame Thaler! »

— Ça durait parfois plus d'une heure, précisa Eugène.

Eh bien! Ça ne m'étonnait pas qu'ils en aient eu un peu marre, de ma vieille amie.

— Chez qui klaxonniez-vous encore?

— Chez la mère Campion.

— Denise Campion?

— Denise? Peut-être bien.

Denise Campion, cette secrétaire demeurée qui n'avait pas hésité à accabler Bosser.

— Et là, c'était le même cérémonial, les trois coups de klaxon et on attend?

— Oui, sauf qu'on n'attendait pas car cette folle jetait tout ce qui lui tombait sous la main sur la voiture.

Je regardai le chauffeur de taxi en réprimant un sourire.

— Dure vie que celle de chauffeur de madame Thaler, tout de même!

Eugène Nicolas hocha la tête affirmativement.

— J'espère que c'était bien payé.

Il acquiesça de nouveau :

— Pour ça, madame Thaler n'était pas chiche.

— Vous connaissez bien Guermeur et Berrou?

— Oui. Tout le monde se connaît, ici. Et puis Berrou était garagiste alors, professionnellement, nous avons souvent eu affaire ensemble.

— Avez-vous vu sa collection de voitures?

— Non, il n'y a pas grand monde à entrer chez lui. J'étais donc une privilégiée.

— Vous savez qu'elle existe, cette collection?

— J'en ai entendu parler, dit mon chauffeur. Il paraît qu'il y en a pour du pognon, là-dedans!

Pourquoi fallait-il qu'il ramène tout au fric? J'avais eu l'impression que le père Berrou agissait par passion, pas par esprit de lucre.

— Il ne lui manque que la Delahaye, dis-je.

Eugène Nicolas se retourna brusquement vers moi et demanda :

— Vous allez la lui vendre?

J'éludai :

— On n'en est pas encore là.

J'ajoutai :

— Et Guermeur?

— Guermeur? C'est un ancien ostréiculteur. Il donne encore un coup de main à son fils qui lui a succédé mais sa passion c'est d'aller braconner le bar dans l'estuaire.

228

— C'est un pêcheur?

— Le meilleur qui soit!

Nous avions atteint le port d'Étel et la Peugeot d'Eugène s'était arrêtée devant la criée au poisson. De l'autre côté de la ria, la dame du sémaphore veillait. Car derrière ces larges baies vitrées, une femme régnait sans partage, guettant inlassablement les bateaux pour les aider à franchir la dangereuse barre qui se formait à l'entrée du port et leur indiquer par radio où se trouvait ce méchant banc de sable qui se déplaçait sans cesse.

Côté Étel, la côte était polluée par une invasion d'immeubles résidentiels avec balcons sur l'océan. Mais de l'autre côté c'était toujours de la dune.

— Qu'est-ce qu'on fait? demanda mon chauffeur.

— Conduisez-moi chez cette dame Campion.

Il me regarda avec appréhension:

— Vraiment?

Je répétai:

— Chez Denise Campion, oui.

Je regardai Eugène, il avait l'air contrarié.

— Quelque chose qui ne va pas?

— Je vous l'ai dit, elle est un peu…

Il porta son index à sa tempe et fit un demi-tour. Geste explicite s'il en fut.

— Ne me dites pas que vous en avez peur!

Il s'exclama:

— C'est pas sur votre bagnole qu'elle va jeter des saloperies!

Ah, sa chère caisse! Il y tenait, Eugène Nicolas. Il suffisait de voir comme il la bichonnait à la peau de chamois! Tant que ça avait été la Delahaye de madame Thaler, il s'en fichait, mais maintenant que la Peugeot risquait d'être en première ligne, il n'en allait plus de même.

Je me souvenais d'avoir vu dans le dossier confié par Claire Thaler une note au sujet de cette Denise, secrétaire analphabète que Robert Bosser avait eu la faiblesse d'embaucher.

« Trop bon trop con », aurait dit Fortin avec sa formidable logique illustrée de formules choc.

Et, de fait, Bosser n'avait pas tardé à se repentir d'avoir introduit cette fille dans ses affaires. Par la suite, elle n'avait pas peu contribué à la chute de l'ex-fiancé de Claire. N'avais-je pas lu qu'elle était un peu simple ? Je reposai la question à Eugène.

Il me redit avec encore plus de conviction que précédemment :

— Un peu simple ? Complètement cintrée, oui ! Elle va vous bombarder avec tout ce qui lui tombera sous la main.

Et, comme je n'avais pas l'air de le croire, il ajouta :

— La pauvre madame Thaler a dû battre en retraite sous les assiettes qu'elle lui a jetées à la tête. Elle a même essayé de l'arroser avec de l'eau de Javel !

— Voyons quand même, dis-je avec un aplomb que je ne ressentais pas.

Les cinglés m'ont toujours mise mal à l'aise. On ne sait comment les prendre et on ne peut pas prévoir leurs réactions. Ce sont des malades et je n'ai pas une formation d'infirmière psychiatrique.

Autant je peux parer à la violence d'un suspect ordinaire (surtout quand Fortin est dans les parages), autant je me sens démunie dans les cas de démence. Et, si ce qu'assurait Eugène Nicolas était vrai, c'était à un cas de folie pure que je m'attaquais.

La voiture s'arrêta devant un pavillon séparé de la rue par un jardinet en friche. Un roquet se mit à hurler et un visage méfiant apparut derrière la vitre.

Quel accueil! Pas trop rassurée, je sonnai. La porte s'entrebâilla et la hure blafarde que j'avais entraperçue derrière la vitre apparut.

« Une gueule de vent debout », aurait dit mon grand-père François, ce qui était pire encore qu'une tête renfrognée. Une mégère, et pas apprivoisée, je vous prie de le croire, maquillée dans les tendances livides comme les mannequins valétudinaires des magazines féminins sur papier glacé. Je prodiguai mon plus beau sourire et dis d'un ton enjoué:

— Bonjour madame, je souhaiterais voir madame Denise Campion.

— L'est pas là! cracha la mégère.

Elle avait des joues pleines, un nez effilé, pointu; sa bouche aux lèvres minces comme une cicatrice était soulignée d'un rouge fluorescent qui ressortait sur un plâtrage de merlan prêt pour la poêle.

Ma grand-mère disait: « petite bouche et nez pointu n'ont jamais rien valu ». Je crois bien qu'elle avait raison. Dans le cas présent, le dicton se vérifiait pleinement.

Les yeux bleus, sous un casque de cheveux gris acier, ne cillaient pas.

— Et où est-elle donc? demandai-je suavement.

Elle me toisa avec mépris.

— Qu'est-ce que ça peut t'foutre? T'es de la police?

Elle s'apprêtait à me claquer la porte au nez mais je l'avais précédée en avançant mon pied, ce qui fit que le battant de bois lui revint dans la figure.

Je changeai de ton :

— Justement oui, je suis de la police ! dis-je en montrant ma carte.

Pendant tout ce temps, le roquet déchaîné aboyait sans discontinuer dans les tons suraigus qui me portaient sur les nerfs. Je voyais sa sale petite gueule aux babines retroussées sur des gencives roses pleines de dents pointues s'approcher dangereusement près de mes mollets et j'avais une envie folle de lui faire tâter de ma semelle. Malheureusement, je ne pouvais me permettre de mettre ce beau projet à exécution car si j'avais ôté mon pied, ça aurait permis à la mégère de fermer sa porte.

J'aime bien les chiens quand ce sont de bons gros toutous, mais j'avais eu plus souvent à faire à des molosses qui déshonoraient la race canine qu'à des labradors débonnaires et joueurs ou à de bons vieux zigues comme Fred.

La mégère me fixait avec un air de méchanceté à faire dresser les cheveux sur la tête, si bien que je commençais à me demander comment j'allais me tirer d'affaire.

Je haussai le ton en m'efforçant de ne pas me laisser gagner par l'atmosphère de folie qui régnait dans cette baraque.

— Alors, ça vient ?

— Quess' j'en ai à foutre des flics ! dit la mégère avec une distinction qui devait faire grand effet aux réunions de colocataires de son HLM.

— Je ne sais pas qui vous êtes, madame, dis-je d'une voix dangereusement calme, mais ou vous priez madame Denise Campion de me recevoir, ou je la convoque au commissariat de Vannes. Et je vous préviens que si elle ne se présente pas de son plein gré, je la fais chercher par deux gendarmes!

Ça ne parut pas l'impressionner. Elle éclata d'un rire hystérique, me tira la langue et cracha:

— Rien à cirer de ta convoc et de tes keufs! La vieille est à l'hosto, t'as qu'à aller la voir là-bas si tu veux!

Et, profitant de ce que j'avais reculé mon pied pour l'éloigner des canines putrides de son corniaud, elle réussit à claquer la porte. Puis j'entendis le bruit des verrous jouant dans leur gâche et le hurlement d'une bordée de jurons ponctués par de grands coups dans la porte. À se demander ce que cette malheureuse porte avait bien pu lui faire… Le tout assorti d'une volée de phrases ordurières que je n'ose même pas reproduire ici par crainte de troubler les âmes sensibles et de m'exposer à recevoir une abondance de lettres de protestations, et peut-être même d'être traitée de menteuse.

Et son molosse atrophié hurlait de plus belle. La mégère dut trouver que ça faisait mal de shooter dans la porte alors elle changea de cible. Ce coup de savate que j'avais projeté de balancer au corniaud, ce fut elle qui le donna et j'entendis une variation dans les hurlements: des « kaï kaï kaï » qui exprimaient l'indignation et la douleur.

Bizarrement, j'en tirai quelque réconfort.

Eugène avait suivi la « conversation » depuis son taxi. Il me regarda d'un air navré:

— Je vous avais prévenue!

— Pas à ce point-là, dis-je en respirant fort. Et puis, vous ne m'aviez pas dit qu'il y en avait deux.

— Ce doit être la fille, dit-il.

— Je m'en serais doutée, dis-je en regardant la porte de bois massif où la peinture verte s'en allait en lambeaux.

— Et encore, dit-il, vous n'avez pas connu la grand-mère.

— Celle qui avait reçu un pruneau dans la fesse à la Libération ?

Il parut surpris.

— Vous savez même ça ?

— Eh oui, mon vieil Eugène, j'en sais des choses…

Il ne s'offusqua pas de ma familiarité soudaine.

— En tout cas, dit-il, ça a fait des vacances à tout le quartier quand elle est clamecée. Je n'ai pas entendu beaucoup de gens la regretter. Vous savez aussi comment on la surnommait ?

— Non, dis-je.

— Borgnefesse ! Vous comprenez, c'est parce qu'elle n'avait…

— Ça va, j'ai compris, dis-je.

Dans la maison d'en face, de sa fenêtre, une voisine avait, elle aussi, assisté à la corrida. Je m'en fus sonner à sa porte et elle m'ouvrit immédiatement, comme si elle n'attendait que ma visite.

— Mon Dieu ! dit-elle en portant sa main à son cœur.

— C'est souvent comme ça ? demandai-je.

— Tous les jours, ma pauvre dame, dit-elle d'un air marri. Tous les jours… Même qu'aujourd'hui on a eu droit à deux séances ! Il y avait la grand-mère, et puis la mère, et maintenant que la mère est partie, c'est la fille… Je ne sais laquelle est la pire !

— C'est donc la fille de madame Campion ?

— Oui, sa fille Monique.

— Elle m'a dit que sa mère avait été hospitalisée. Elle est malade ?

La voisine porta sa main à son front.

— Malade de la tête, oui. On est venu la chercher de chez Boum.

Je fronçai les sourcils :

— Chez Boum ?

— De l'asile psychiatrique, quoi... Une ambulance et deux infirmiers, et puis il y avait aussi les gendarmes, le maire... Vous parlez d'un scandale ! Vous l'auriez entendue hurler !

— J'ai entendu la fille, dis-je, ça me suffit. Quelle mouche l'a piquée ?

— Le facteur lui a apporté un recommandé alors elle l'a mordu.

J'en restai un instant interdite, croyant avoir mal entendu :

— Pardon ?

— Je vous dis qu'elle a mordu le facteur ! dit la voisine en articulant. Même qu'il a fallu l'emmener à l'hôpital lui aussi. Elle lui a presque arraché l'index et le pompier a dit qu'il faudrait lui faire une piqûre anti-tétanos.

— Ben ça... Je pensais que c'était le chien qui l'avait mordu.

— Oh non, fit la voisine d'un air entendu, c'est qu'il se méfiait du chien !

C'était tout de même un comble, se méfier du chien et être mordu par la maîtresse ! On sait que les facteurs en voient de toutes les couleurs, mais tout de même...

— C'est pour ça que la fille est dans tous ses états !

— Pour ça et pour autre chose.

Elle se pencha vers moi pour me dire, sur le ton de la confidence :

— Le facteur elle s'en fiche, vous pensez, mais comme elle a perdu son emploi…

Effectivement et par les temps qui courent, il n'y avait pas de quoi rendre quelqu'un joyeux.

— Tout ça par sa faute ! ajouta la voisine.

— Que faisait-elle ?

— Elle était secrétaire comptable dans une entreprise de chauffage-électricité et elle a détourné des fonds.

Eh eh ! La secrétaire ne se contentait pas de taper à la machine, elle tapait aussi dans la caisse !

— Donc il y a faute lourde, dis-je, elle ne pourra même pas prétendre aux indemnités…

— C'est pis que ça ! s'exclama la voisine, comme elle était sur le point d'être découverte, elle a dénoncé son patron aux impôts, en disant qu'il ne déclarait pas les sommes versées en liquide par les clients. En réalité, c'est elle qui les empochait !

Elle me regarda d'un air malin et ajouta :

— Au lieu de les porter à la banque, vous comprenez ?

Je hochai la tête. Je voyais bien le plan.

— Du coup, poursuivit la voisine, son patron a eu un redressement tel qu'il n'a pas pu y faire face. Vous pensez, en plus des détournements que cette garce avait opérés… Il a déposé son bilan le mois dernier.

Je sifflai admirativement. Telle mère, telle fille ! Décidément il ne faisait pas bon confier ses intérêts à cette dynastie d'escrocs.

— Mais, dit la voisine d'un air réjoui, elle s'est fait prendre !

— Comment ça ? demandai-je.

— Avec cet argent elle avait acheté une villa dans le golfe…

Elle parlait bien sûr du golfe du Morbihan, pas du golfe Persique.

— Alors maintenant il y a un procès, poursuivit la voisine. Elle est dans le bain jusque-là !

Elle passa sa main sur sa pomme d'Adam pour indiquer à quel niveau arrivaient les emmerdements de la voisine. Et elle me demanda d'une mine gourmande :

— Vous croyez qu'elle va aller en prison ?

— Ce n'est pas impossible, dis-je.

La grand-mère au cimetière, la mère chez les dingues, la fille en taule, le quartier allait en être tout assaini.

Je remontai dans le taxi après avoir remercié l'obligeante voisine. Au milieu de ces maisons coquettes, fleuries, aux jardinets soignés, le gourbi de la folle déparait autant qu'une incisive pourrie au milieu d'un sourire publicitaire.

Chapitre 20

Eugène, mon chauffeur, conduisait lentement, en silence. Je lui avais demandé de passer devant la maison du juge Guiriec. Comme nous approchions, il me montra la maison de la main :

— C'est là.

Je ne lui dis pas que je le savais, je n'étais pas censée y être venue de nuit.

Il me regarda, mal à l'aise :

— Qu'est-ce qu'on fait ?

— Passez au ralenti, dis-je, et donnez deux coups de klaxon.

Il fit comme j'avais dit et je vis immédiatement apparaître la silhouette du juge derrière la fenêtre de l'étage. La Peugeot passa en roulant au pas, puis lorsque le profil de la route nous eut dissimulés à la vue du juge, je commandai à mon chauffeur :

— Ramenez-moi maintenant.

Il eut l'air soulagé. Je lui demandai :

— Comment madame Thaler était-elle habillée lors de ces visites ?

Mes questions paraissaient toujours le surprendre.
Il réfléchit.

— Elle était toujours vêtue de noir, avec un chapeau…

— Un chapeau comment?

Il parut ruminer la question, puis il dit:

— Un chapeau noir.

Je m'impatientai:

— Un grand, un petit? Essayez de vous souvenir!

— Un chapeau noir avec un truc devant, une sorte de filet dit-il, vous savez, comme les dames en mettent pour aller aux enterrements…

— Vous voulez dire avec une voilette?

— C'est ça, une voilette! Je cherchais le mot.

Il arrêta la voiture derrière ma Twingo et dit:

— Nous y voilà!

Il consulta le compteur et me dit:

— Ça fera vingt-deux euros cinquante. Je vous fais une fiche?

— S'il vous plaît.

C'était bien la première fois que je dépensais une telle somme pour un interrogatoire. Je comptais bien m'en faire rembourser.

*

Je repris ma voiture et retournai jusqu'à la maison du juge. Cette fois j'entrai dans le jardin et sonnai à la porte. J'entendis la fenêtre grincer au-dessus de ma tête et une voix hargneuse demander:

— Qu'est-ce que c'est encore?

Je reculai de trois pas et levai la tête pour regarder par-dessus la marquise. De sa fenêtre entrouverte, le juge Guiriec me regardait d'un air peu amène. C'était un homme à la figure mince, à la bouche acrimonieuse, avec des touffes de cheveux d'un blanc pisseux qui lui pendaient dans le cou. Des yeux durs, tourmentés, me fixaient derrière des lunettes à monture d'acier.

— Monsieur Guiriec?

— Oui! Et alors?

Sa bouche se tordait sur le côté droit lorsqu'il parlait.

Quel accueil! J'avais dû tomber un mauvais jour. Le pays du sourire n'était pas à l'affiche sur la rive sud de la ria.

Je sortis ma carte et la brandis:

— Capitaine Lester, police nationale. Je voudrais vous entendre dans le cadre de l'enquête sur la mort de madame Claire Thaler.

Il eut un mouvement de recul puis il demanda d'un air incrédule:

— Vous voulez quoi?

— Vous entendre.

Et, comme il ne bougeait pas, qu'il ne parlait pas, j'ajoutai une nouvelle fois:

— C'est dans le cadre de la mort de madame Claire Thaler.

Enfin il demanda:

— Qu'est-ce que j'ai à y voir?

— Si vous vouliez avoir l'obligeance de descendre et de m'ouvrir la porte, je pourrais vous l'expliquer plus commodément.

— Mademoiselle, me dit-il d'une voix furieuse, je n'ai nullement l'intention de descendre et encore moins de vous ouvrir ma porte. Je n'ai rien à voir avec cette personne qui est décédée, si j'en crois la presse, accidentellement. Maintenant…

Il se recula pour clore le battant mais j'eus le temps de lui dire:

— Monsieur Guiriec, ne me contraignez pas à vous convoquer au commissariat de Vannes. Je n'en ai que pour quelques minutes et le dérangement serait pour vous infiniment plus grand si vous deviez vous déplacer jusqu'à Vannes.

Il rouvrit sa fenêtre pour me considérer avec condescendance.

— Pauvre petite imbécile, laissa-t-il tomber avec mépris, vous ne savez pas à qui vous avez affaire!

Cette considération ne me troubla pas mais elle renforça ma résolution. Les gens qui se prévalent de leur fortune ou de leurs relations pour se croire au-dessus de la loi commune m'irritent au plus haut point. Et plus j'avance en âge, plus ils m'irritent. Et quand je dis qu'ils m'irritent, je suis polie!

— Si je ne me trompe pas, dis-je d'une voix calme, j'ai affaire à monsieur Ludovic Guiriec, quatre-vingt-deux ans, juge d'instruction en retraite depuis 1982… Est-ce bien cela?

Et, comme il ne me répondait pas, j'ajoutai:

— De par votre ancienne fonction, vous devriez être mieux informé que quiconque de l'obligation qui est faite à tout citoyen de répondre aux questions d'un policier dûment mandaté. Je ne me souviens pas d'avoir lu que les juges d'instruction en retraite étaient exclus de ces dispositions.

— Fichez le camp, glapit-il d'une voix hystérique, fichez le camp ou j'appelle la police.

Je lui fis remarquer:

— La police, c'est moi.

— Alors j'appelle la gendarmerie!

— La gendarmerie ne pourra faire autrement que de me prêter main-forte pour vous entendre.

En disant ces mots, je savais que j'avais perdu la partie. Si, comme les gendarmes me l'avaient affirmé, le juge avait retenu l'hypothèse de l'accident dans le cadre de l'affaire Thaler, je ne pourrais jamais interroger ce vieux salaud.

Car maintenant j'étais sûre que c'était un vieux salaud, j'étais sûre que son rôle dans l'affaire n'était pas aussi limpide qu'il le laissait entendre. Sans ça il m'aurait reçue normalement, nous aurions devisé cinq minutes, il m'aurait affirmé qu'il ne connaissait pas Claire Thaler, qu'il n'avait pas bougé de chez lui le jour du meurtre et je n'aurais eu qu'à repartir les mains vides. Chou blanc pour Mary Lester!

J'entendis la fenêtre se fermer. Un peu plus j'attrapais un torticolis à rester ainsi la tête en l'air.

Je repartis au *Champ des Druides*.

*

Je m'étais allongée sur mon lit, un oreiller sous les pieds. Ma sono de poche donnait le concerto numéro un pour flûte et harpe de Wolfgang Amadeus Mozart et je me laissai emporter par le charme, si bien que, comme d'habitude, je m'endormis.

Je rêvai que j'étais enfermée au premier étage d'une maison et que chaque nuit des revenants venaient frapper à ma porte. J'avais beau leur dire de s'en aller, ils frappaient de plus en plus fort.

Finalement je m'éveillai et, effectivement, on

frappait à ma porte. Mais ce n'étaient pas des revenants. Je me levai en bâillant et en bredouillant sans conviction :

— Voilà… Voilà…

Puis je regardai par la fenêtre de toit et je vis la camionnette des gendarmes. Ils avaient dû m'entendre car les coups cessèrent.

Je me passai rapidement un peu d'eau fraîche sur le visage et je descendis.

— Vous dormiez ? maugréa l'adjudant-chef Lepaul lorsque j'ouvris la porte.

— Non, mentis-je, j'étais plongée dans un dossier.

— Il y a dix minutes qu'on frappe, dit-il.

Je regardai ma montre et mentis avec aplomb :

— Non, adjudant-chef, sept minutes et trente secondes exactement.

Ça lui en boucha un coin.

— Vous entendiez et vous n'ouvriez pas ? gronda Oliveira qui se tenait en retrait, propre comme un sou neuf et sombre comme un faire-part de funérailles.

Encore une fois, il était prêt à mordre.

— Monsieur Oliveira, lui dis-je avec ce toupet dont j'use et abuse surtout lorsque je mens, j'étais en communication avec le divisionnaire Fabien, mon patron, et je lui communiquais quelques informations sur une autre affaire que vous n'avez pas à connaître.

J'avais appuyé sur « mon patron » et sur « que vous n'avez pas à connaître » si bien que je pensais l'avoir mouché ; mais il ne put se retenir de grommeler :

— Vous avez de drôles de façons de fonctionner, dans la police !

J'éludai :

— Chacun ses méthodes, on juge de leur effica-cité en fin de partie. Comme disait mon grand-père, « c'est à la fin de la foire qu'on compte les bouses ».

Oliveira fronça les sourcils :

— Ce qui veut dire ?

— Ce qui veut dire que tant que la fin de la partie n'est pas sifflée, le score n'est pas acquis.

S'il ne comprenait pas les dictons pleins de bon sens de la France profonde (ses origines probablement) peut-être entendrait-il le langage footballistique qui a cours même chez les Lusitaniens en exil.

L'adjudant-chef reprit la main, avec de l'agace-ment dans la voix :

— Je croyais vous avoir dit que pour ce qui était du décès de madame Claire Thaler, la fin de partie était sifflée. N'étiez-vous pas d'accord pour laisser tomber ?

— Que me reprochez-vous, à la fin ? demandai-je avec la plus parfaite mauvaise foi.

— Le juge a dit : « accident », explicita Oliveira avec un sourire de loup qui découvrit ses dents trop blanches.

— Ac-ci-dent, redit-il en détachant les syllabes. Vous comprenez ce que ça veut dire ?

Je le regardai d'un air méprisant. Il me prenait pour une demeurée ou quoi ?

— Ça veut dire, poursuivit-il, qu'on laisse tomber, qu'on n'interroge plus personne à ce sujet.

— Je vois, dis-je, on n'interroge personne, et surtout pas le juge, ou plutôt l'ex-juge Guiriec. Je me trompe ? Il y a plus de vingt ans qu'il est en retraite et vous tremblez encore devant lui. Il devait avoir le bras long, le monsieur!

— Capitaine, je vous dispense de vos commentaires, dit sévèrement l'adjudant-chef.

Il détacha soigneusement ses paroles:

— Ce dossier est clos! Et je vous conseille une dernière fois de laisser monsieur Guiriec tranquille. Il pourrait vous poursuivre pour harcèlement.

— J'en suis persuadée, dis-je.

— Ça ne ferait pas bien sûr vos états de service, ajouta Lepaul.

J'éclatais d'un rire nerveux. Mes états de service! S'il avait su ce que je m'en tapais, de mes états de service, ce bon Lepaul.

— Et je suis sûre, dis-je, que vous n'hésiteriez pas à abonder dans son sens.

— La loi m'y oblige, capitaine, dit l'adjudant-chef. Quand le juge d'instruction dit qu'une affaire est classée, elle est classée. Nous n'avons pas à nous substituer à la justice. Je vous le redis, si j'étais vous, je ferais vivement mes bagages et je regagnerais non moins vivement mon commissariat.

Ces braves gendarmes avaient hâte de me voir disparaître de leur horizon. Seulement l'adjudant-chef n'était pas Mary Lester… Ce qu'il aurait fait, je n'en doutais pas, c'est ce qu'il venait de me recommander si chaudement. Quant à moi, j'avais d'autres projets. Quoi qu'il en dise, la partie n'était pas encore jouée.

Mais dans l'instant, je ne pouvais que céder. Ou tout le moins, feindre de céder.

— C'est bien ce que je comptais faire, dis-je d'un air déconfit qui parut réjouir Oliveira.

— Vous m'en voyez ravi.

Je m'efforçais de faire bonne figure, mais j'enrageais. L'adjudant-chef avait raison, il n'y avait qu'à se plier aux injonctions des instances judiciaires.

— Je peux tout de même passer jusqu'à ma maison? demandai-je.

— Votre maison? demanda l'adjudant-chef.

— Eh bien oui, *les Charmettes*. Vous vous souvenez, madame Thaler m'a légué cette propriété. Maintenant que la thèse criminelle est rejetée, je peux hériter, non?

— Si personne ne conteste ce testament, dit Oliveira. Et, de vous à moi, ça m'étonnerait qu'il ne soit pas contesté.

Il arborait toujours ce sourire mauvais.

— Et ça vous ravirait qu'il le soit, dis-je.

Il me sourit encore plus largement, si bien que j'éprouvais soudain une irrésistible envie de le gifler. Il n'attendait que ça, l'ignoble. Je parvins à me dominer.

— Ce sera tout? demandai-je d'un ton sec.

— Hon hon, fit l'adjudant-chef avec un demi-sourire.

Je fermai doucement ma porte et j'attendis qu'ils s'en aillent. Un rideau retomba dans la maison de ma logeuse. Elle devait se demander pourquoi les gendarmes venaient si souvent chez elle.

Chapitre 21

Je traversai la cour et frappai à la porte de madame Cocoual qui m'ouvrit immédiatement. C'était l'heure du café pain beurre et tout le monde était autour de la table, dans la cuisine. Je les saluai :

— Bon appétit !

— Ils vous aiment bien, les gendarmes, dit ma logeuse mi-figue mi-raisin.

— Si on veut, répondis-je.

Elle me proposa une tasse de café que j'acceptai avec plaisir. Comme elle versait le breuvage fumant dans un bol, je demandai :

— Est-ce que vous connaissez le juge Guiriec ?

Bizarrement, je les sentis tout soudain sur le qui-vive. Mamie Jeanne, dans son fauteuil à roulettes, en resta la biscotte en l'air et Louis plongea le nez dans son bol.

— Comme ça… finit par dire Ginette Cocoual. Et elle ajouta l'inévitable phrase :

— Ici tout le monde se connaît !

— D'autant, dis-je, qu'il habite à Belz depuis très longtemps.

Ils ne me répondirent pas.

— Pas loin d'un demi-siècle. Pas vrai Mamie Jeanne? demandai-je en fixant la vieille dame.

— Peut-être même plus, dit-elle, mais au début il n'habitait pas là. Il ne venait qu'aux vacances. Et puis il a fait construire cette maison sur la lande, là où personne n'avait, jusque-là, eu l'idée de bâtir.

Elle émit un petit rire entendu:

— Il n'avait pas dû payer le terrain bien cher!

— Depuis, renchérit madame Cocoual, personne n'a pu bâtir à cet endroit. Vous avez vu comme sa maison est isolée?

Oui, j'avais vu, ça m'avait même sauté aux yeux, ce n'est certes pas là que je serais venue planter mes choux à la retraite. Une maison de cauchemar pour un vieil ours mal léché. L'ex-juge ne devait pas avoir une vie très folichonne. Je ne pus m'empêcher de penser: Bien fait!

— Alors on a compris que cet homme-là avait le bras long, dit mamie Jeanne, et on s'est méfiés de lui.

Je laissai tomber comme une évidence:

— Il fréquentait le *Café de la Cale*…

Je les vis échanger des regards par en dessous.

— Peut-être bien, redit mamie Jeanne.

Et sa fille Ginette rajouta prudemment:

— S'il fallait faire la liste de tous ceux qui ont été, pour un motif ou pour un autre, clients de ce bistrot…

— Je m'en doute, dis-je. Mais je crois savoir qu'il y avait deux clientèles: celle ordinaire des marins pêcheurs, des ostréiculteurs qui venaient y boire un coup leur journée terminée, et l'autre…

J'attendis, mais personne ne broncha.

— L'autre, repris-je, celle des gens de la ville, qui, dans l'anonymat d'un bistrot perdu au fin fond du Morbihan, venaient participer à des parties un peu plus olé olé que les beuveries ordinaires.

— Que voulez-vous dire? demanda madame Cocoual.

— J'évoque ce que tout le monde sait dans le pays, mais dont personne ne veut parler: les soirées prolongées dans les pièces au-dessus du bar… Des messieurs de la ville, bien sous tous rapports, venaient au *Café de la Cale* pour rencontrer des filles légères. Je sais aussi qu'Antoinette Magouër n'hésitait pas à payer de sa personne, si je puis dire.

— Bah, dit madame Cocoual avec indulgence, c'était un peu le bordel, tout le monde sait ça. Et alors? C'est vieux, il y a prescription.

— Je le sais bien qu'il y a prescription, dis-je. Mais il n'empêche qu'à l'époque, jamais la tenancière n'a été inquiétée pour ces faits. Or, toujours à l'époque, les autorités étaient bien plus attentives et répressives pour ce qui concernait les entorses à la morale. On a vu des bistrots fermés pour moins que ça.

— Eh bien, chez Antoinette, ça n'a jamais été fermé, dit Ginette péremptoire. Ça prouve que les gendarmes n'ont jamais rien trouvé à lui reprocher.

Je répondis du tac au tac:

— Ça pourrait aussi prouver qu'Antoinette Magouër avait des protecteurs assez puissants pour lui éviter des désagréments judiciaires.

Il s'ensuivit un assez long silence, tout le monde évidemment pensait au juge Guiriec sans oser le nommer. Je mis les points sur les i:

— Et vous savez à qui je pense.

Nouveau silence. Je bus une gorgée de café. Mamie Jeanne mastiquait sa biscotte avec un bruit de concasseur et Louis était toujours aussi silencieux.

— Oh, dit enfin madame Cocoual, il est vrai qu'à l'époque le *Café de la Cale* était considéré comme un mauvais lieu. J'avais treize ou quatorze ans et ma mère m'interdisait formellement de m'en approcher.

— C'était point un lieu pour les jeunes filles! fit mamie Jeanne d'un ton sentencieux et avec une autorité que je ne lui soupçonnais pas. C'était plein de catins et de vieux vicieux!

— Parmi lesquels le juge Guiriec, dis-je, mais il n'était pas si vieux, à l'époque.

— Oh, il n'était pas le seul! dit la vieille dame. Des hommes mariés, de quarante ans et plus, qui louchaient sur des gamines qui venaient de faire leur communion. C'était du propre!

Tiens donc, on ne parlait pas encore de pédophilie à l'époque. Et pourtant...

— Et qui étaient les autres?

— Des hommes de loi, des industriels, des avocats de Vannes qui venaient faire du genre avec leurs belles voitures.

Le pauvre Robert Bosser, en refusant de quitter ce local où Antoinette voulait développer son « commerce », s'était mis en travers des beaux projets de tout ce joli monde. Le naïf! Avec ses gros bras, sa petite 4 CV et sa belle histoire d'amour il ne faisait pas le poids contre des gens qui s'y entendaient à faire tourner les méandres de la loi dans le sens de leurs intérêts.

— Vous en connaissez encore des hommes qui ont fréquenté le *Café de la Cale* à cette époque? demandai-je à mamie Jeanne.

— D'abord, je n'en ai point connu, dit la vieille dame en me regardant d'un air de reproche, comme si je la soupçonnais d'avoir, en son temps, rôti le bâton avec les pensionnaires d'Antoinette Magouër.

— Non, mais vous savez bien qui ils étaient?

Elle haussa les épaules :

— Pff! Sont tous morts…

— Il ne reste donc que le juge Guiriec.

— Il est bien décrépit lui aussi, dit-elle, et à c't'heure sa vieille pendouille ne fera plus ni bien ni mal à personne.

Je regardai la vieille dame avec surprise, elle ne m'avait pas paru capable de dire les choses si gaillardement.

— Et maintenant, il vit seul, ce monsieur Guiriec?

— Oui, depuis que sa sœur est morte. Il y a juste un neveu qui passe de temps en temps.

Elle ricana :

— Encore un qui espère hériter!

Ça, c'était une pierre pour mon jardin. Mais je ne relevai pas.

— Il n'était pas marié?

— Qui ça? le juge?

— Oui.

— Il l'a été, mais pas longtemps. Sa femme a fichu le camp.

Elle me disait ça d'un air entendu, comme si ce juge avait été un individu peu recommandable.

Elle ajouta :

— Après, sa sœur, qui avait eu un gosse d'on ne sait qui, est venue vivre avec lui.

— Vous le connaissez, ce neveu?

— Non, fit-elle avec mépris, mais c'était un bon à rien. Il s'est engagé dans l'armée et maintenant…

Je demandai :

— Il y est encore ?

Elle eut un geste évasif et haussa les épaules :

— Je ne sais pas.

— Il était donc militaire de carrière.

— Oui, comme sa mère n'en venait pas à bout, son oncle l'a fait s'engager à la caserne à Vannes. Mais, à cette heure, il ne doit plus être dans l'armée.

— Quel âge peut-il avoir ?

— Je ne sais pas. Au moins la cinquantaine.

Voilà qui m'ouvrait des perspectives. Un vieil oncle à héritage, un neveu rompu à la vie militaire, donc aux techniques de combat…

Ouais, ça ouvrait des perspectives, mais ça les ouvrait trop tard. Claire Thaler était morte accidentellement, je n'avais plus le droit d'en douter. Même si j'avais la conviction que le neveu, poussé par l'oncle, lui avait donné un petit coup de main pour tomber dans la ria.

Sauf que dans l'armée, il n'y avait pas que des gorilles tondus et formés aux techniques de commando. On y trouvait aussi des informaticiens, des comptables, des cuisiniers.

Peut-être que le neveu du juge était dans l'intendance, mais j'en doutais car si, comme disait mamie Jeanne, il s'était engagé sur les injonctions de son oncle le juge à la suite d'une jeunesse turbulente, et qui sait, délinquante, je le voyais plutôt dans les troupes de choc.

Et qu'importait après tout, pas besoin d'être Rambo pour balancer une vieille dame à la flotte.

— Comment s'appelle-t-il, ce neveu?

— Guiriec, dit la vieille dame.

— Comme son oncle?

— Oui. Sa mère n'a jamais été mariée…

Encore un enfant du péché!

— Son prénom?

— Pierre.

C'était encore mamie Jeanne qui avait parlé. Elle ajouta:

— Sa mère s'appelait Pierrette…

Ah… si sa mère s'appelait Pierrette, normal qu'il s'appelle Pierre, non?

— Est-ce que le juge a eu des enfants?

— Non, dit la vieille dame, je vous l'ai dit, sa femme l'a plaqué.

Encore une expression qui datait. On ne parlait pas de rugby mais d'abandon du domicile conjugal.

— Qu'est-elle devenue, cette femme?

— La femme du juge?

— Oui.

— Je n'en sais rien. C'est si loin, dit mamie Jeanne. Probable qu'elle a refait sa vie.

— Et alors le juge a vécu avec sa sœur.

— C'est ça. Et il considérait Pierre comme son fils.

Mon mauvais esprit me souffla aussitôt: peut-être bien qu'il l'était… Sait-on jamais avec ces dépravés?

Et voilà pourquoi le garçon lui avait obéi lorsqu'il l'avait contraint à s'engager. Il faut dire que ça faisait désordre, pour un jeune juge d'instruction plein d'avenir, d'avoir un neveu aussi turbulent qu'il aurait pu voir passer, du mauvais côté de la barre, dans son tribunal.

J'aurais bien aimé lui dire deux mots, à ce Pierre Guiriec. Mais hélas, je n'en avais plus la possibilité.

Je demandai :

— La mère de Pierre Guiriec vit-elle toujours ?

— Non, dit mamie Jeanne, elle est morte voici deux ans.

Je réfléchissais, les yeux dans le vague, regardant sans la voir ma tasse de café refroidir.

Devant moi, le trio observait un silence religieux, comme pour respecter ma réflexion.

— Qu'en pensez-vous ? souffla enfin madame Cocoual.

Je redescendis sur terre. Ce que j'en pensais ? De quoi, d'abord ?

— Je pense que je vais encore dormir chez vous cette nuit et que je m'en irai demain.

— Ah, fit madame Cocoual déçue par cette réponse qu'elle n'attendait pas, vous partez déjà ?

— Eh oui, dis-je, il faut bien. Vous me ferez mon compte pour demain matin ?

Elle acquiesça et je les quittai en m'imaginant les commentaires qui allaient suivre mon départ.

Lorsque je sortis, le soir tombait. Je montai dans la Twingo et je me rendis aux *Charmettes*. Dans le soir tombant, la grande bâtisse se donnait des allures hitchcockiennes. Rien qu'à la pensée que j'aurais pu avoir à dormir là-dedans, je me sentais parcourue de frissons. Plus lugubre, ça devait être difficile à trouver. Je ne voyais guère que le caveau de famille de Gauthière du Lédanou[18] pour rivaliser en horreur avec ce pseudo-château.

---

18. *Voir* Les gens de la rivière, *même auteur, même collection.*

Chapitre 22

Une lueur brillait à la fenêtre de la maison de garde et, sortant de sa cheminée de pierre, une fumée grise montait tout droit dans l'air calme du soir, parfumant l'air humide d'une senteur de feu de chêne.

Je frappai à la porte de bois et j'entendis un pas traînant qui s'approchait.

La porte gémit lorsqu'on la tira et Phonse apparut. Il était en chemise écossaise et un ventre confortable sautait par-dessus une ceinture de cuir trop mince.

Il parut surpris.

— Ah, c'est vous, mademoiselle…

— Pardonnez-moi de vous déranger à cette heure, dis-je, mais j'aurais voulu voir la maison.

Ses yeux s'écarquillèrent :

— Maintenant ?

— Oui, si ça ne vous dérange pas.

Il se tourna vers l'intérieur de la pièce et jeta quelques mots que je ne compris pas à l'adresse de sa femme qui s'approcha à son tour en s'essuyant les mains à un torchon.

— Vous voulez visiter ?

— Oui. Je m'en vais demain et je n'aurai pas la possibilité de revenir tout de suite. Alors, si je pouvais jeter un coup d'œil…

— Mais bien sûr, mademoiselle, dit Phine avec empressement. Je passe mon châle et je viens.

— Venez aussi, monsieur Kergouriec, dis-je à l'intention de Phonse. Je souhaite voir la voiture.

— La vieille voiture ?

— Il y en a une autre ?

— Non, fit-il.

— Autre chose, je voudrais garer ma Twingo dans le parc.

— Je vais vous ouvrir la grille, dit Phonse obligeamment.

Puis il me dit timidement :

— Vous pouvez m'appeler Phonse, depuis le temps qu'on m'appelle ainsi, je ne réponds même plus quand on me dit monsieur…

— D'accord, Phonse.

La double grille s'ouvrit en grinçant et je garai la Twingo devant le manoir. Ainsi, elle était invisible depuis la route.

Puis je commandai à Phonse :

— Laissez les grilles ouvertes, s'il vous plaît.

Il parut surpris mais ne fit pas de réflexion et entreprit de déverrouiller la porte à double battant qui commandait l'ouverture du garage. Il donna de la lumière et je vis une forme tapie sous une housse de plastique. Phonse prit la housse, la fit glisser sur l'arrière de la voiture et le monstre apparut.

Je dis le monstre car, habituée à une Twingo, je me trouvai soudain devant une voiture d'un autre âge, au long capot fuyant, à l'habitacle impressionnant et pourvue d'un coffre dans lequel Fortin se serait trouvé à l'aise.

Phonse souriait de ma stupéfaction.

— Delahaye 135 de 1936, dit-il fièrement. Six cylindres, trois litres cinq de cylindrée, cent soixante chevaux au frein, cent cinquante kilomètres à l'heure en palier.

Pour parler de cette voiture d'un autre temps, il usait d'un vocabulaire d'un autre temps.

La bête me regardait de ses deux phares étincelants, et sa laque noire impeccable luisait sous la lumière tombant d'une rampe électrique accrochée aux poutres de bois à peine équarries. Elle était parfaitement astiquée et son pare-chocs en acier chromé lui faisait une sorte de moustache à la gauloise. Quant à ses énormes roues à rayons, elles brillaient comme des soleils.

Je demandai sottement :

— Elle marche ?

— Et comment, dit Phonse.

Il ouvrit une portière aussi épaisse qu'un battant de coffre-fort, s'assit sur les sièges de cuir et lança le moteur. Un grondement sourd se fit entendre. La machine - car il s'agissait bien d'une machine - avait démarré au quart de tour et feulait sourdement. Phonse donna quelques coups d'accélérateur pour faire monter l'huile dans les cylindres, puis il laissa le moteur tourner au ralenti.

J'ouvris l'autre portière, m'assis près de lui et ordonnai :

— Montrez-moi ça !

— Vous montrez quoi, mademoiselle ?

— Tout, comment ça démarre, comment on allume les phares, la grille des vitesses, tout!

Il me regarda inquiet :

— Vous ne comptez pas…

— La conduire? Mais si, mon vieux Phonse, pas plus tard que ce soir, elle et moi nous partons en excursion.

Il tenta d'objecter :

— Mais c'est que…

— C'est que quoi?

Il ne répondit pas.

— Le véhicule est bien assuré?

— Oh oui!

— Dispose-t-il d'un éclairage, d'une signalisation réglementaire? En bref, est-il en conformité avec les règlements des Mines?

— Assurément mais…

Le malheureux semblait être sur un gril.

— Où sont les papiers?

— Dans la boîte à gants.

— Je sais ce que vous pensez, Phonse, ce n'est pas une voiture pour jeune fille!

Il se jeta à l'eau :

— Eh bien oui, mademoiselle, puisque vous me le demandez, c'est exactement ça! Ce n'est pas une voiture pour jeune fille. Il n'y a pas de direction assistée, le moteur est très puissant, l'embrayage est dur, la voiture lourde… Et franchement, la tenue de route ne vaut pas celle d'une Twingo!

Je lui décochai mon meilleur sourire à bout portant :

— Je vais vous étonner, Phonse, j'ai mon permis poids lourd!

— Oh! fit-il sans demander à vérifier ; mais visiblement il ne me croyait pas.

— Tenez, poussez-vous, dis-je.

Je pris sa place aux commandes et saisis à pleines mains un volant en bakélite à quatre branches large comme une roue de charrette, et je passai la première après avoir débrayé. (Il avait raison, la pédale était particulièrement dure, je dus m'arc-bouter pour l'enfoncer.) J'embrayai progressivement en donnant des gaz et le monstre se mit à rouler docilement. Je fis quelques mètres et m'arrêtai sur l'allée sablée.

Je descendis en disant :

— Je sors avec ce soir. Laissez la grille ouverte, Phonse, et laissez aussi la clé sur les portes du garage.

Puis je me tournai vers sa femme qui me regardait d'un air désolé.

— Maintenant, Phine, faites-moi les honneurs de la maison.

Cette fois, nous entrâmes par la porte arrière qui donnait sur un vestibule pavé de grands carreaux de faïence noirs et blancs disposés en losange. La lumière, assez pauvre, tombait d'un lustre de fer forgé, très médiéval d'allure, éclairant de ses fausses bougies électriques un large escalier sombre garni d'un chemin de velours rouge tenu par des barres de cuivre étincelantes. Au rez-de-chaussée on trouvait une grande cuisine qui donnait sur l'arrière de la maison et, sur le devant, quatre pièces : un petit salon tendu de toile bleue ornée de motifs inspirés de Watteau : petites marquises sur des escarpolettes, pages gracieux jouant du flageolet d'un air enamouré, bergères aux yeux coquins, un décor parfaitement cucul, si vous voulez mon avis. Un piano demi-queue couvert d'une housse reposait sur une estrade et il y avait bien deux douzaines de sièges Louis XVI disposés devant cette estrade, comme en une salle de concert privée.

Suivait une salle à manger immense dont le meuble principal consistait en une table massive autour de laquelle vingt convives pouvaient se côtoyer sans être serrés. Les chaises de bois ciré, à haut dossier droit, paraissaient inconfortables au possible.

La pièce voisine, de taille plus réduite, meublée de fauteuils profonds, était le fumoir bibliothèque, et la quatrième, la salle de billard.

La table de jeu était couverte d'une housse, comme les fauteuils et le piano demi-queue du salon.

L'escalier menait aux chambres, dont l'une était pourvue d'un lit à baldaquin.

— La chambre de madame Claire, dit Phine.

Elle devait trouver ça magnifique car je décelai de la fierté dans sa voix.

Tout était nickel, on ne voyait pas la moindre trace de poussière. Le parquet de chêne ciré luisait sous les lustres de verre qui fleurissaient en abondance, pendant de plafonds à caissons. Je poussai une porte et me trouvai dans la salle de bains. Une vaste baignoire de fonte émaillée, de forme archaïque, occupait le mur du fond et les lavabos comme leur robinetterie, qui figurait des griffons crachant, avait dû être à la pointe du progrès à la fin du dix-neuvième siècle.

Une penderie de facture plus récente, à portes coulissantes, abritait la garde-robe de feu la propriétaire.

— Là-haut, me dit Phine, il y a les chambres de bonnes.

Un escalier plus étroit y menait. Je ne voulus pas y monter.

— Bien, dis-je, vous allez laisser tout ça ouvert et éclairé ce soir.

Les deux domestiques se regardaient avec inquiétude et incompréhension. Je les rassurai :

— Ne vous inquiétez pas, dis-je, je veux simplement me glisser dans la peau de madame Thaler. C'est important pour mon enquête.

Ils se regardèrent en essayant de prendre un air convaincu, mais je sentais bien qu'ils ne me croyaient pas, ou tout du moins, qu'ils ne me comprenaient pas.

— Si j'avais su, dit Phine, j'aurais fait à manger.

— Madame Thaler prenait ses repas ici ? demandai-je.

Phine hocha la tête affirmativement.

Je l'imaginai, au haut bout de l'interminable table, toute seule, toute frêle, servie par cette accorte personne qu'était Phine, et ensuite montant se coucher dans l'immense lit à baldaquin en passant par ces escaliers lugubres…

À nouveau j'en frissonnai. Il aurait fallu me payer cher pour que j'en fasse autant.

— Ça sentait bon chez vous, dis-je. Qu'aviez-vous sur le feu ?

— Oh, simplement une soupe aux choux, dit Phine en rosissant.

— Avec un morceau de lard, je parie !

Elle me regarda, surprise et hocha la tête affirmativement.

— Vous pensez qu'il pourrait y en avoir assez pour trois ?

— Vous voulez manger avec nous ? demanda-t-elle incrédule.

— Une soupe aux choux avec un morceau de lard, eh bien oui alors, dis-je avec une belle conviction. J'en ai déjà l'eau à la bouche. Mais il ne faudrait pas que je m'impose !

— Vous plaisantez, mademoiselle, dit Phonse qui s'était déridé tout d'un coup, Phine en fait toujours pour quatre !

Je peux vous dire que la soupe aux choux de Phine était de première ! Je me promis d'en parler à Amandine dès mon retour venelle du Pain-Cuit pour la taquiner un peu. Comme ma chère et attentionnée voisine estime (avec quelque raison) qu'il n'y a qu'elle qui sache me nourrir correctement, cette petite allusion à la délicieuse soupe aux choux d'une autre ne saurait que la stimuler.

Nous parlâmes de choses et d'autres. Je sentais que la disparition de madame Thaler - au-delà de leur situation propre - les affectait réellement.

Bien évidemment, ils connaissaient tout le monde à l'entour. Lorsque je parlai du juge Guiriec, ils restèrent prudemment muets comme si on avait parlé d'un esprit maléfique, mais l'évocation de son neveu Pierre amena sur les lèvres de Phonse quelques appréciations peu flatteuses. Il avait eu affaire à lui autrefois, lorsque le Pierre Guiriec en question était encore adolescent, et il n'en gardait pas un bon souvenir.

— Un voyou, dit-il d'un air de mépris, il volait des huîtres dans les parcs, il braconnait. Tenez, il venait même tirer des pigeons jusque sous nos fenêtres.

— Ça ne devait pas plaire à madame Thaler, dis-je.

— Que non, dit Phonse. Elle a porté plainte contre lui mais il n'a jamais été inquiété.

Et pour cause, pensai-je.

— Peuh! fit Phonse, vous pensez bien, tous ceux-là se soutiennent.

Ce « tous ceux-là » englobait les autorités, flics, gendarmes, gens de justice, toujours pressés, selon Phonse, d'emmerder les petites gens mais s'entendant comme personne à se protéger entre eux.

— Quand même, dit Phine, il en a tant fait que son oncle l'a obligé à s'engager dans l'armée.

— Après ça, il n'a plus fait parler de lui?

— Non, dit Phonse, on l'a expédié en Afrique et, dame, il nous a foutu la paix. On n'en demandait pas plus.

Je hochai la tête d'un air entendu. Pas étonnant que les Africains nous en veuillent, à l'époque on ne leur expédiait pas que nos meilleurs produits.

Je refusai le café que Phine se crut obligée de m'offrir. Alors ils m'accompagnèrent jusqu'à la Delahaye avec un sentiment de culpabilité:

— Je ne devrais pas vous laisser partir avec cette voiture, dit Phonse, ce n'est plus une voiture de nos jours.

Je souris.

— Et ce n'est pas une voiture pour jeune fille non plus. Vous me l'avez déjà dit, Phonse, mais rassurez-vous, je fais juste un petit tour et je reviens. Maintenant, laissez-moi.

263

Ils rentrèrent à regret dans leur logis et j'entendis la porte grincer lorsque Phonse la referma.

Je sortis du garage et rentrai dans le manoir. J'escaladai les escaliers, jusqu'à la chambre de Claire Thaler, et je fis coulisser les doubles portes de la penderie qui s'ouvrit sans bruit sur une odeur de naphtaline. La garde-robe de la défunte propriétaire était suspendue à une barre elle-même accrochée à une étagère sur laquelle trois chapeaux étaient posés sur des formes.

— Voilà mon affaire, dis-je en parlant à mi-voix pour me rassurer.

Car, je dois vous l'avouer, je me sentais plutôt nerveuse. L'ambiance austère de cette maison, le silence de mort qui y régnait - seulement troublé par les craquements des planchers ou des meubles qui travaillaient -, l'odeur de boules de mites qui émanait de cette penderie… Je devais avoir mauvaise conscience ; le sentiment de me rendre coupable d'une profanation me poursuivait car il m'arriva deux ou trois fois de me retourner brusquement pour m'assurer que le fantôme de la propriétaire n'était pas en train de me surveiller. J'espérais qu'après ce sacrilège les mânes des Marvoyer et des Lebœuf ne viendraient pas me tirer les pieds la nuit.

Claire Thaler était à peu près de ma taille et de ma corpulence ; j'ôtai mon jean et mon pull marin et, surmontant une certaine aversion, j'enfilai une jupe serrée et une veste de tailleur noire ayant appartenu à la morte. Je trouvai même des chaussures à talons plats pour remplacer mes tennis.

Puis je choisis un chapeau à voilette et je me regardai dans la glace. L'effet était si saisissant que ma peau se couvrit de chair de poule : je me crus un instant en présence de la défunte et je m'efforçai de faire une grimace pour dédramatiser l'atmosphère. Autant vous dire que ça ne fut pas suffisant.

En plus, cette vision me sapa le moral. Est-ce ainsi que je serais dans quarante ans si le bon Dieu me prêtait vie ? J'ôtai le chapeau. Ouf, ça allait mieux. Je le mis sous mon bras et descendis l'escalier en souhaitant que cette bonne Phine ne fût pas en train de faire sa curieuse derrière ses volets, faute de quoi elle était capable d'avoir une crise cardiaque.

Tout était éteint dans le pavillon de garde lorsque je descendis. Le couple Kergouriec devait dormir du sommeil du juste, à moins que, dans le noir, ils n'échangeassent des hypothèses sur leurs perspectives d'avenir, hypothèses que je subodorais moroses.

Je m'installai au volant de la grosse voiture noire et posai le chapeau à voilette sur le siège près de moi. Non sans une certaine appréhension, je tirai le démarreur comme j'avais vu Phonse le faire et lançai le moteur qui démarra immédiatement. Puis je passai la première et la voiture franchit la grille dans la lumière jaune de ses phares. La raideur de la pédale d'embrayage me donnait des crampes dans le mollet mais, une fois sur la route, je n'eus plus à l'actionner trop souvent. La puissance du moteur était telle que je pouvais rouler en troisième à bas régime et, comme rien ne me pressait, je n'eus pas à passer la quatrième vitesse.

Hors l'inconvénient de cet embrayage fait pour les hommes de poids, je la trouvais fabuleuse, cette bagnole qui sentait le bon vieux cuir et les tissus d'un autre âge. J'étais assise sur une banquette en cuir du plus beau rouge, patiné et craquelé ; face à moi, sur la planche de bord en bois verni, deux gros cadrans avec le compteur de vitesse et les indicateurs de niveau d'huile et d'essence. Le plein avait été fait, le moteur grondait sourdement et je sentais ses vibrations dans l'habitacle.

Il n'y avait pas de circulation. Heureusement car la Delahaye était si large que je me demandais s'il y aurait eu de la place pour croiser une voiture sur cette route qui me paraissait maintenant bien étroite.

Je pris la direction de la maison du juge et, lorsque j'y arrivai, je m'arrêtai, laissant tourner le moteur au ralenti. Je me coiffai du chapeau, rabaissai la voilette et me regardai dans le rétroviseur. J'avais vraiment tout d'une vieille taupe, mais n'était-ce pas ce que je désirais ?

J'appuyai à trois reprises sur l'avertisseur et ça fit un bruit étrange dans la nuit : Rheuuu… Rheuuu… Rheuuu…

D'abord il ne se passa rien. J'attendis. Il devait forcément se passer quelque chose, ou alors je m'étais trompée sur toute la ligne ! Je guettais la façade de la maison du juge à m'en faire mal aux yeux.

Enfin une lumière s'alluma à l'étage et je vis un visage blême qui scrutait la nuit derrière le carreau. La lune éclairait la lande d'une clarté blafarde, faisant luire la carrosserie noire de la Delahaye.

Je sortis alors de la voiture et je m'avançai à petits pas vers la maison. Je repoussai le portillon qui n'était fermé qu'à la clenche et marchai lentement dans l'allée. Encore une fois, je ne me sentais pas trop fière. Et si ce dingo me tirait deux coups de fusil ?

Mais le dingo, si dingo il y avait, était dans l'incapacité de faire un geste. La lune donnant à plein éclairait un visage tétanisé par une sorte de terreur abjecte. Comme j'avais abaissé la voilette sur mon visage, personne ne pouvait voir qui était derrière ce déguisement.

Je m'arrêtai devant la porte d'entrée et je tapai du poing sur le bois à trois reprises. Pan… Pan… Pan… J'entendis les coups résonner dans le corridor vide.

Bien entendu, je ne m'attendais pas à ce qu'on m'ouvre. Je comptai jusqu'à soixante, puis je recommençai : Pan… Pan… Pan…

Je renouvelai l'opération une troisième fois, puis je repartis lentement, sans me retourner. Je restai un moment debout près de la portière ouverte, caressée par un vent qui chantait mélancoliquement dans les arbres. Il n'y avait plus personne derrière les carreaux. Alors je remontai dans la voiture et je fus tentée de rester attendre comme le faisait Claire Thaler, mais je me dis que ce foutu juge allait probablement appeler les gendarmes et que j'aurais l'air maligne ainsi déguisée, au volant de cette voiture de collection.

Je démarrai lentement et je repris le chemin des *Charmettes*.

J'entrai directement au garage et je montai me changer par l'escalier intérieur jusqu'à la chambre de madame Claire, comme disait cette bonne Phine.

Je redisposai les vêtements comme je les avais trouvés, remis le chapeau sur sa forme et je rendossai avec un plaisir indicible mon jean, mon pull de laine et mes tennis.

Puis je redescendis couvrir la Delahaye de sa housse et je fermai les portes du garage. Enfin je remontai dans ma Twingo et sortis du domaine. Je m'arrêtai pour tirer les grilles de fer derrière moi, puis je regagnai mon gîte.

Minuit sonnait lorsque j'arrivais au *Champ des Druides*. Là aussi tout le monde dormait. Je gagnai ma chambre d'un pied léger et me glissai sous les draps. Je lus quelques pages de *La Dame de Monsoreau* - encore une qui avait connu des amours malheureuses - et je coulai dans un sommeil sans rêves.

Chapitre 23

Ce fut le téléphone qui me réveilla. Je le pris et balbutiai, les yeux encore gonflés de sommeil :

— Allô ?

— Allô ! fit en écho la voix virile de Fortin. Ben ma vieille, ça n'a pas l'air d'aller fort ! Tu as fait la foire ou quoi ?

Ah que j'étais heureuse de l'entendre, celui-là ! Néanmoins je maugréai :

— La foire ? Comme si j'avais l'habitude de faire la foire ! Mais… quelle heure est-il ?

— Neuf heures, il est temps de se lever !

Je me grattai la tête. Déjà neuf heures ?

— Quel vent t'amène, ainsi, aux aurores ?

— Je voulais savoir comment tu vas.

— C'est très gentil. Ça va Jipi. Et toi ?

— Super ! Le stage se termine, je rentre au bercail la semaine prochaine.

— Eh bien moi, je rentre aujourd'hui, dis-je.

Il était au courant de ma mission dans le Morbihan, son copain Mariette s'était chargé de lui faire part de mon arrivée à Belz.

— Tu as liquidé l'affaire? demanda-t-il.

Sa foi en mes capacités était si grande qu'il n'envisageait même pas que je puisse échouer. Je le détrompai:

— Je n'ai rien liquidé du tout.

Un temps de silence marqua sa surprise.

— Comment ça?

— Les gendarmes ont conclu au décès accidentel de madame Thaler, le juge les a suivis et moi je n'ai plus qu'à prendre mes cliques et mes claques…

— Il paraît que tu t'en tires bien quand même…

— Comment ça?

— Eh bien, l'héritage!

On ne devait parler que de ça dans les commissariats de basse Bretagne.

— Bof… cette baraque, fis-je avec un manque d'enthousiasme affligeant que Fortin remarqua. Il me reprit:

— Ne fais donc pas ta mijaurée! Cette baraque, cette baraque, il paraît qu'il y en a pour des sous!

— L'argent ne fait pas le bonheur, fis-je remarquer.

Je l'entendis ricaner:

— C'est aux riches qu'il faut dire ça!

Toujours plein de bon sens, Fortin!

Pourtant, qu'on me croie ou non, j'aurais préféré coller le ou les agresseurs de Claire Thaler - si agresseurs il y avait - sous les verrous plutôt que d'hériter de sa maison. Plus que jamais, j'étais persuadée que cette mort n'était pas accidentelle.

— Alors, tu as appris tous les coups défendus à tes stagiaires? demandai-je.

— J'ai essayé, et il y en a un qui m'a montré des trucs vachement balaises en informatique. Un vrai génie, ce mec. Je ne l'enverrais pas patrouiller dans les quartiers sensibles, mais pour ce qui est de trouver des renseignements…

Ça fit tilt dans ma tête.

— Tu l'as toujours sous la main, ton petit génie?

— Ouais, jusqu'à la fin de la semaine.

— Bon, on va voir s'il est aussi fort qu'il le dit. Demande-lui donc de me faire une recherche sur un certain Pierre Guiriec, originaire de Vannes, ex-sous-officier dans l'armée de terre.

— Quel âge?

— Dans les cinquante balais.

— Ça roule, me dit Fortin avec assurance. Je t'envoie tout ça sur ton courriel.

— OK Jipi, je compte sur toi, hein?

— Il n'y a pas de lézard, fit mon vieux complice avec assurance.

Ayant raccroché, je m'en fus faire ma toilette et m'habiller.

Cette recherche était probablement un coup d'épée dans l'eau. Je n'avais guère d'éléments bien précis à fournir à Fortin. Mais si son type était un génie… Enfin, ça donnerait ce que ça donnerait.

J'étais si contente d'avoir entendu Jipi que je me sentais toute guillerette.

Je descendis dans la pièce du rez-de-chaussée où, à son habitude, madame Cocoual avait déposé une ficelle de pain frais et deux croissants à mon intention, et je préparai mon petit déjeuner.

Le petit déjeuner est un moment privilégié de la journée. Je ne le bâcle jamais quand j'en ai le temps, sans quoi mon humeur s'en ressent pour la journée entière.

Je finissais de passer le café lorsque j'entendis un bruit de moteur suivi d'un grincement de freins.

— Tiens, me dis-je, voilà les Marx Brothers.

Je me levai et j'ouvris ma porte avant que les gros poings de l'adjudant-chef Lepaul s'abattent sur mon huis.

— Bonjour adjudant-chef, dis-je, vous avez senti le café? Entrez!

Lepaul obtempéra en silence, suivi d'Oliveira, toujours impeccable dans sa tenue bleu marine qui me regardait sombrement.

Ils entrèrent dans la pièce et je sortis deux tasses supplémentaires.

— Pas pour moi! dit Oliveira d'un ton sec.

J'eus un petit mouvement d'épaules réfrénant mon envie de lui dire : « c'est vrai, vous êtes bien assez énervé comme ça! » et je remis une tasse au placard. Je servis l'adjudant-chef, je me servis et je fendis la baguette en deux avant de l'enduire de beurre.

— Excusez-moi, dis-je, je n'ai pas encore déjeuné.

Oliveira regarda ostensiblement sa montre mais ne dit pas un mot.

— Vous êtes sortie hier soir, dit l'adjudant-chef.

Ce n'était pas une question.

— Oui, dis-je, je suis enfin allée voir mon héritage.

— Et vous avez dîné aux *Charmettes*.

Je sifflai admirativement.

— Tout se sait!

Et j'ajoutai :

— En effet, madame Kergouriec m'a invitée à partager sa soupe aux choux. Elle était excellente. Si jamais elle vous invite, surtout ne refusez pas.

— Vous ne pensez qu'à bouffer, ma parole! gronda Oliveira. Hier c'étaient les huîtres de Guermeur, aujourd'hui la soupe aux choux... On s'en fout de la soupe aux choux de la mère Kergouriec!

— Eh bien vous avez tort, monsieur Oliveira, dis-je en le considérant avec curiosité.

Je me demandais de quoi il pouvait se nourrir celui-là pour être perpétuellement dans de si fâcheuses dispositions. Il devait bouffer les boîtes de ration de l'armée, et périmées probablement. Ou alors les douteuses promotions du « hard discount ».

Raison de plus pour être sur le qui-vive. Qu'est-ce qui amenait les gendarmes chez moi à cette heure? Sans doute voulaient-ils s'assurer que je partais définitivement.

— Qu'avez-vous fait après ce dîner? demanda Oliveira.

— Un tour en voiture.

— Avec la voiture de madame Thaler?

Je confirmai:

— Oui monsieur. Avec la voiture de madame Thaler qui est désormais MA voiture, je vous le signale.

Je les regardai tout à tour:

— Pourquoi? il y a un problème?

Les deux gendarmes se consultèrent du regard.

— Et où êtes-vous allée? demanda Oliveira.

— Droit devant moi, dis-je, j'ai suivi la route, j'ai traversé Belz, je suis passée par Erdeven et je suis revenue aux *Charmettes*.

— Vous êtes passée devant chez le juge Guiriec! dit Oliveira sévèrement.

— Peut-être. Et alors, c'est en sens interdit ?

Les gendarmes se regardèrent de nouveau, comme pour se consulter sur la suite des questions à poser.

— Il ne s'agit pas de ça, dit enfin l'adjudant-chef Lepaul. Hier soir nous avons reçu un coup de téléphone du juge. Il appelait au secours, il disait qu'il était attaqué…

Mon cœur eut un raté, j'ouvris de grands yeux étonnés :

— Attaqué ?

— C'est le terme qu'il a employé au téléphone. Il paraissait affolé, il a juste eu le temps de dire : « au secours, elle revient, elle revient ! je suis attaqué… » et puis plus rien.

— Elle revient ? dis-je en écho, qu'a-t-il voulu dire ?

J'avais posé ma question de mon air le plus innocent, mais des picotements dans le bout des pieds m'indiquaient que l'affaire risquait d'être délicate.

— Il n'a pas pu le préciser, dit Lepaul, le juge Guiriec a été victime d'une attaque cérébrale ; il est entre la vie et la mort, et bien évidemment hors d'état de parler.

Le silence se prolongea jusqu'à ce que l'évidence me frappe. En plus des picotements, je sentis une sueur froide me couvrir l'échine. Cette fois, ça sentait mauvais. Raison de plus pour ne pas lâcher l'offensive.

— Vous avez pensé que c'était…

Je braquai mon index sur ma poitrine, vivante statue de l'indignation.

— Et vous avez pensé que c'était moi ?

Puis je fis mine de comprendre :

— Vous avez pensé que c'était moi parce qu'il a dit : « elle revient ! »

— Qu'auriez-vous fait à notre place ? demanda l'adjudant-chef.

Et Oliveira ajouta :

— Le juge se plaint de ce que vous l'importuniez et, vingt-quatre heures plus tard, il appelle en criant : « au secours, elle revient, je suis attaqué… » Ça laisse à penser, tout de même !

— Je comprends mieux, concédai-je.

Je ris, mais mon rire sonnait faux :

— Vous pensez vraiment que je serais allée attaquer ce vieillard chez lui, la nuit ?

Lepaul haussa les épaules, Oliveira ne dit rien.

Alors je repris l'offensive :

— Je ne l'ai pas attaqué, dis-je, je ne l'ai pas importuné non plus. Je n'ai même pas voulu l'interroger, mais simplement converser avec lui. Las ! Il ne m'a pas ouvert sa porte. Ensuite vous m'avez ordonné de laisser tomber ; j'ai donc renoncé à le voir.

— Mais qu'est-ce qu'il aurait bien pu vous apprendre concernant la mort de madame Thaler ? demanda Oliveira d'un air insidieux.

— Puisqu'il n'a pas voulu me répondre lorsqu'il était en état de le faire, il est probable que je ne le saurai jamais.

— Ce que je ne comprends pas, c'est ce qui vous a amenée à penser qu'il pourrait éclairer l'enquête, dit l'adjudant Oliveira.

Je me mordis la langue pour ne pas lui répondre que ça ne m'étonnait pas et que c'était pour ça qu'il resterait adjudant toute sa vie, et j'éludai la question.

— Vous ne m'aviez pas précisé que cette interdiction de le harceler, pour reprendre vos termes, comportait également une défense de passer devant sa maison. Sans ça vous pensez bien que j'aurais fait un détour.

Là ils sentaient comme de la moquerie et me regardaient d'un air féroce. Pour les calmer, je concédai :

— Enfin, dans ces circonstances j'aurais probablement réagi comme vous.

Ils se détendirent un peu.

— Qu'aurions-nous pu faire d'autre ? grommela Oliveira.

— Je ne sais pas, dis-je. Je suppose que vous vous êtes précipités à son secours.

— Oui, nous sommes arrivés chez lui dix minutes après le coup de téléphone…

Je pensai in petto que j'avais bien fait de me carapater en vitesse, il s'en était probablement fallu de peu pour que je tombe nez à nez avec la patrouille.

— Vous avez retrouvé les agresseurs ?

— Comment savez-vous qu'ils étaient plusieurs ? demanda finement Oliveira.

Je tempérai ses ardeurs :

— Oh là, on se calme !

Et, en regardant l'adjudant-chef Lepaul, je m'indignai :

— Vous ne me soupçonnez tout de même pas d'avoir agressé ce bonhomme ? Je ne le connaissais pas.

— Vous mentez ! dit Oliveira.

— Je mens ?

— Vous êtes allée à son domicile avant-hier. Ne niez pas, il s'en est d'ailleurs plaint.

— Combien de fois faudra-t-il que je vous répète que je souhaitais l'entendre et qu'il ne m'a pas reçue. Je n'ai jamais franchi son seuil.

Oliveira n'allait pas lâcher le morceau comme ça.

— Alors vous êtes retournée chez lui de nuit pour l'intimider!

Coriace, le lascar. Je me tournai vers l'adjudant-chef Lepaul et montrai son adjoint du pouce :

— Il ne va pas recommencer, non?

Puis je m'adressai directement à Oliveira :

— Vous me prenez pour une imbécile? J'aurais emprunté une voiture aussi reconnaissable que la Delahaye de madame Thaler pour aller faire un mauvais coup alors que je dispose d'une voiture parfaitement anonyme? Et ne me dites pas que mon numéro minéralogique m'aurait dénoncée, il aurait suffi que je macule mes plaques de boue...

Oliveira haussa furieusement les épaules.

— Vous avez l'air d'être très au fait des méthodes des voyous.

— Je les traque moi aussi, monsieur Oliveira. Et leurs combines me sont effectivement familières. De là à les employer...

Je revins à l'adjudant-chef qui avait l'air bien ennuyé :

— J'ai fait un tour dans le pays avec la Delahaye, comme je vous l'ai dit, par curiosité. je voulais essayer cette voiture exceptionnelle. Et je suis bien contente de l'avoir fait. Je l'ai remise à sa place, dans son garage, sans l'avoir abîmée, sans avoir provoqué d'accident, je l'ai revêtue de sa housse et je suis rentrée me coucher. Voilà! si vous trouvez de quoi m'inculper là-dedans, allez-y!

— Il n'est pas question de vous inculper! dit Lepaul d'une voix bourrue.

— Ah, tout de même! dis-je.

C'était une déclaration qui me faisait bien plaisir. Je demandai :

— Alors, le juge ?

— Il n'est pas mort, dit Oliveira lugubre.

Je lui fis remarquer :

— On dirait que vous le regrettez !

Il se fâcha :

— Je ne vous permets pas !

— Oh, ça va ! dit l'adjudant-chef exaspéré. Cessez un peu de vous comporter comme des gamins !

Il se tourna vers moi :

— Pas plus que moi, l'adjudant Oliveira ne se réjouit jamais du décès d'une victime.

— Voilà une déclaration qui me rassure, dis-je. Mais de la façon dont il a dit : « il n'est pas mort… »

— Ça va, capitaine, laissez tomber ! me dit l'adjudant-chef d'une voix lasse.

Puis il souffla :

— Tss… Ce que vous êtes pénibles tous les deux !

Il souffla de nouveau, comme s'il était accablé et poursuivit :

— Lorsque nous sommes arrivés, tout paraissait normal. Nous avons frappé à la porte mais elle était fermée. Cependant comme nous voyions de la lumière à l'étage, nous sommes allés prendre une échelle dans l'appentis et l'adjudant Oliveira est monté jusqu'à cette fenêtre.

Oliveira prit le relais de son chef :

— Le juge était allongé de tout son long, apparemment inconscient. J'ai cassé un carreau et ouvert la fenêtre… Il respirait faiblement. Nous avons appelé les secours et une ambulance l'a transporté à l'hôpital d'Auray.

— Et alors ? demandai-je.

— Je vous l'ai dit, les premières constatations laissent penser à une congestion cérébrale, dit Lepaul.

Je les regardai en faisant mine de ne pas comprendre :

— Pas d'autres traces de violence ?

— Un hématome au front.

— Il a pu se le faire en tombant, dis-je. Hors ça, pas de traces d'effraction ?

— Non, la maison était close, les volets tirés au rez-de-chaussée, les verrous poussés et il y avait même une barre qui condamnait la porte d'entrée.

Je demandai :

— Si les médecins ont conclu à une congestion cérébrale, où est le problème ?

— Le problème, dit Oliveira, c'est cet appel au secours. Pourquoi a-t-il appelé la gendarmerie ? Quand on se sent mal, on appelle le médecin, le SAMU, les pompiers, pas les gendarmes.

Tiens, il n'était pas si bête, finalement, cet Oliveira.

— Quand on se sent mal, dis-je, on appelle le premier numéro qui vous tombe sous la main. Peut-être était-ce le vôtre, s'il vous avait déjà appelés dans la journée. Il n'aurait eu qu'à appuyer sur la touche « bis » de son appareil.

— C'est possible, dit Lepaul, mais nous pensons que le juge a vu quelque chose qui l'a effrayé au point de provoquer cette attaque.

Je sentis que ça redevenait brûlant. J'ironisai:

— Un fantôme?

Lepaul leva les yeux au ciel comme pour le prendre à témoin des énormités que je proférais. Pour une fois que je disais la vérité…

— Le juge Guiriec n'était pas homme à croire aux fantômes.

— Je plaisantais, mentis-je.

— J'aime à le croire, dit Lepaul avec une raideur toute militaire, mais les circonstances ne se prêtent guère à la plaisanterie.

— Qu'en dit le médecin? demandai-je prudemment.

— Il confirme qu'un coup de stress aurait pu provoquer cette attaque cérébrale.

Mon cœur eut un raté. J'espérai que ça ne paraîtrait ni sur mon visage, ni dans le timbre de ma voix.

— Souvent les vieilles personnes sont impressionnables, dis-je. Et puis, être seul dans cette maison isolée sur cette lande déserte, ce n'était peut-être pas très prudent. La chose la plus anodine, entrevue sous un rayon de lune, peut prendre des proportions effrayantes.

— C'est encore possible, dit Lepaul.

Après avoir respiré fort pour garder mon calme, je demandai:

— Qu'est-ce que nous y pouvons? Vous me l'avez dit vous-même, il n'y a pas trace d'effraction, pas trace de violences, il y a juste ce coup de téléphone. Vous avez fait une enquête de proximité?

— Quelle proximité? demanda l'adjudant-chef, la maison du juge est isolée, le premier voisin est à deux kilomètres!

Ça faisait un peu loin, en effet.

— Donc il n'y a pas de témoins, dis-je soulagée, car finalement, je ne me sentais pas très à l'aise dans mes bottes.

D'accord, j'avais voulu ficher une trouille du diable à ce vieillard irascible et trop sûr d'être intouchable, mais je ne pensais certes pas en arriver à le foudroyer de la sorte.

Je repris l'offensive:

— Le juge s'était-il plaint préalablement d'avoir été importuné par une femme?

— À part vous, non, dit Oliveira. Nous savons que madame Thaler est allée à plusieurs reprises chez lui, mais il ne s'en est pas plaint.

Pardi, le vieux bougre n'avait pas intérêt à porter cette affaire sur la place publique, ce qui se serait inévitablement produit si la gendarmerie était intervenue.

— Pourquoi venez-vous me raconter ça? En quoi suis-je concernée? Un vieux monsieur fait une congestion cérébrale, j'ai envie de vous dire: c'est de son âge.

— Ne soyez pas cynique, fit Oliveira.

— Il n'est pas mort, que je sache… Vous me l'avez dit.

— Non, mais peut-être aurait-il mieux valu qu'il le soit, dit l'adjudant.

Je le repris:

— Là, c'est vous qui êtes cynique, monsieur!

— Peut-être, concéda-t-il, mais il va terminer ses jours dans un fauteuil roulant, si vous trouvez ça enviable…

— Certes pas, mais au moins pourrez-vous l'interroger. Il pourra peut-être vous apprendre ce qui l'a mis dans cet état.

— J'en doute, dit Lepaul. Il est possible qu'il ne retrouve jamais la parole.

Il montra mon sac posé sur une chaise :

— Vous vous apprêtiez à partir ?

— Oui. Dès que j'aurai fini mon café et payé ma logeuse, je reprends la route comme vous me l'avez si chaudement recommandé.

Je regardai Oliveira :

— Je suppose que vous allez être satisfait, monsieur Oliveira.

— Compte tenu des circonstances, dit l'adjudant-chef Lepaul d'une voix lente, je dois vous demander de rester encore quelque temps.

Je le regardai, stupéfaite :

— Eh bien vous alors, on ne peut pas dire que vous avez de la suite dans les idées ! Un coup je pars, un coup je ne pars plus. Je viens d'annoncer mon retour à mon chef ! De quoi vais-je avoir l'air ?

— Les circonstances commandent, dit l'adjudant-chef embarrassé. Même si ça vous contrarie…

Je croisai les bras et le considérai d'un air sarcastique :

— Ça ne me contrarie pas du tout, mais je voudrais bien savoir sur quel pied danser ! Depuis que je suis arrivée vous me traitez en coupable. Coupable de quoi, je vous le demande ? Hier vous me soupçonniez d'avoir trucidé madame Thaler, aujourd'hui parce qu'un ancien juge a été frappé de congestion peu de temps après que je sois passée en voiture sur la route devant chez lui, me voici de nouveau sur la sellette! Pourvu qu'il n'y ait pas une nouvelle catastrophe sur la barre d'*Étel*, je sais bien qui on accuserait!

Ils n'avaient rien à répondre. Ils tournèrent les talons, pas contents; lorsque leur voiture bleue fut sortie de la cour, je finis mon café et mes croissants en réfléchissant. J'étais impatiente de recevoir les renseignements que Jipi s'était fait fort de me trouver sur Pierre Guiriec.

Après avoir dit à madame Cocoual que je conservais quelque temps encore ma pension chez elle, ce qui parut la satisfaire, je montai dans la Twingo et je m'apprêtai à prendre la direction de la maison du juge lorsque mon portable sonna.

Chapitre 24

— Allô, mademoiselle Lester ?

Je reconnus immédiatement la belle voix mâle de maître Léon, notaire à Vannes.

— Bonjour maître, fis-je très aimable.

— Je me permets de vous rappeler, mademoi-selle Lester, car il nous faut régler les obsèques de madame Thaler.

Ça « nous » me laissa sans voix. J'avais oublié que si j'avais hérité d'un domaine, le cadavre de l'an-cienne propriétaire faisait partie du lot. Comment allais-je m'en tirer ? Ce n'était certes pas le premier macchabée que j'avais sur les bras, mais les autres fois je m'empressais, constatations faites, de les expé-dier à l'institut médico-légal et, après, je n'avais plus à m'en soucier. Mais là...

Je coassai :

— Euh... et la famille ?

Le bref ricanement du notaire était très explicite.

— La famille ? Si vous me passez l'expression, elle s'en tape, la famille. Ses nièces auraient bien réglé la facture des pompes funèbres et versé quelques larmes de crocodile si le manoir leur était revenu. Mais comme elles connaissent les termes du testament, elles m'ont dit de m'adresser à vous.

— Il n'y a rien à gratter, dis-je, alors elles s'en lavent les mains.

— C'est à peu près ça, dit le notaire.

— Et je suppose qu'elles vous l'ont fait savoir en termes beaucoup moins académiques que ceux que vous employez, maître.

— En effet, dit-il brièvement.

Il ne commenta pas et il ajouta :

— Comme il y a un caveau de famille au cimetière de Belz, j'ai pensé…

— Vous avez pensé que tout naturellement c'est là qu'elle serait enterrée.

— Oui. Mais, en votre qualité d'héritière, je voulais votre accord.

— Claire Thaler ne sera pas enterrée à Belz, dis-je.

— Ah ! fit maître Léon.

Je sentis que je l'avais contrarié.

— Peu de temps avant sa mort, juste après notre rencontre au cimetière de Douarnenez, elle m'a écrit une lettre.

J'entendais le notaire respirer, mais il ne disait rien.

— Je vous cite - de mémoire - le passage où elle évoque son trépas :

Comme vous avez pu vous en apercevoir, ma santé est fort chancelante, mais je suis heureuse d'avoir pu rendre justice, autant que faire se pouvait, à mon malheureux fiancé Robert Bosser que je ne tarderai pas à rejoindre au cimetière de Douarnenez.

Un assez long silence s'ensuivit.

— Voilà qui est fort explicite, dit enfin le notaire. Pourriez-vous me faire parvenir cette lettre?

— Je vais passer à votre étude, vous pourrez en prendre photocopie, dis-je. Pratiquement, quelles sont les démarches à faire?

— Je pense que les pompes funèbres sont à même de vous dégager de toute complication administrative. Après tout, c'est leur travail.

Je respirai, soulagée. Je ne me voyais pas parcourant les bureaux de l'état civil et d'autres administrations dont je n'avais même pas connaissance mais qui ne manqueraient pas d'exiger leur petit papelard afin de justifier leur existence.

— Je me charge des pompes funèbres, dit le notaire. S'il n'y a pas d'objection du côté de la famille de ce Bosser, je pense qu'il n'y aura pas de problème.

— Robert Bosser en était le dernier survivant, dis-je.

— Il y aura sûrement des frais de transfert, en tant qu'héritière ils seront à votre charge.

— Bien entendu.

— Par ailleurs, il faudra aussi que nous prenions rendez-vous pour finaliser cette succession.

— Entendu, Maître.

Je coupai la communication et demeurai songeuse.

Le téléphone sonna une nouvelle fois. C'était Fortin.

— Allô! me dit-il, tu as consulté ton courrier?

— Mon courrier? dis-je en tombant des nues. Quel courrier?

— Ton courrier électronique.

— Ah ! Tu as eu des nouvelles ?

— Je t'avais dit que mon Albert c'était un petit génie !

La voix du grand était triomphante.

— Tu vas voir, dit-il, c'est quelque chose ! J'espère qu'Albert arrivera à se faire nommer chez nous.

— Il est d'accord ?

— Il ne demande que ça ! On est devenus vachement copains.

J'ironisai :

— Quel enthousiasme ! Attends un peu quand même…

— Attendre pour quoi ? fit-il.

Je me l'imaginai, les sourcils froncés comme il les avait quand il s'efforçait de comprendre quelque chose qui lui échappait.

— Avant de le demander en mariage !

Je l'entendis souffler dans l'appareil :

— Ce que tu es con quelquefois !

Ça m'arrivait d'être comme il disait, en effet, et cette fois, je battais des records. Mais que voulez-vous, je ne pouvais m'empêcher d'être un peu jalouse de ce type qui me volait un peu de l'admiration que me vouait Fortin.

À vrai dire, je n'étais pas fière de moi. Je changeai de sujet.

— Je monte dans ma chambre, dis-je, je suis curieuse de mieux connaître le pedigree de ce Pierre Guiriec.

— C'est ça, dit Fortin sarcastique. Tu vas voir, ça vaut le coup !

Je coupai le contact avant qu'il ne me rechante les los de son informaticien, j'escaladai les escaliers et connectai mon petit Mac portable. J'appelai ma boîte postale et je m'aperçus qu'il y avait effectivement un message d'un nommé A. Passepoil, probablement ce petit génie annoncé par Fortin.

Le Passepoil en question n'avait pas mégoté : le dossier de Pierre Guiriec était si complet qu'il occupait douze pages que je m'empressai d'imprimer.

Puis je m'allongeai sur mon lit pour en prendre connaissance. Le neveu du juge n'était pas un personnage d'exception. Le petit voyou habituel, mauvais élève, plusieurs fois arrêté en son adolescence pour de menus larcins, des chapardages. En avançant en âge, la nature de ses forfaits avait évolué : on le retrouvait impliqué dans des bagarres, des accidents de voiture conduite en état d'ivresse. Le mauvais sujet, celui qui fait le désespoir de ses parents, dans toute son horreur.

C'est alors que le juge l'avait contraint à s'engager dans les troupes de marine, espérant sans doute qu'on l'expédierait outre-mer et que les instructeurs arriveraient à canaliser cette énergie si mal employée.

Las ! Il n'y avait plus de guerre et les territoires d'outre-mer - décolonisation oblige - s'étaient rétrécis comme peau de chagrin.

Je sautai à la dernière page : Pierre Guiriec n'avait pas fait une carrière militaire exceptionnelle. Ses jours de salle de police étaient plus nombreux que ses mois de campagne. Néanmoins, au bout de quinze ans, il était arrivé au grade de sergent. À l'ancienneté, sans doute. Il avait alors fait valoir ses droits à la retraite proportionnelle et avait retrouvé la vie civile. Visiblement, l'armée n'avait rien fait pour le retenir.

Et l'ex-sergent Pierre Guiriec occupait actuellement un emploi de vigile dans une société de surveillance basée dans la zone industrielle de Lorient. Il y avait même une photo de mon zèbre, et je dois dire que je ne le trouvai ni beau, ni gracieux, ni même souriant. Pour faire court, il avait une tronche à figurer sur des affiches annonçant une réunion de catch.

Je murmurai :

— Ce soir, Chéri Bibi contre Mary Lester.

Mais je ne m'en ressentais pas pour affronter cet affreux sans le secours de Fortin. Et Fortin n'étant pas libre, il n'y fallait pas penser.

Tant pis, à défaut de l'interviewer, je pourrai peut-être voir ce brillant spécimen de pas trop loin. Je pourrai aussi interroger ses voisins et ses amis - s'il en avait - afin de me faire une petite idée quant à la façon d'aborder le citoyen. Je notai son adresse, son numéro de téléphone - tous renseignements obligeamment fournis par le sieur Passepoil Albert, et je sautai dans ma Twingo, direction Lorient.

Les gendarmes ne me l'ayant pas interdit, je m'arrangeai pour passer devant la maison du juge Guiriec.

Une voiture stationnait devant la barrière du jardin, une vieille Mercedes mi-jaune mi-ocre, couverte de boue séchée, immatriculée dans le département du Morbihan.

Je vis une silhouette s'affairant derrière la fenêtre de l'étage. Quelqu'un parait au plus pressé, bouchant l'emplacement du carreau cassé avec un carré de contreplaqué.

Je m'arrêtai à quelques mètres de la porte, attendant que le visiteur sorte.

Je sentis que je n'aurais pas à faire le détour par Lorient. Lorsqu'il sortit de la maison, je reconnus immédiatement l'ex-sergent Guiriec à sa boule rasée, à ses oreilles en chou-fleur et à son air renfrogné. Je n'avais pas l'intention de le questionner, mais lorsqu'il me vit, il chargea comme un taureau.

— Qu'est-ce que vous voulez? aboya-t-il en s'arrêtant à cinquante centimètres de ma voiture.

Si dans son jeune temps Pierre Guiriec avait été un mauvais sujet, ça ne paraissait pas s'être arrangé avec les ans. La sagesse, son attitude le démontrait, le fuyait toujours.

Ce quinquagénaire trapu, à la mine farouche, n'aurait pas déparé la troupe de joyeux drilles du maître principal Charras.[19]

Je le considérai avec stupéfaction.

— Serait-il interdit de stationner au long de cette route?

Il ne répondit pas à ma question mais frappa du poing sur mon toit de voiture et dit hargneusement:

— Dégage, connasse!

Je sentis la moutarde me monter au nez. J'ouvris ma portière et sortis en le regardant dans les yeux:

— C'est à moi que vous vous adressez?

Il ricana en regardant ostensiblement à l'entour. L'endroit était désert, je ne me sentais pas très gaillarde.

— J'vois personne d'autre! T'as rien à foutre ici!

Je tentai de crâner:

— Qu'en savez-vous?

Il gronda:

---

19. *Voir* On a volé la Belle-Étoile *et* Le renard des grèves, *même auteur, même collection.*

— Dégage, je te dis!

Il montra la maison du juge:

— C'est la maison de mon oncle, dit-il, et on a tenté de le cambrioler cette nuit.

— C'est faux! dis-je.

Il parut sur le point de se jeter sur moi:

— Comment, c'est faux? Et le carreau cassé, et le vieux qui est à l'hôpital entre la vie et la mort…

— Je suppose que vous êtes Pierre Guiriec?

— Et alors? jeta-t-il toujours hargneux.

— Alors? Ce carreau a été brisé par les gendarmes lorsqu'ils ont porté secours à votre oncle qui était frappé par une congestion cérébrale.

Il recula d'un pas et ses petits yeux porcins me considérèrent avec méfiance:

— Comment que tu sais ça, toi?

— Je le sais.

— Oh, dit-il soudain comme s'il était frappé par une révélation, c'est toi le flic qui est venu persécuter mon oncle!

Je sortis ma carte.

— Capitaine Lester. Je précise que je ne suis pas venue persécuter votre oncle, mais que je souhaitais simplement lui poser quelques questions.

— Et tu t'es fait envoyer sur les roses, c'est bien fait pour ta gueule! cracha-t-il, la bouche mauvaise.

Franchement, ce soudard mal embouché commençait à me courir. Une fois de plus je regrettai l'absence de Fortin qui eût tôt fait de remettre les choses en place, manu militari au besoin. Mais bon, Jipi n'étant pas là, il fallait bien faire sans.

— Puisque je vous ai sous la main, je vais en profiter pour vous poser quelques questions.

— Tu sais où tu peux te les mettre, tes questions ? fit-il avec sa grossièreté habituelle.

— Où étiez-vous le 11 novembre ?

Il aurait reçu un direct de Cassius Clay au plexus que ça ne lui aurait pas fait plus d'effet. Il parut se pétrifier, sa bouche s'ouvrit et resta ouverte comme s'il cherchait de l'air.

— Alors ? insistai-je.

Il demeura quelques instants sans réaction, puis son mauvais fond reprit le dessus. Il fit demi-tour et s'éloigna à grands pas en crachant par-dessus son épaule :

— J't'emmerde !

Je lui répondis sur le même ton :

— Tu m'emmerdes peut-être, Pierre Guiriec, mais ça ne durera pas. Ton oncle a parlé…

Cette phrase le bloqua net. Il se retourna lentement, comme s'il n'en croyait pas ses oreilles.

— Quoi ? souffla-t-il.

— Le juge Guiriec, dis-je en marchant vers lui, on lui a injecté des calmants et, tu sais, ces trucs-là ça désinhibe complètement les gens. Il y en a sur qui ça agit comme un sérum de vérité.

Pierre Guiriec, blême, me regardait effaré. Et j'ajoutai en articulant bien et en le fixant dans les yeux :

— Il a tout raconté…

Et j'en remis une couche, tant j'étais contente de river son clou à ce grossier personnage :

— Tu es foutu, Guiriec, il a tout balancé, en long, en large, en travers… Les gendarmes te recherchent, tu n'iras pas loin.

— Non ! rugit-il la bave aux lèvres.

Il y a de ces coïncidences, je vous jure! Je me retournai pour voir ce qui avait provoqué ce «non» crié avec l'énergie du désespoir et je vis la voiture des gendarmes apparaître. Pour une fois les tuniques bleues n'étaient pas à la bourre, aurait dit Fortin.

Guiriec s'engouffra dans sa Mercedes et démarra en faisant crier ses pneus sur le bitume.

Les gendarmes s'arrêtèrent à ma hauteur. Oliveira conduisait, l'adjudant-chef à ses côtés.

— Eh bien, qu'est-ce qui se passe ici? me demanda l'adjudant-chef.

— C'est Pierre Guiriec, dis-je.

— J'ai bien vu, dit Lepaul. Quelle mouche l'a piqué?

— Essayez donc de le rattraper avant qu'il n'aille étrangler son oncle sur son lit d'hôpital, dis-je. Et demandez-lui ce qu'il faisait le 11 novembre.

— Bon Dieu! jura Oliveira en embrayant brutalement.

Je vis le gyrophare s'allumer et j'entendis le Klaxon deux tons se mettre en branle tandis que le fourgon bleu s'éloignait à toute vitesse. Il ne me restait plus qu'à suivre, ce que je fis à bonne allure puisque les gendarmes m'ouvraient la voie. Heureusement que la route n'était pas fréquentée. C'était celle qui menait à Locoal, que nous traversâmes à toute allure.

— Où espère-t-il aller? me demandai-je.

Nous étions en effet sur ce chemin de Cadoudal, là où, un demi-siècle plus tôt, le malheureux Robert Bosser et sa 4 CV avaient plongé dans le marais.

L'ex-sergent n'avait pas choisi sa route. Complètement paniqué, il s'était jeté à l'aveuglette sur le premier chemin qui s'était offert à lui.

Le temps était maussade. Le crépuscule s'annonçait prématurément et un menu crachin tombait du ciel gris. La mer était haute et battait le bord de la route. Nous étions en queue de marais et des touffes de jonc émergeaient çà et là d'une eau noire et peu engageante.

Je dus freiner en catastrophe, les stops du véhicule des gendarmes illuminaient la route. Une remorque agricole de bois de feu était renversée dans le fossé et un paysan atterré contemplait le désastre.

Je reconnus le tracteur de Fanch Portal, ce paysan complaisant qui abritait les épaves de son copain Berrou dans sa grange.

La Mercedes de Pierre Guiriec gisait les quatre roues en l'air dans le marais, presque exactement à l'endroit où la 4 CV de Robert Bosser avait été retrouvée. Seulement, comme c'était une voiture beaucoup plus rapide que la 4 CV du malheureux comptable, elle s'était enfoncée bien plus loin que celle-ci dans le marais.

Elle aussi gisait sur le toit, et comme elle était beaucoup plus lourde, on ne voyait que les roues qui dépassaient hors de l'eau noire. Oliveira s'était courageusement mis à l'eau tandis que, dans la voiture, l'adjudant-chef Lepaul appelait fébrilement des secours.

— Mon Dieu! gémissait le paysan, j'ai rien pu faire! Il est arrivé comme un fou, je suis sûr qu'il roulait à plus de cent à l'heure.

J'en étais sûre, moi aussi, par moments j'avais eu du mal à suivre. Cent à l'heure sur une route comme ça… Il fallait être fou. Et fou, Pierre Guiriec l'était devenu subitement et, une fois encore, c'était moi qui avais provoqué la crise.

J'essayai de me consoler - et ce ne fut pas trop difficile - en pensant qu'il devait avoir des prédispositions.

Tout de même, quelle enquête! Je regardai le gâchis que j'avais provoqué: le tracteur en se jetant au fossé avait pu éviter la collision, mais la remorque était trop large pour croiser une autre voiture sur cette route étroite. La Mercedes l'avait prise par le côté, renversant l'attelage et elle-même avait été retournée avant de pulvériser ce qui restait du mur de pierres sèches, pour finir comme on sait dans le marais que la marée haute avait rempli d'eau saumâtre.

Il fallut plus qu'un Dodge de l'armée américaine pour sortir la Mercedes de sa fâcheuse position. Un camion grue fut nécessaire. Le toit s'était écrasé et Pierre Guiriec avait été tué sur le coup.

Lorsque la voiture accidentée fut posée sur un plateau, lorsque le corps de Pierre Guiriec fut embarqué dans l'ambulance des pompiers, l'adjudant-chef Lepaul revint vers moi l'air préoccupé:

— Capitaine Lester, je crois qu'il va falloir que nous ayons une petite conversation, dit-il.

Je hochai la tête en guise d'acquiescement.

— Tout à fait, adjudant-chef.

Il me fit signe de le suivre mais je dus attendre que la route fût dégagée.

Le camion grue avait remis l'attelage sur la route, et des voisins, avertis par le fracas de l'accident, aidaient Fanch Portal à ramasser son bois tout en commentant l'événement.

Je suivis le véhicule des gendarmes à une allure nettement plus modérée qu'à l'aller et nous nous retrouvâmes dans le bureau de l'adjudant-chef à la brigade de gendarmerie. Oliveira, qui claquait des dents à la suite de son bain dans le marais, s'en fut se changer.

— Eh bien? demanda Lepaul.

— Vous ne préférez pas que Oliveira soit là? lui demandai-je. Je pense qu'il a bien mérité d'entendre ce que j'ai à vous dire.

L'adjudant-chef me regarda curieusement :

— Je ne vous comprends pas bien, capitaine Lester. Je vous trouve…

Il cherchait le mot. Je proposai :

— Bizarre ?

Il acquiesça :

— En quelque sorte.

— Vous n'êtes pas le premier à le constater, adjudant-chef. Mais pourquoi me le dites-vous ?

— Depuis le début de votre enquête, vous n'arrêtez pas de vous heurter à Oliveira, de l'asticoter. Et maintenant…

— Et maintenant je préfère qu'il soit là pour m'entendre… Est-ce bien là ce qui vous chiffonne ?

— Entre autres, oui.

— C'est souvent comme ça, dis-je, je ne m'accroche qu'avec les gens de caractère.

Je lui souris :

— On ne peut pas se prendre le bec avec des chiffes molles. Oliveira, je n'en ferai probablement pas un copain, mais je suis sûr que c'est un excellent gendarme.

— Le meilleur que j'aie eu sous mes ordres, dit Lepaul en me rendant mon sourire.

On frappa à la porte et Lepaul mit son doigt sur ses lèvres :

— Chut! Il est bien assez orgueilleux comme ça!

Puis il ordonna :

— Entrez!

Oliveira, les cheveux encore mouillés par son passage sous la douche et de nouveau impeccablement mis, s'avança.

— J'espère que vous n'avez pas attrapé un rhume, adjudant, lui dis-je.

— On s'inquiète de ma santé à présent? demanda-t-il sarcastique. Peut-être aurait-il fallu y penser avant de précipiter ce malheureux dans le marais!

Ça y est, il recommence, pensai-je. Je vis l'adjudant-chef Lepaul réprimer un sourire.

— Vous n'avez pas l'impression qu'il s'y est précipité tout seul? demandai-je.

Oliveira souffla, comme s'il était au comble de l'agacement.

— Si, dit-il, mais je serais curieux de savoir ce que vous avez bien pu lui raconter pour qu'il prenne la fuite de la sorte. Il nous connaissait…

— Justement, il vous connaissait…

Je m'arrêtai avant de dire :

— Je crois bien qu'il faudrait que je reparte du début.

— Bonne idée, dit Oliveira en prenant une chaise et en s'asseyant près de moi.

— Pour tout vous dire, fis-je, je n'ai jamais cru à la mort accidentelle de madame Thaler…

— Voilà qui est intéressant, dit Oliveira. Pas nouveau, mais intéressant. Ceci veut dire que vous n'avez pas tenu compte de l'avis de la cour de Vannes et que vous avez continué à enquêter malgré les conclusions du procureur.

Je me mis à rire, ce qui l'agaça :

— Il n'y a pas de quoi rire, capitaine ! dit-il sévèrement.

— Si vous parlez des événements, vous avez raison, dis-je. Des gens sont morts, il n'y a effectivement pas de quoi rire. Mais ce n'est pas de ça que je ris.

— Peut-on savoir ?

— Je ris de votre culot, de cette propension que vous avez à me mettre toutes les infractions du département sur le dos.

Il secoua la tête, agacé, et demanda abruptement :

— Que faisiez-vous près de la maison du juge en compagnie de Pierre Guiriec ?

L'adjudant-chef semblait être hors du coup. Il suivait les échanges entre son subalterne et moi comme on suit un échange de balles à Roland Garros.

Je répondis par une autre question :

— M'aviez-vous interdit de passer par là ?

— Je n'en avais pas le pouvoir, la route est un domaine public.

Il semblait le regretter.

— Bien. Alors, je suis passée par là. Vous savez pourquoi ?

— Dites toujours.

— Parce que c'est le chemin le plus direct pour aller du *Champ des Druides* aux *Charmettes*.

— Et qu'alliez-vous faire aux *Charmettes* ?

— Informer monsieur et madame Kergouriec que les obsèques de leur patronne auraient lieu à Douarnenez.

— À Douarnenez ? répéta l'adjudant-chef Lepaul stupéfait. Mais le caveau de famille des Marvoyer est à Belz !

— Justement, elle ne voulait surtout pas être enterrée avec sa famille.

L'adjudant-chef écarquilla les yeux :

— Mais pourquoi ?

— Elle avait ses raisons, dis-je, elle a laissé une lettre dans laquelle elle exprime nettement cette volonté.

Les deux hommes se regardèrent d'un air de dire : « voilà autre chose ! »

— Qu'importe, dit l'adjudant Oliveira, pourquoi vous êtes-vous arrêtée devant chez le juge ?

— Parce que j'ai vu quelqu'un dans la propriété.

— C'était son neveu, il remplaçait le carreau que j'avais dû briser.

— Oui, dis-je, il avait même fini son ouvrage et, quand il m'a vue dans ma voiture, il s'est précipité comme un chien sauvage pour me faire un mauvais parti.

— Un chien sauvage ? répéta Oliveira.

— Un chien enragé, si vous préférez, dis-je agacée. En bref, il s'est précipité vers moi et il n'était pas animé de bonnes intentions !

— Ça se comprend, dit Oliveira, son oncle venait d'être agressé…

— Vous savez bien que son oncle n'a pas été agressé, dis-je.

— Non, mais lui pouvait le penser.

— Vous ne l'aviez pas informé des circonstances dans lesquelles vous l'aviez trouvé ?

— Si, mais…

— Il ne vous a pas cru !

— Je n'en sais rien. Ce Pierre Guiriec n'était pas un gaillard facile.

— Je m'en suis rendu compte, dis-je. Il s'apprêtait même à me faire un mauvais parti, mais il a suffi d'une phrase pour le déstabiliser.

— Une phrase? répéta Oliveira.

— Une question plutôt. Une question que vous m'avez posée au début de votre enquête, adjudant Oliveira. Vous m'avez demandé : « où étiez-vous le 11 novembre ? » Vous vous souvenez ? Et je vous ai répondu que j'étais chez moi, à Quimper. Quand j'ai posé cette même question à Pierre Guiriec, il est devenu livide, j'ai cru qu'il allait s'effondrer. Je dois l'avouer, j'ai prêché le faux pour savoir le vrai.

— Mais encore ? fit Oliveira méfiant.

— Je lui ai dit que son oncle, sous l'effet des médicaments qui lui avaient été administrés, avait révélé qui avait tué Claire Thaler. Et j'ai ajouté : « les gendarmes vous cherchent ». Là-dessus vous êtes arrivés et, en vous voyant, Guiriec est parti comme un fou.

— On ne le cherchait pas, protesta Oliveira.

— Je vous ai dit que j'avais prêché le faux pour savoir le vrai.

— Alors le vrai c'est…

— Le vrai c'est que c'est Pierre Guiriec qui a balancé Claire Thaler à la mer.

Les deux gendarmes se regardaient, me regardaient, enfin l'adjudant-chef demanda :

— Mais pour quelles raisons ?

— Parce que son oncle le lui avait demandé !

— Son oncle ! s'exclama Oliveira tandis que dans le même temps l'adjudant-chef s'écriait : « Le juge ? »

— Exactement, dis-je, le juge. Voyez-vous, c'est l'aboutissement d'une sale affaire qui a commencé en 1959 ici, au pays de Belz.

— En 59, s'exclama Oliveira, je n'étais même pas né!

— Moi non plus, dis-je. Mais Claire Marvoyer, elle, était sur le point de se marier avec l'homme qu'elle aimait. Je ne vais pas rentrer dans les détails, mais il y a eu une conspiration de salopards pour éliminer le fiancé, un nommé Robert Bosser. Conspiration dans laquelle sont entrés les Marvoyer père et fils, quelques habitants de la région et aussi le juge Guiriec. Officiellement il s'agissait d'empêcher une jeune fille de bonne famille d'épouser un coureur de dot un peu escroc. C'est le motif qu'on donna à la jeune fille qui, sur le coup, se résigna et épousa un autre homme. Seulement, au fil du temps, elle s'aperçut qu'on l'avait roulée dans la farine. La plaisanterie avait été un peu loin, un accident de voiture avait été provoqué et le fiancé en avait subi les séquelles pendant des années, en fait jusqu'à sa mort. Avant de mourir, il écrivit à son ex-fiancée et là les yeux de Claire Marvoyer, devenue entre-temps Claire Landry, se dessillèrent. Des correspondances trouvées aux *Charmettes* achevèrent de lui faire voir la vérité. Dès lors, elle n'eut de cesse de retrouver les protagonistes de cette sordide affaire. Le temps passa, les témoins moururent. Cependant, deux des conjurés, si je puis dire, vivaient encore : son frère, Jean-Baptiste Marvoyer, qui conduisait probablement la voiture qui expédia le pauvre Bosser dans les marais, et l'ex-juge Guiriec.

Je n'ajoutai rien sur Antoinette Magouër qui, en portant plainte contre Bosser, l'avait fait mettre en prison et avait ainsi enclenché une irréversible catastrophe. Bien qu'inquiétée par ma visite au *Café de la Cale*, elle devait se croire intouchable. Elle avait tort.

Pour son rôle ignoble, je lui réservai un chien de ma chienne. Je regardai Oliveira :

— Voyez comme les choses sont curieuses, adjudant, l'assassin de Claire Marvoyer est venu mourir exactement à l'endroit où son fiancé avait été accidenté. Vous croyez à la justice immanente ?

— Coïncidence ! jeta Oliveira.

— Peut-être, dis-je. Toujours est-il que Jean-Baptiste Marvoyer est depuis des années réduit à l'état de légume. Quant à l'ex-juge Guiriec, il vivait toujours et avait toute sa tête, enfin jusqu'à hier. Lorsque Claire Thaler venait à Belz, elle ne manquait pas de se promener avec la Delahaye de son grand-père. Eugène Nicolas, le taxi, lui servait de chauffeur. Et Eugène Nicolas m'a révélé que madame Thaler faisait volontiers stationner la Delahaye devant les fenêtres du juge et qu'ils restaient là, de longues minutes, à se défier silencieusement, lui derrière ses fenêtres, elle, le nez à la portière. Madame Thaler sachant sur le juge des choses terribles, le juge sachant qu'elle savait, ricanant de son impuissance à les prouver, derrière son carreau.

Je m'interrompis un instant avant d'ajouter :

— De là mon désir, que vous ne compreniez pas, d'interroger le juge Guiriec.

— Comment aurais-je pu le comprendre ? demanda Oliveira. Si vous m'aviez expliqué…

— M'auriez-vous écoutée ? demandai-je.

Il ne répondit pas.

— Ou plutôt, vous m'auriez écoutée, mais vous ne m'auriez pas entendue. Au mieux, vous auriez ri de cette hypothèse : un meurtre expliqué par des événements passés depuis un demi-siècle. Ça vous aurait bien amusé, avouez-le.

Oliveira n'avoua rien. Il me fixait, la bouche pincée d'un air de dire : « cause toujours ! »

Je reçus le message cinq sur cinq, comme on dit dans la gendarmerie, et je continuai donc ma démonstration :

— Si vous aviez enquêté un peu plus sérieusement, vous n'auriez pas ignoré les visites que faisait Claire Thaler avec le chauffeur de taxi… Vous n'aviez jamais vu cette longue Delahaye noire ? Elle était pourtant facilement repérable.

Non, ils ne l'avaient pas vue. Je poursuivis mon monologue :

— À la longue, ces séances devinrent insupportables au juge Guiriec. Ce fantôme d'un passé peu honorable venant le provoquer sous ses fenêtres finit par l'exaspérer. Imaginez-vous, messieurs, ce vieil homme seul dans sa maison campée sur la dune, et ce reproche vivant là, sous ses fenêtres…

— Que ne s'est-il plaint, s'exclama Oliveira, nous aurions fait cesser ce trouble !

— Oui, mais il aurait fallu que le juge vous donne des explications. Qui sait si la presse ne se serait pas emparée de ce fait divers. Il aurait pu y avoir une énorme publicité autour de cette histoire, on aurait pu songer à en faire un roman, un film… Et c'est justement ce que le juge Guiriec voulait éviter. Alors il subissait…

Et il a subi jusqu'à ce que ses nerfs lâchent. Pour avoir la paix, il fallait que ce reproche vivant qu'était Claire Thaler disparaisse. Lorsque je l'ai vue, je peux vous dire que rien ne laissait penser qu'elle était prête à lâcher la rampe. Alors le juge - qui était plus âgé qu'elle - a décidé d'aider le destin. Bien entendu, son âge, sa santé, ne lui permettaient pas de se charger lui-même de l'affaire. Mais il avait un neveu. Le fils de sa sœur, un type peu recommandable qui, de surcroît, avait été dans les troupes de choc dans l'armée et sur qui il avait toujours exercé une forte influence. Il lui a confié la besogne.

— Vous voulez parler de Pierre Guiriec ? demanda Oliveira.

— Exactement !

Il eut un geste de dénégation :

— Facile de charger un mort !

— Et le neveu aurait accepté ? s'étonna l'adjudant-chef Lepaul.

— Il n'avait pas le choix, dis-je. Comme je vous l'ai dit, il avait toujours obéi à son oncle qu'il craignait comme la peste, ensuite il espérait bien hériter de la maison sur la dune. Car Pierre Guiriec était toujours à court d'argent.

— Humph ! fit l'adjudant-chef d'un air dubitatif pendant que Oliveira demandait suavement :

— C'est une très belle histoire, capitaine Lester, mais les preuves, où sont vos preuves ?

Je le regardai dans les yeux en faisant la moue et j'avouai franchement :

— Je n'en ai pas !

— Ah ! fit Oliveira avec un sourire entendu à l'adresse de son chef. Je m'en serais douté !

— Et je n'en ai pas besoin, ajoutai-je.

Il s'indigna :

— Comment vous n'en avez pas besoin ? On ne peut rien sans preuve, vous le savez bien. On est dans un pays de droit et...

— Ne vous fatiguez pas à me dire dans quel pays on est, dis-je. Le meurtrier de Claire Thaler est mort, il s'est quasiment suicidé.

Les deux gendarmes se regardèrent sans mot dire et j'ajoutai :

— Reconnaissez que rouler à plus de cent vingt kilomètres heure sur cette route c'est suicidaire…

Ils se regardèrent de nouveau d'un air de dire : « vu comme ça… »

— Quant à l'instigateur du crime, poursuivis-je, ce juge véreux, vous l'avez dit vous-même, mieux vaudrait, pour lui, qu'il soit mort.

— Alors, qu'allez-vous faire ?

— Rien. Je vais rentrer chez moi, comme vous me l'avez si chaudement recommandé. Quant à vous…

Ils me regardaient avec méfiance, d'un air de se demander : « Qu'est-ce qu'elle va encore inventer ? »

Je souris :

— La gendarmerie a un accident mortel sur les bras. La victime allait trop vite, elle a quitté la route et trouvé la mort… Je ne pense pas que le paysan qui conduisait le tracteur puisse être impliqué dans une quelconque recherche en responsabilité. Vous devez être habitués à ce cas de figure, non ?

Il y eut un silence. Je voyais que Oliveira ruminait de sombres pensées. Soudain il s'écria :

— Ahhh ! Je sais maintenant pourquoi le juge a crié « elle revient ».

J'eus un demi-sourire, je le laissai dire.

— Quand il a vu passer la Delahaye sous ses fenêtres, il a pensé que c'était Claire Thaler qui était à bord.

— Bien Oliveira, dis-je, bien !

Et, comme il se taisait, je l'encourageai :

— Poursuivez !

— Or madame Thaler était morte depuis plus d'une semaine.

— Il le savait mieux que quiconque, dis-je, il l'avait fait tuer.

— D'où cette émotion qui lui a été fatale, dit Oliveira.

Je regardai l'adjudant-chef Lepaul d'un air admiratif :

— Il est bon, hein !

Oliveira négligea le sarcasme :

— Vous êtes sûre que vous n'avez fait que passer devant chez le juge ? demanda-t-il soupçonneux.

— Adjudant Oliveira, je vous ai tout dit, fis-je d'un air désolé. Qu'allez-vous imaginer ?

— Vous, dit l'adjudant, en pointant un index accusateur sur moi, vous êtes trop maligne !

— Monsieur Oliveira, dis-je vertueusement, je ne suis pas la moitié aussi maligne que vous dites, et pas la moitié aussi bête que vous le pensez. À tout prendre, je pense que je suis quelqu'un d'extrêmement moyen.

Il resta longuement à ruminer cette phrase, cherchant ce qu'il y avait derrière les mots.

— Finalement, dis-je, c'est une affaire exemplaire, et qui ne coûtera pas un centime de frais à l'État.

— Vous avez bonne mine de vous soucier des finances de l'État, dit Oliveira, quand on hérite d'une baraque de cinq cents briques…

Visiblement, il l'avait encore sur l'estomac, celle-là.

— On fera part à deux l'État et moi, dis-je. Il paraît qu'il me faudra reverser au moins cinquante pour cent de sa valeur aux services du fisc.

— Il vous en restera quand même une belle pincée, dit-il mi-figue mi-raisin.

Son regard se perdit, il devait penser à tout ce qu'on peut s'offrir avec deux cent cinquante briques. Était-il jaloux ? Ça se pouvait bien. Il condescendit tout de même à me serrer la main lorsque je les quittai et à me dire, presque cordial :

— Au revoir, capitaine Lester.

— Maintenant qu'on a travaillé ensemble, monsieur Oliveira, vous pouvez m'appeler Mary.

Il eut un mouvement d'hésitation, puis il dit :

— Eh bien, au revoir Mary.

Il se pencha et me dit très discrètement.

— Mon prénom c'est Ramon.

— Adieu Ramon, et souvenez-vous de ce que je vous avais dit au début de l'enquête : « c'est à la fin de la foire qu'on compte les bouses »

— Hé hé ! fit-il d'un air entendu.

Chapitre 25

L'enterrement de Claire Thaler eut lieu à Douarnenez ainsi qu'elle l'avait souhaité. La fête des morts était passée et le beau jardin fleuri qu'avait été le cimetière n'était plus que tristesse et désolation. Les chrysanthèmes défleuris, brisés par les tempêtes, rouillés par l'eau du ciel, pendaient lamentablement dans les vases funéraires. Des larmes de vert-de-gris coulaient des lettres de bronze incrustées dans les stèles de granit.

Le temps aussi avait changé. Le vent d'ouest porteur de pluie était revenu ; à peine discernait-on, derrière la mer grise, les contours usés du Menez Hom et il était vain de chercher quelque voile sur les flots maussades, hostiles.

Phonse et Phine avaient fait le voyage pour accompagner à sa dernière demeure leur ancienne patronne. Il ne s'était pas trouvé une seule âme des bords de la ria d'*Étel* pour faire le déplacement à Douarnenez. On eût dit que le pays de Belz était soulagé d'être débarrassé de la maîtresse des *Charmettes* qui, par ses questions rappelant à chacun ses petites lâchetés passées, s'était souvent montrée bien encombrante.

Lorsque le corbillard arriva, nous dûmes attendre sous la bruine venue de la mer que le commissaire de police fasse son office en vérifiant que les scellés étaient bien en place sur la bière.

Jean Blaise s'exclama en me voyant:

— Encore toi?

— C'est un reproche? demandai-je.

— Que non. Un parent?

— Non, la dame qui accompagnait le petit cercueil, tu te souviens?

— Ah oui, elle est morte?

— Faut croire, dis-je, sans quoi on ne l'aurait pas enterrée.

— Toujours le mot pour rire, Mary Lester, s'exclama-t-il.

Mais s'il m'avait bien regardée, il aurait vu que de grosses larmes coulaient sur mes joues. L'avantage de la pluie, c'est qu'elle dissout les larmes. On peut garder la tête droite, personne ne sait que vous pleurez, sauf vous bien entendu, car cette eau qui coule sur vos joues a le goût du sel.

Phine se souciait peu de montrer son chagrin. Elle sanglotait à petits coups sous son parapluie noir, pressant un mouchoir roulé en boule sous son nez. Phonse, boudiné dans une veste trop petite, les mains croisées sur le ventre, ne savait quelle contenance prendre.

Ils avaient acheté une belle gerbe de fleurs que Phonse déposa gauchement sur la dalle humide, tandis qu'un vieux prêtre psalmodiait quelques patenôtres en latin.

À mon tour je posai sur le cercueil une rose rouge avant que les fossoyeurs le fassent glisser dans le trou. À ce moment il y eut une trouée lumineuse dans les nuages bas et un rayon de soleil descendit sur notre petit groupe, illuminant le pourpre de la fleur.

Ça ne dura qu'un instant ; lorsque les fossoyeurs retirèrent leurs cordes, le ciel avait repris la couleur des pierres tombales.

Quatre fossoyeurs, un prêtre et un commissaire de police en mission, Phine, Phonse et moi. C'était là toute l'escorte de Claire Thaler pour le grand voyage.

Le commissaire partit le premier, suivi par le prêtre, et les fossoyeurs remontèrent dans le corbillard pour échapper à l'eau du ciel.

Je restai seule avec Phine et Phonse dans le cimetière où déjà le ciel s'obscurcissait. Chacun à son tour ils me serrèrent longuement la main avec effusion, comme si j'étais la fille de la défunte. Puis ils reprirent la route de Belz.

Quant à moi, après avoir glissé la pièce au marbrier, je rentrai à Quimper. Désormais, à chaque Toussaint, en plus de mes tombes familiales, j'aurais à fleurir celle de Claire Thaler et de Robert Bosser réunis pour l'éternité.

Quelques vers d'une chanson me revinrent en mémoire :

Ma poussière et ta poussière
Seront le jouet des vents
Il faut nous aimer sur terre,
Il faut nous aimer vivants…

C'était, je crois, un poème de Paul Fort, mis en musique par Georges Brassens et chanté par Eric Zimmermann. Un très beau poème…

Claire et Robert n'avaient pu, de leur vivant, mettre ces conseils en pratique. J'espérais que la terre leur serait douce.

Chez moi, venelle du Pain-Cuit, par la grâce d'Amandine, il y avait du feu dans la cheminée et, sur la cuisinière, un tajine de poulet qui sentait bien bon.

Mizdu était en pleine forme, Amandine plus curieuse que jamais, mais moi je n'étais pas d'humeur à me raconter.

Alors elle me laissa devant mon feu, avec un disque de Georges Brassens sur la platine du lecteur de CD et une tisane dans son pot de faïence.

*

Dès que j'entrai au commissariat le lendemain matin, le planton me fit savoir que le commissaire Fabien m'attendait. Je frappai donc à sa porte avant même de passer à mon bureau. Il m'accueillit avec une curiosité chaleureuse :

— Eh bien, Mary, vous voilà enfin de retour ?

— Comme vous voyez, monsieur le commissaire, avec plaisir !

— Ma parole, dit-il, vous avez l'air sincère !

— Mais je le suis, patron !

Il se pencha, la mine gourmande :

— Alors, cet héritage... Il paraît que vous héritez d'un superbe manoir ?

Cet héritage ! Il faisait gamberger le monde, et pas seulement les flics !

— Qu'allez-vous en faire ? me demanda Fabien.

— Je vais y mettre plein d'enfants.

Il me regarda curieusement :

— Vous voulez dire que…

— Que je vais les faire moi-même ? Mais non, patron, quand je dis plein d'enfants, je pense à trois ou quatre douzaines.

— Et où irez-vous les pêcher ?

— Chez les orphelins de la police.

Fabien fronça les sourcils :

— Je ne comprends pas, Lester. Que voulez-vous dire ?

— Je veux dire que j'ai renoncé à jouer les châtelaines.

Il ouvrit de grands yeux, visiblement il n'avait pas pigé :

— Comment ça ?

— On n'est pas obligé d'accepter un héritage, que je sache !

— Vous y auriez renoncé ?

C'était peu de dire qu'il ne me croyait pas.

— En quelque sorte. J'en ai fait don aux œuvres sociales des orphelins de la police.

Le commissaire en resta sans voix. Il me regarda intensément et finit par dire :

— Ah ça, c'est bien, Mary, vraiment c'est très bien !

Je ne pus résister à le taquiner :

— Vous en auriez fait autant, patron !

— Hon hon, fit-il avec une drôle de grimace.

Rien n'était moins sûr !

— Une grande baraque comme ça, qu'est-ce que j'en aurais fait ? demandai-je. Il faudrait trois ou quatre douzaines de gosses là-dedans pour que ça vive !

C'était la solution qui s'était imposée. Je ne me voyais pas garder *les Charmettes*, je ne me voyais pas la vendre et me débattre avec le fisc, je ne me voyais pas reclasser les deux employés de Claire Thaler... Que d'embarras!

La solution du don à une œuvre m'avait paru de nature à me libérer de toutes ces contraintes tout en faisant une bonne action. En plus, ça fermerait le bec à toutes les langues de putes - comme disait Fortin - qui ne manquaient pas dans la police.

Cependant, j'y avais mis mes conditions: Phonse et Phine seraient conservés comme gardiens et disposeraient de la maison de garde jusqu'à la fin de leurs jours.

Lorsque je leur avais annoncé la nouvelle, ils en avaient pleuré de joie.

J'avais passé quelques heures aux *Charmettes*, parcourant la grande bâtisse dans tous les sens, essayant de me mettre dans la peau de la jolie jeune fille qu'avait été Claire Thaler un demi-siècle plus tôt.

Son canot était toujours dans le hangar à bateaux, reposant sur un chariot rouillé. C'était une très jolie embarcation à clins laqués de blanc, avec des bancs vernis.

Ce devait être un tableau charmant que de voir la jeune Claire Marvoyer, glissant à grands coups de rames sur les eaux vertes et lisses de la ria, suivie, qui sait, par un colosse qui nageait comme un poisson.

Ce bateau lui aussi aurait eu sa place dans un musée, il n'était plus temps de le remettre à l'eau, les bordés avaient joué et on voyait le jour à travers. Il s'appelait *Prince Charmant*. Tout un programme...

Les époux Kergouriec m'avaient accompagnée dans ma visite, mais je les avais priés de me laisser et c'est toute seule que je m'affairai à une mystérieuse besogne, autour de la Delahaye. J'avais déniché dans une brocante un mannequin articulé comme on en faisait dans les années trente pour présenter les vêtements en vitrine. Je l'avais habillé avec les vêtements de feu madame Thaler et je l'avais installé sur la banquette arrière de la Delahaye, lui tournant la tête comme s'il regardait à l'extérieur. Il ne me restait plus qu'à lui mettre le chapeau, ce que je fis, puis je fixai cette passagère fictive avec de larges bandes adhésives.

Enfin, je recouvris la voiture de sa housse et j'appelai le père Berrou pour lui demander de passer au manoir.

— C'est pour la voiture? me demanda-t-il la voix tremblante de désir.

— En effet, dis-je, j'aurais besoin de vos lumières.

— J'arrive! me dit-il tout excité.

Dans les dix minutes, il était là.

— Un problème? me demanda-t-il en oubliant de me saluer.

— Non, dis-je. La Delahaye marche parfaitement. Je l'ai conduite l'autre jour.

Il s'étonna:

— Vous?

Je souris:

— Moi!

— Alors… Vous voulez la vendre?

— Non…

Il parut décontenancé et, après un temps de silence, il laissa tomber:

— Ça vaut des sous, vous savez, une voiture comme ça.

— Je sais, dis-je.

Je le regardai :

— Si vous en étiez propriétaire, monsieur Berrou, est-ce que vous la vendriez ?

— Jamais ! s'exclama-t-il. Vous ne vous rendez pas compte, une Delahaye dans cet état, il n'y en a sûrement pas deux sur le marché.

On sentait au ton employé toute l'exaltation qui bouillonnait en lui.

— Alors elle est à vous, monsieur Berrou.

Il en eut le souffle coupé :

— À moi ?

Il scrutait éperdument les zones d'ombre du garage, comme pour chercher quelqu'un à prendre à témoin. Mais nous étions seuls.

— Je pourrai jamais vous la payer à son prix ! dit-il avec une certaine véhémence. Vous savez combien ça vaut une Delahaye comme ça ?

Il en bégayait d'émotion.

— Qui vous parle de payer. Je vous la donne.

Je crus qu'il ne fermerait jamais la bouche. Il en restait stupide, pétrifié.

— Vous me… Vous me… fit-il enfin.

— Je vous la donne, oui. Mais attention, il y a une condition.

Je vis un éclair méfiant passer dans ses yeux ; mine de rien, il avait gardé un regard de marchand de bagnoles d'occasion.

— Vous voulez l'échanger ? Ma Talbot-Lago…

— Je n'en veux pas de votre Talbot-Lago, si belle soit-elle.

Qu'est-ce qu'il s'imaginait? Que j'allais partir en filoche dans son cabriolet de luxe long comme un jour sans pain? J'aurais connu un franc succès dans la profession et il ne m'aurait pas fallu longtemps pour me faire retapisser par mes cibles.

— Je vous la donne, je vous dis!

— Mais cette condition?

— Rien d'insurmontable, monsieur Berrou. Il ne s'agira que de sortir cette voiture une fois par mois, soit douze fois par an, à la nuit tombée, sans date précise. Mais une fois par mois.

— La sortir comment?

— Vous partirez de chez vous, à la nuit tombée, vous vous arrêterez devant le *Café de la Cale*, et vous klaxonnerez trois fois.

— Trois fois, répéta-t-il. Ses yeux tournaient en roue libre dans ses orbites, visiblement il ne comprenait pas où je voulais en venir.

— Comme ça, dis-je en pressant l'avertisseur qui résonna lugubrement dans le garage.

— Vous avez compris? demandai-je.

Il fit oui de la tête. Ses yeux étaient pleins de questions.

— Puis vous attendrez une minute ou deux et vous repartirez, ajoutai-je.

— Où ça?

— Vous rentrerez la Delahaye au garage.

— C'est tout?

— C'est tout. Ça ne vous paraît pas trop cher pour une Delahaye dans cet état?

— Vous rigolez? demanda-t-il.

— Non, monsieur Berrou, je ne rigole pas. Ah… Vous veillerez à ne pas bousculer votre passagère.

En disant ça, je fis glisser la housse qui couvrait encore l'arrière du véhicule et la Delahaye apparut, luisante, dans toute son imposante splendeur.

Au carreau, mon mannequin regardait Berrou et, sous la mauvaise lumière dispensée par la rampe du plafond, l'effet était saisissant.

— Ah! fit-il paniqué.

Il était devenu tout pâle et je crus un moment qu'il allait s'évanouir ou me faire un infarctus. Mais, dans sa vieille carrosserie, le moteur était encore solide.

Il se reprit, en claquant un peu des dents.

— C'est… C'est madame Thaler?

— Son fantôme, dis-je. Vous savez, monsieur Berrou, on dit souvent que, quand on a fait une mauvaise action conduisant au décès de quelqu'un, son fantôme peut venir vous tourmenter.

Il frissonna.

Je pensai que c'était l'atmosphère de ce manoir plein de mauvaises vibrations, plus l'âme de la défunte qui voletait peut-être encore de-ci, de-là…

— Ce fantôme-là va tirer des pieds. Et devinez les pieds de qui?

— De Toinette? demanda-t-il en me regardant par en dessous.

— Exactement, de Toinette. Vous ne l'aimez pas, Toinette?

Je vis ses lèvres se pincer, devenir blanches. Qu'est-ce que cette bonne Toinette avait bien pu faire au mécano pour qu'il en garde une telle rancœur?

Il fit non de la tête en me demandant:

— Comment le savez-vous?

— Guermeur, lui dis-je. Il m'a dit que vous n'alliez jamais boire le coup au *Café de la Cale*, mais au Bar de la Criée, à Étel. Il doit bien y avoir une raison ?

Il ne répondit pas. D'ailleurs, quelle que fût cette raison, je m'en fichais bien.

— Alors, demandai-je, ce prix ne vous paraît pas trop élevé ?

Il secoua la tête et bredouilla avec ferveur.

— Je ne sais co… co… comment vous remercier.

L'émotion le faisait bégayer.

— Contentez-vous de faire ce que je vous ai demandé et je serai largement payée, dis-je. Me promettez-vous de vous y conformer ? demandai-je en le regardant dans les yeux.

— Ju… ju… juré ! assura-t-il solennellement. Tant… tant… tant que mes jambes me porteront…

— Alors, elle est à vous, dis-je.

Chapitre 26

La voix du commissaire me sortit de mes pensées.

— Finalement, ce n'était qu'un accident ?

Je tressaillis comme si je sortais d'un rêve. Après avoir livré la Delahaye à son nouveau propriétaire, je me trouvais dans le bureau du commissaire Fabien et, contrairement aux autres fois, lorsque je revenais d'enquête, je ne me sentais pas bien. On aurait dit que j'avais mangé quelque chose de trop lourd qui ne voulait pas passer.

— Hein ? Quoi ?

Comme dans du coton j'entendis le commissaire jurer :

— Ma parole, Lester, mais qu'est-ce qui vous arrive ? Vous avez fumé un pétard, ou quoi ?

Je ne répondis pas, j'avais encore le cœur lourd et la tête pleine de tumulte. Je ne savais pas si j'avais rempli la mission dont Claire Thaler m'avait investie à titre posthume. Enfin, son assassin était mort, et pour l'instigateur du crime, l'affreux juge Guiriec qui passerait ses jours paralysé dans un établissement hospitalier, le châtiment était pire encore.

Quant à Toinette, elle finirait misérablement dans son bistrot en se demandant quel jour « elle » allait revenir. Je me l'imaginais les soirs d'hiver, quand le vent hurlerait aux contrevents et plaquerait la pluie aux vitres du *Café de la Cale*, le front collé au carreau, guettant avec angoisse le passage d'une grosse Delahaye noire avec le visage blafard d'un fantôme collé au carreau.

Ah la bonne blague! J'éclatai d'un rire nerveux. Puis je frissonnai. Après tout, je n'étais plus sûre que la blague soit aussi bonne que ça.

Le commissaire, qui attendait une réponse, me regardait avec impatience. Il donna du poing sur la table et demanda :

— Bon sang de bois! qu'est-ce que vous avez? Qu'a bien pu faire cette rombière pour vous mettre dans un pareil état?

Je tressaillis et, m'efforçant de masquer mon émotion, je dis d'une voix blanche :

— Elle est morte, patron.

C'était étrange, j'avais l'impression que si mon corps était dans ce bureau, mon esprit était ailleurs. J'entendis vaguement le patron bougonner :

— Comme si je ne savais pas qu'elle était morte! Morte accidentellement! Et, permettez-moi d'ajouter que vous vous mettez dans un drôle d'état pour un simple accident!

Un simple accident... Il en avait de bonnes, lui! Je me levai et repoussai ma chaise. Puis, sans demander l'autorisation de prendre congé, j'ouvris la porte. Le commissaire me regardait faire, bouche bée, totalement stupéfait. Jamais je ne m'étais comportée de la sorte.

— Capitaine Lester, me direz-vous enfin ce qui vous met dans cet état?

Avant qu'il n'explose, je lui souris tristement:

— Rien que de très banal, patron, une histoire d'amour, rien qu'une histoire d'amour…

Je crois que je n'avais jamais vu autant d'incompréhension dans les yeux d'un homme. À demi redressé, les poings sur la feuille de buvard vert qui lui servait de sous-main, il me regardait, la bouche entrouverte.

J'essayai de lui sourire, puis refermai doucement la porte et, le cœur lourd, je pris la direction de mon bureau. J'espérais que Fortin y serait et que sa bonne humeur et ses mauvais jeux de mots me sortiraient de mes pensées moroses.

Il n'y était pas, alors je rentrai à la venelle en traînant les pieds. Je me sentais molle, quasiment dans un état prégrippal.

Ma maison était vide, seul Mizdu était là pour m'accueillir. Pas de signe d'Amandine, pas de petit plat au chaud, pas de feu dans la cheminée.

Je me laissai tomber sur le canapé et je tendis la main pour caresser le chat. Mais il se recula, comme s'il craignait mon contact.

— Qu'est-ce qui t'arrive? demandai-je.

Il ne me répondit pas et s'en fut dans la cuisine.

J'ouvris le frigo, il n'y avait rien qui me tentât. D'ailleurs, je n'avais pas faim. Je finis par ouvrir une boîte de sardines à l'huile que je mangeai du bout des dents avec des biscottes.

Puis j'allumai la télé et je regardai une série policière tellement captivante que je m'endormis dans le canapé.

Je me réveillai parcourue de frissons. J'avais froid d'être restée ainsi immobile. Je me levai et passai dans la véranda. La nuit était noire, vaguement éclairée par les lampadaires de l'éclairage municipal. La pluie ruisselait sur les vitres, le vent agitait les lianes de la glycine qui était maintenant dépouillée de ses feuilles. C'était d'un lugubre…

Une forme blanche vola dans le jardin, aérienne et fugitive comme une âme en peine. Je poussai un cri d'effroi et je me reculai, terrorisée, le cœur battant à se rompre. Puis je vis que ce n'était qu'un sac en plastique que le vent faisait voler.

N'était-ce pas ce que ressentirait Toinette lorsque le klaxon de la Delahaye retentirait dans la nuit devant son bistrot? Sur le coup j'avais trouvé ça drôle, à cette heure ça me paraissait inutilement cruel et j'eus honte de moi. Il était trop tard pour que je téléphone à Berrou, mais je me promis de le faire le lendemain à la première heure.

J'essayai vainement de toucher Lilian, sur son chantier du Sud-Ouest. Qu'est-ce qu'il pouvait bien faire, celui-là?

Rageusement je formai le numéro de mon père à l'Île-Tudy mais personne ne répondit. Alors je résolus de me coucher.

J'en voulais à Lilian de ne pas me répondre. Est-ce qu'il n'était pas en train de courir la gueuse dans quelque mauvais lieu de Bordeaux? J'en voulais aussi à mon père qui était bien libre d'être allé passer la soirée chez le voisin, comme j'en voulais à Fortin d'avoir trop chanté les louanges de son informaticien, comme j'en voulais à Amandine de n'avoir pas été là lorsque j'étais rentrée.

En fait, j'en voulais au monde entier.

Je me rendais compte que j'étais d'une parfaite mauvaise foi, que si Lilian ne répondait pas c'est qu'il travaillait souvent tard le soir, mettant son téléphone sur répondeur pour être tranquille.

Cependant, je sentais la bête jalousie qui montrait ses vilains crocs. C'était bien ma faute. N'avait-il pas insisté pour que je l'accompagne dans ses déplacements ?

Quant à mon père, il n'était pas censé devoir attendre un appel téléphonique de sa fille à dix heures du soir, pas plus que Fortin n'était contraint d'être en tout temps à ma dévotion, et Amandine n'était aucunement à mon service.

J'en voulais même au chat, qui me manifestait sa froideur.

Pourtant, est-ce que je me souciais de lui lorsque je m'absentais pendant plusieurs jours ?

Est-ce que j'étais toujours gentille avec Amandine ?

Est-ce que je ne me complaisais pas à faire enrager ce pauvre Fortin ?

Est-ce que…

— Meeeerde !

Voilà que je criais toute seule à présent. Il s'en fallait de peu pour que je me mette à trépigner comme une gamine mal élevée.

Je m'en voulais furieusement d'être dans ces fâcheuses dispositions et pourtant je ne me sentais aucune énergie pour en sortir.

Je m'en fus me coucher mais je me tournai et me retournai en trouvant les draps froids et humides, l'oreiller trop mou, le matelas trop dur.

Je finis par plonger dans un mauvais sommeil tourmenté, hanté de fantômes. J'essayai de me persuader que c'était d'avoir été au cimetière sous la pluie, je devais couver quelque saloperie à virus. À plusieurs reprises, je me réveillai en sursaut, le cœur battant la chamade, trempée de sueur.

À moins que ce ne fût la fréquentation des *Charmettes* qui m'ait filé le bourdon. Ce n'était pas impossible. Quelle baraque lugubre, et que j'avais bien fait de la donner aux œuvres sociales de la police. Je ne m'y trouvais aucun mérite, l'héritage de Catherine Argouac'h,[20] la prime pour la découverte de *l'or du Louvre*[21], me permettaient cette largesse.

Je vis le jour se lever, moche, gris et sale. L'Angélus du matin sonna comme un glas au clocher voisin. J'imaginai Toinette regardant la pluie froide ruisseler sur sa véranda en pensant aux heures de gloire du *Café de la Cale*…

Plus ça allait, plus je pensais à cette vieille femme, certes peu recommandable, qui payait au prix fort chaque jour et chaque nuit ses mauvaises actions passées.

Elle avait été belle, courtisée, propriétaire d'un établissement prospère… Qu'en restait-il ? Elle était vieille et laide, solitaire et percluse dans son bistrot lui aussi rempli de fantômes.

Était-il bien nécessaire de rajouter celui de Claire Thaler ? Qu'est-ce que cette cruauté gratuite changerait ? Toinette était désormais la seule survivante de l'épopée minable du *Café de la Cale*. Pour combien de temps encore ?

---

20. Voir La bougresse, *même auteur, même collection.*
21. Voir L'or du Louvre, *même auteur, même collection.*

De quel droit étais-je allée m'en mêler ?

Je me rendormis d'un mauvais sommeil et lorsque je me réveillai la bouche pâteuse, je vis qu'il était dix heures.

Je me forçai à me lever et je formai le numéro de téléphone de Berrou, mais l'ex-garagiste n'était pas chez lui.

Dépitée, j'appelai le commissariat et j'eus immédiatement le planton.

— Capitaine Lester ? Le commissaire a demandé après vous.

Déjà, pensai-je.

— Passez-le-moi, demandai-je.

Presque immédiatement j'entendis la voix inquiète du commissaire Fabien.

— Allô, Mary, qu'est-ce qui se passe ? Vous ne vous êtes pas réveillée ?

— C'est ça patron, je suis mal fichue. j'ai dû prendre froid hier, au cimetière.

Je sentis de l'inquiétude dans sa voix.

— Restez couchée, mon petit, et appelez immédiatement le médecin.

— C'est ce que je vais faire, patron. Merci.

Je n'avais même pas eu la force de m'insurger lorsqu'il m'avait dit « mon petit ». Décidément, ça allait très mal !

Je pris ma température qui était anormalement normale pour quelqu'un d'aussi atteint que moi. Alors je me traînai jusqu'à la douche et, lorsque j'en sortis je me fis un café que je trouvai amer et que je versai immédiatement à l'évier avec une grimace.

Je rappelai Berrou et cette fois j'eus plus de chance.

— Allô! fit l'ex-garagiste.

— Ici Mary Lester, Berrou.

— Ça ne va pas? me demanda-t-il aussitôt.

— Pourquoi?

— Vous avez une petite voix.

En tout cas, pour lui ça avait l'air d'aller.

— J'ai fait un tour avec la Delahaye, fit-il enthousiaste. Quelle bagnole! Elle tourne comme une horloge.

Évidemment, il n'avait pas pu s'empêcher d'aller essayer aussitôt son nouveau jouet. La gorge serrée je demandai:

— Vous êtes passé…

— Par chez Toinette? Et comment! dit-il enthousiaste. Vous l'auriez vue accourir quand elle a entendu le klaxon.

Je l'entendis pouffer:

— Elle en a fait une tête, derrière ses carreaux! La prochaine fois…

Je le coupai:

— Il n'y aura pas de prochaine fois, Berrou.

Il y eut un silence, puis le garagiste dit d'une voix hésitante:

— Mais je croyais…

— Moi aussi je croyais, Berrou, mais une fois suffit.

Et je pensai: « C'est même une fois de trop ».

— Mais alors, dit Berrou, la Delahaye…

— Ça ne change rien pour vous. Je vous l'ai donnée, elle vous appartient.

J'entendis un soupir de soulagement.

— Seulement, poursuivis-je, je vais vous demander maintenant d'enlever le mannequin que j'avais installé et de le détruire. Et puis, quand vous sortirez la Delahaye, évitez désormais de passer par le *Café de la Cale*.

— Ah, fit Berrou, changement de consignes ?

— Exactement, mon vieux Berrou.

— Bon, dit le garagiste après un silence, ce sera comme vous voudrez.

— Je vous remercie.

Je coupai le contact et je mis *Cosi fan tutte* sur ma platine. Puis je retournai me blottir dans mon lit encore tiède. Dehors, la pluie continuait de tomber, et le vent faisait bruire les feuilles mortes et sèches du palmier qui domine ma véranda.

Je m'endormis en écoutant Mozart. Lorsque je me réveillai, une bonne odeur venait de la cuisine. J'appelai :

— Amandine ?

Je vis le bon visage de ma petite voisine qui risquait un œil curieux dans l'entrebâillement de la porte.

— Vous êtes réveillée ?

Je faillis pleurer de bonheur. Elle entra dans la pièce :

— Le commissaire m'a téléphoné pour me dire que vous étiez malade, alors je suis revenue en vitesse.

Fabien ? De quoi se mêlait-il, celui-là ?

— J'étais allée voir ma belle-sœur à Brest, mais quand j'ai su que vous étiez malade...

Je me sentis fondre :

— C'est trop gentil, Amandine.

— Mais non, mais non ! dit-elle d'un ton bourru. Je vous ai fait un filet de merlan avec du riz. Avec un filet de citron et un beurre fondu. C'est tout ce qu'il vous faut.

Le ton n'admettait pas de réplique. Je demandai :

— Vous en avez aussi pris pour vous j'espère !

— Bien sûr, dit-elle.

Puis elle dit, maligne :

— Vous devez en avoir, des choses à me raconter.

— Hé hé ! dis-je d'un air entendu. Puis je demandai :

— Au fait, quelle heure est-il ?

— Bientôt huit heures du soir !

Diable, j'avais dormi toute la journée.

Je me laissai tomber dans le canapé, et, en caressant le chat qui semblait maintenant dans de meilleures dispositions, je regardai Amandine allumer le feu.

Puis nous dînâmes tandis que je lui racontais mon histoire dans les grandes lignes. Elle ne fit pas de commentaires lorsque je lui dis que j'avais donné le manoir aux œuvres de la police. Peut-être avait-elle craint que j'aille jouer à la châtelaine sur les bords de la ria. Elle me parut rassurée.

Maintenant qu'en plus de ma cuisinière, elle jouait les hagiographes et prenait son rôle au sérieux ! Un petit magnétophone numérique enregistrait la conversation et elle se retira bien vite dans ses appartements pour mettre tout ça noir sur blanc. Bientôt elle viendrait me soumettre son manuscrit et solliciter telle ou telle précision.

J'étais retournée dans mon lit lorsque Lilian appela pour m'annoncer son retour en fin de semaine.

J'en frémis de bonheur et, bien que j'eusse dormi toute la journée, je replongeai dans un sommeil sans rêve.

Le lendemain, lorsque je me réveillai à huit heures, le soleil brillait dans un ciel uniformément bleu. Le vent s'était calmé et la ville paraissait nettoyée par le déluge de la nuit. Des tourterelles roucoulaient sur une cheminée voisine.

Je me fis un excellent café que je dégustai avec une baguette tiède prise à la boulangerie du coin et du beurre salé. Puis je partis d'un pas guilleret vers le commissariat où, j'en étais certaine, un Fortin en grande forme m'attendait.

FIN

L'île-Tudy / Belz,
novembre décembre 2004

Inscrivez-vous gratuitement,
et sans aucun engagement de votre part,
à notre bulletin d'information
en nous retournant le coupon ci-contre.

Vous serez informé(e) des parutions en exclusivité,
pourrez bénéficier d'offres spéciales,
recevoir des cadeaux, etc.

Chaque nouvel inscrit recevra
une petite surprise Mary Lester…

Rejoignez-nous vite !

Et n'hésitez pas à proposer l'inscription
à vos parents et amis…

Je désire m'abonner gratuitement
au bulletin d'information des Éditions du Palémon :
je serai informé(e) des parutions
des Enquêtes de Mary Lester et autres ouvrages,
ainsi que de l'actualité et des offres Palémon.

Nom..

Prénom ....

Adresse..

....

....

Code Postal .... Ville ....

Pour encore plus d'offres et d'infos,
indiquez votre adresse e-mail :

E-mail.......................................@........................

Bon à compléter ou à recopier
et à retourner par courrier à l'adresse suivante :

ÉDITIONS DU PALÉMON
ZA de Troyalac'h
10 rue André Michelin
29170 SAINT-ÉVARZEC

ML26

Retrouvez les ouvrages de Jean Failler,
les enquêtes de Mary Lester,
et tous les titres des Éditions du Palémon sur :

www.palemon.fr

ÉDITIONS DU PALÉMON
ZA de Troyalac'h - 10 rue André Michelin
29170 SAINT-ÉVARZEC
02 98 94 62 44
Dépôt légal 1er trimestre 2005

ISBN : 978-2-907572-67-5

Achevé d'imprimer
par l'Imprimerie Laballery (507006)
Imprimé en France